Gaspard-Hubert LONSI KOKO

Quelle destinée pour le Congo-Kinshasa, après un si long déclin ?

DU MÊME AUTEUR :

- *Et alors, mon maréchal ?*, L'Atelier de l'Égrégore, collection Démocratie & Histoire, Paris, novembre 2021 – ISBN : 979-10-91580-48-9 ;
- *Le Congo déstabilisé, pillé martyrisé...*, L'Atelier de l'Égrégore, collection Démocratie & Militantisme, Paris, mai 2021 – ISBN : 979-10-91580-46-5 ;
- *La conscience bantoue*, L'Atelier de l'Égrégore, collection Démocratie & Histoire, Paris, mai 2020 – ISBN : 979-10-91580-42-7.
- *Les figures marquantes de l'Afrique subsaharienne* – L'Atelier de l'Égrégore, collection Démocratie & Histoire, 4ème Paris, 2020 – ISBN : 979-10-91580-38-0 ;
- *Mais quelle crédibilité pour les Nations Unies au Kivu!* collection Démocratie & Histoire, Paris, 2019 – ISBN : 979-10-91580-40-3 ;
- *Le regard africain sur l'Europe* – L'Atelier de l'Égrégore, collection Démocratie & Histoire, Paris, 2020 – ISBN : 979-10-91580-36-6 ;
- *Pagaille à Mavoula!* – L'Atelier de l'Égrégore, collection Démocratie & Histoire – Paris, 2018 – ISBN : 979-10-91580-25-0 ;
- *Le justicier exécuteur* – L'Atelier de l'Égrégore, collection Crime & Suspense – Paris, 2016 – ISBN : 979-10-91580-07-6 ;
- *Au pays des mille collines* – L'Atelier de l'Égrégore, collection Crime & Suspense – Paris, 2016 – ISBN : 979-10-91580-05-2 ;
- *La chasse au léopard* – L'Atelier de l'Égrégore, collection Crime & Suspense – Paris, 2015 – ISBN : 979-10-91580-04-5 ;
- *Dans l'œil du léopard* – L'Atelier de l'Égrégore, collection Crime & Suspense – Paris, 2015 – ISBN : 979-10-91580-03-8 ;
- *Ma vision pour le Congo-Kinshasa et la région des Grands* Lacs, Éditions de l'Harmattan – Paris 2013 – ISBN : 978-2-343-02079-2 – EAN Ebook format Pdf : 9782336330327 ;
- *Congo-Kinshasa : le degré zéro de la politique*, Éditions de L'Harmattan – Paris, avril 2012 – ISBN : 978-2-296-96162-3 – ISBN13 Ebook format Pdf : 978-2-296-48764-2 ;
- *La vie parisienne d'un Négropolitain* – L'Atelier de l'Égrégore, collection Roman – Paris, 2012 – ISBN : 979-10-91580-06-9 ;
- *Drosera capensis* – L'Atelier de l'Égrégore, collection Roman – Paris, 2005 – ISBN : 979-10-91580-01-4 ;
- *Le demandeur d'asile* – L'Atelier de l'Égrégore, collection Document/Réalité – Paris, 2012 – ISBN : 979-10-91580-00-7 ;
- *La République Démocratique du Congo, un combat pour la survie* – Éditions de l'Harmattan – mars 2011 – ISBN : 978-2-296-13725-7 – ISBN Ebook format Pdf : 978-2-296-45021-9 ;
- *Mitterrand l'Africain ?* – L'Atelier de l'Égrégore, collection Démocratie & Histoire – 2ème édition, Paris, 2017 – ISBN : 979-10-91580-02.

Gaspard-Hubert LONSI KOKO

Quelle destinée pour le Congo-Kinshasa, après un si long déclin ?

Collection Démocratie & Militantisme

L'Atelier de l'Égrégore

Illustrations : Marie-Pierrette Gandon
ISBN : 979-10-91580-50-2 – EAN : 9791091580502
© L'Atelier de l'Égrégore, novembre 2022
https://atelieregregore.fr – Courriel : atelieregregore@gmail.com

À tous les Congolais,
De l'intérieur comme de l'extérieur,
De père et de mère,
Ou seulement d'un parent autochtone,
De naissance ou par acquisition,
Ou bien par naturalisation.

Chérissons l'antre de nos ancêtres,
Aimons notre pays d'adoption,
Construisons-le par le patriotisme,
Et non selon une approche conflictuelle,
Belliqueuse, voire criminelle ou mortifère.

Défendons courageusement la Nation,
Peu importent les circonstances,
Soyons ses vaillants protecteurs,
Œuvrons pour sa grandeur.
Soyons ses dignes ambassadeurs.

Protégeons notre Patrie,
Défendons-la par tous les moyens,
Contre les infiltrations et les agressions,
La déstabilisation territoriale,
Les pillages des ressources naturelles.
Surtout, ne la trahissons jamais !

Puissent les forces de l'Esprit
Veiller à jamais sur notre quotidienneté
Et raviver l'ardeur patriotique
En vue de l'intangibilité de nos frontières !

Puissent les Combattants invisibles
Assister nos vaillants soldats
Dans la protection de nos populations
Et la défense du territoire national !

*« Nous préférons la liberté dans la pauvreté,
à la richesse dans l'esclavage. »*
Ahmed Sékou Touré

*« Nul n'a le droit d'effacer une page de l'Histoire
d'un peuple, car un peuple sans histoire est un
monde sans âme. »*
Joseph Ki-Zerbo

À ma petite sœur, le pasteur Brigitte Makela Koko, épouse Nzeza, décédée pendant que je mûrissais cette réflexion sur le devenir de l'univers de nos aïeux.
Paix à son âme !
Que la terre de Vuzi di nkuwa lui soit à jamais douce et légère !

Prologue

En 1482, les Portugais ont débarqué pour la toute première fois sur le sol africain, plus précisément sur la berge atlantique de la partie centrale de l'Afrique subsaharienne. Cette même année, à la suite de la découverte du Nzadi a Muena, c'est-à-dire l'embouchure du fleuve Congo, par l'explorateur et capitaine portugais Diego Cão qui était mandaté par le roi du Portugal João II pour parcourir et recueillir davantage d'informations sur les côtes africaines, un *padrão*[1] a été élevé sur l'une des rives. Il fallait marquer, comme cela se devait, ce grand et historique événement. Ce cours d'eau au cœur du continent a été baptisé dans un premier temps *Rio de Padrão* (la « *Rivière du Pilier* »). Il a permis de nouer des relations sociales et diplomatiques avec l'ancien et puissant Royaume du Kongo[2], lequel était

---

[1] Une borne de pierre surmontée d'une croix, laquelle servait à délimiter les territoires ayant été conquis par la Couronne portugaise.

[2] Un Royaume, mais aussi un empire, de l'Afrique centrale et du Sud-Ouest. Il était situé dans des territoires du Nord de l'Angola dont le Cabinda, le Sud-Ouest de l'actuelle République du Congo, le Sud-Est du Gabon et dans la partie occidentale de la République Démocratique du Congo. À son apogée, il s'étendait de l'océan Atlantique jusqu'à l'Ouest de la rivière Kwango dans la partie orientale, et du rivage septentrional du fleuve Congo jusqu'au fleuve Loje dans le Sud de l'Angola. D'après les écrits de quelques chroniqueurs européens, dont le marchand et explorateur Duarte Lopez en 1591 et Giovanni Antonio Cavazzi da Montecuccolo en 1667, le Royaume du Kongo devait avoir une étendue de plus de 300 000 km² lors du premier contact avec les Portugais.
Fondée bien avant l'année 1491, Mbanza Kongo a été anciennement appelée Nkumba a Ngudi, puis Mongo wa Kaila et Kongo dia Ngunga ou, plus tard, São Salvador do Congo jusqu'en 1975. L'ancienne capitale politique et spirituelle du Royaume du

situé sur les deux rivages. Ensuite, les Portugais nommeraient fleuve Congo, ce cours d'eau important, en référence au Royaume dont le souverain était considéré comme le *Manikongo*. Mais les Bakongo l'ont toujours appelé *nzadi*[3], dénomination que, par déformation linguistique, les explorateurs portugais transformeraient en Zaïre. Ainsi connaîtrait-on en 1491, à la suite de cette rencontre entre les Européens et les populations bantouphones du centre ouest, le premier chrétien noir[4] chez le peuple Kongo dans toute sa merveilleuse pluralité historiquement et unificatrice[5].

Kongo, de nos jours située en Angola, est depuis le 8 juillet 2017 inscrite sur la liste du patrimoine mondial de l'Humanité.

Voici les noms des rois qui auraient dirigé le Royaume du Kongo au cours de différentes périodes : Muabi Mayidi, Zananga Mowa, Ngongo Masaki, Mbala Lukeni, Kalunga Punu, Nzinga Sengele, Nkanga Malunda, Ngoyi Malanda, Nkulu Kiangala, Ngunu Kisama. De 1370 jusqu'en 1481, les rois suivants ont régné : Nganga Makaba, Nkanga Nimi, Nkuwu Mutinu et Nzinga Nkuwu. En 1457, le prophète Buela Muanda a prophétisé l'arrivée des Européens sur la terre du Kongo et leurs intentions. Source : *Ethnologie, clans et histoire des peuples de la Ngounié – Nyanga - Ogooué - Lolo*, livret écrit par Biwawou bi Koumba Muetse (aucune édition, ni année de publication).

[3] C'est la rivière, au sens propre. Mais, dans la conception bantoue, « nzadi » semblerait dire le pays divisé par des cours d'eau, à savoir des rivières ou des fleuves.

[4] Nzinga Nkuwu a été le premier *ntotila* converti au christianisme. Le *Manikongo* des peuples Kongo était considéré comme le plus grand monarque du Royaume, surnommé par l'historiographie européenne « l'apôtre du Congo ». Baptisé le 3 mai 1491 sous le nom de Jean Ier du Kongo (João I do Congo, en portugais), il renoncerait finalement à la croyance chrétienne et renouerait avec la spiritualité bantoue, notamment Kongo.

[5] Selon William Graham Lister Randles, dans *L'ancien Royaume du Congo : des origines à la fin du XIXe siècle*, la christianisation du Congo s'est déroulée en deux périodes successives, éclairées de manière sensiblement différente : une première fois à la fin du XVe siècle et au début du XVIe sous le signe de saint Jacques, une seconde fois au milieu du XVIIe siècle par le biais de saint Antoine. Le premier christianisme, agressif et intransigeant, introduit par les Portugais et auquel présidait « saint Jacques Matamore », était la projection malencontreuse en Afrique de la lutte multiséculaire des peuples de la péninsule Ibérique contre l'islam.

La seconde christianisation par les capucins, pour la plupart italiens et espagnols, à partir de la seconde moitié du XVIIe siècle, était apparue comme moins brutalement imposée. Elle a semblé plus suavement éducative, l'obstacle majeur de la polygamie ayant semblé être abordé de manière plus circonspecte et plus réfléchie. Toutefois, les missionnaires se verraient accuser du fait d'avoir introduit la monogamie et la continence pour freiner le taux de natalité, réduire la population et permettre aux Blancs de soumettre plus facilement le pays (cf. Giovanni Antonio Cavazzi da Monte-

A – Le Royaume du Kongo

Le Royaume du Kongo se serait formé et développé à l'issue des migrations bantoues du VIIe, même bien avant d'après diverses sources. Il s'est consolidé davantage jusqu'au XVe siècle dans une région peuplée de pygmées Baka, une population d'Afrique centrale s'étant établie principalement dans le territoire de l'actuel Soudan du Sud et de la République Démocratique du Congo. Les nombreux groupes bantouphones se sont donc unifiés avec le temps et organisés en Royaume supervisé par le *Manikongo*, c'est-à-dire le roi kongo. Ce dernier détenait un pouvoir de nature essentiellement spirituelle, car cette autorité lui venait des puissances surnaturelles et divinatoires en vue de la communication avec les ancêtres.

D'après une source portugaise datant de 1624, dans *Historia do reino do Congo*, le Royaume aurait été fondé au XIIIe siècle[6]. D'autres textes mentionnent que Nimi a Nzinga, de Mpemba Kasi, et Nsaku Lau, de Mbata, auraient fondé le Royaume à la fin du XIVe siècle. Ils auraient décidé que les descendants de Nimi a Nzinga en seraient les rois, tandis que ceux de Nsaku Lau gouverneraient Mbata. Mais, selon les toutes dernières sources, la fondation du Royaume du Kongo daterait du IVe siècle. La Royauté aurait même été antérieure à cette période.

Entre 1506 et 1543, au Royaume du Kongo, un nouveau souverain chrétien en la personne d'Afonso Ier, de son nom de naissance Nzinga Mvemba[7], a ouvert une période de prospérité, laquelle déboucherait sur une crise profonde[8]. Avant ce moment fatidique, le commerce d'esclaves s'était considérablement développé. Le roi avait entre-temps envoyé plusieurs jeunes gens étudier en Europe, dont son fils Kinu a Mvemba surnommé Ndo Diki (le futur Dom Henrique). Le christianisme accoucherait par miracle en décembre 1520 d'un tout premier évêque noir formé au Portugal et consacré par le pape Léon X[9]. Au cours de cette période, les

cuccolo, 1654-1677, lib. III, § 132). Les capucins ont contribué à la convergence, autour du personnage de saint Antoine, des valeurs chrétiennes proposées aux populations congolaises. Ainsi saint Antoine était-il apparu comme le médiateur, de qui on attendait le salut dans l'infortune et dans la maladie.

[6] In *Histoire du royaume du Congo (1624)*, traduit et édité par François Bontinck, Études d'Histoire africaine, vol. IV, 1972.

[7] Funsu Nzinga Mvemba en kikongo, également appelé Mvemba a Nzinga. Il était le fils de Nzinga Nkuwu.

[8] In *Congo, une histoire, (Congo. Een geschiedenis)*, David Van Reybrouck, traduction d'Isabelle Rosselin, Actes Sud, Arles, 2012.

architectes parviendraient à bâtir, en plein cœur du Royaume du Kongo, une cathédrale et des églises à la gloire du christianisme. Cette religion s'est imposée comme la source de puissance au détriment du pouvoir coutumier et de la dénomination des individus.

> « [Dom Henrique était] né en 1495 dans la province de Mbanza Nsundi. Dans le premier quart du XVIe siècle, Lisbonne [a développé] les contacts et les missions religieuses auprès du Manikongo Nzinga Mvemba ; rapidement [s'est développée] l'idée que [devait] émerger un clergé Kongo, formé au Portugal. Dom Henrique [était] ainsi envoyé en 1506 à Lisbonne pour faire ses études théologiques et revenir comme le nouveau dignitaire de l'église catholique du Kongo. Plusieurs autres jeunes élites Kongo [étaient] envoyés sous le règne d'Afonso Ier se former en Europe, avec des fortunes diverses (plusieurs d'entre eux [étaient décédés] une fois en Europe). Henrique [est resté] jusqu'en 1521, soit 15 ans en Europe. Il [a reçu] une éducation au monastère Saint-Éloi où il [a étudié] le latin et la théologie. Dom Henrique, fils d'un roi africain allié à la couronne du Portugal, [était] le protégé du roi Manuel Ier du Portugal. »[10]

Des relations diplomatiques ont également existé entre le Vatican et le Royaume du Kongo. Effectivement,

> « le Saint-Siège avait invité le roi [du Kongo] à envoyer des ambassadeurs. Antonio Viera, qui avait été ambassadeur en Espagne, était désigné pour se rendre à Rome, quand il mourut. À sa place fut envoyé Antonio-Manuel [Nsaku] ne Vunda. Des instructions écrites le 29 juin 1604 lui furent remises le 17 août. Il devait offrir le royaume au Saint-Siège pour que le roi [du Kongo] fût considéré comme feudataire du Pape. Les Portu-

---

[9] Selon Biwawou bi Koumba Muetse dans *Ethnologie, clans et histoire des peuples de la Ngounié - Nyanga - Ogooué - Lolo*, c'était Lukeni Lua Nzinga qui avait été fait évêque en 1518 par le pape Léon X sous le nom de Henrique.
L'humaniste néerlandais Olfert Dapper, dans sa *Description de l'Afrique de 1668*, a mentionné douze églises en plus de la cathédrale et des églises de l'enceinte du palais royal. La ville a été mise à sac plusieurs fois pendant les guerres civiles qui ont suivi la bataille d'Ambuila en 1665. Ruinée, elle serait abandonnée en 1678 puis réoccupée en 1705 par la prêtresse Kimpa Vita. Le *Manikongo* Pierre IV Alphonse du Kongo (Pedro IV Afonso) la restaurerait comme capitale en 1709.
[10] In *Dom Henrique : géopolitique du premier évêque d'Afrique centrale à la Renaissance (1506-1531)*, Jean-Pierre Bat, *Libération*, le 4 juillet 2018. Article consulté le 19 octobre 2021. Voir le lien ci-dessous.
https://www.liberation.fr/debats/2018/07/04/dom-henrique-geopolitique-du-premier-eveque-d-afrique-centrale-a-la-renaissance-1506-1531_1816731.

gais menaçaient l'indépendance du Royaume [du Kongo].

» Dom Antonio-Manuel, "marquis" de Vunda ([…] un Nsaku ne Vunda), était parent (cousin ou neveu) du roi, âgé d'environ 33 ans, noir de visage et de peau, noble d'aspect, de manières graves…

» Il partit en compagnie de Garcia Baptista, envoyé comme ambassadeur en Espagne et avec une suite nombreuse. À peine embarqués, le bateau fut assailli par une furieuse tempête. Ils tombèrent aux mains de corsaires hollandais, qui les dépouillèrent de tout. Ils arrivèrent cependant à Lisbonne (1606?), d'où ils écrivirent à Paul V, qui leur répondit le 9 décembre 1606.

» Antonio-Manuel demeura longtemps à Lisbonne et à Madrid. Espagnols et Portugais, par une interprétation du *padroãdo*[11] que le Saint-Siège n'admettait pas, s'opposaient au voyage à Rome. La Congrégation des Rites, ayant examiné la question, avait décidé que l'envoyé d'Álvaro II [ou Nimi a Nkanga] serait reçu solennellement comme les ambassadeurs des autres rois. Philippe II donna son autorisation au voyage.

» Antonio-Manuel arriva malade à Gênes en novembre 1607. La maladie le retint à Civitavecchia, qu'il atteignit vers le 20 décembre 1607. Le pape ordonna d'envoyer des carrosses, des chevaux, une litière, des médecins, des remèdes. Antonio-Manuel arriva à Rome le jeudi soir 3 janvier 1608. Le samedi soir 5 janvier son état empira. Le pape alla le voir, l'écouta, le consola. Antonio-Manuel offrit au Saint-Siège le royaume [du Kongo], demanda des missionnaires. Vers minuit, il mourut. »[12]

Il faudrait un jour clarifier et régler définitivement, du point de vue mystique, l'affaire de cette supposée offrande qu'Antonio-Manuel Nsaku Ne Vunda aurait faite à Paul V, Camillo Borghese de son nom de naissance, le 233ème pape de l'Église catholique. De la même façon que l'indépendance acquise le 30 juin 1960 aurait permis la reconnaissance internationale du Congo-Léopoldville, il faudrait retrouver la souveraineté spirituelle longtemps perdue. Il faudrait donc démystifier et défaire le soi-disant accord conclu, lequel aurait été scellé entre la Royauté Kongo

---

[11] Un arrangement complexe de droits et obligations concédés, ou formellement imposés, par les papes aux souverains et royaumes du Portugal et d'Espagne (le *Patronato*) pour promouvoir et coordonner l'évangélisation des territoires nouvellement découverts et colonisés.

[12] In *Biographie coloniale belge*, Institut royal colonial belge, tome II, Bruxelles, 1951, p. 934. Document rédigé par les membres de la Commission de la Biographie Coloniale Belge : à savoir Fred Dellicour (Président), René Cambier, E. Devroey (Secrétaire), A. Engels, Jules Jadot, Georges Moulaert, Walter Robyns, Jérôme Rodhain et Pierre Staner.

et la Papauté et n'a cessé d'avoir des répercussions néfastes sur la gouvernance de la République Démocratique du Congo.

L'avenir du Royaume du Kongo frôlait désormais la catastrophe. Le Manikongo Afonso Ier s'est enfin adressé en 1526 par écrit au roi João III, ayant sollicité son intervention en vue de la fin de l'esclavage. La cynique réponse du monarque portugais a contribué à la détérioration des relations entre les deux pays. Au décès le 4 novembre 1561 du *Manikongo* Dom Nkumbi Mpudi a Nzinga, dit Jacques Ier, le Royaume s'est affaibli. Malheureusement, démuni en forces humaines à cause de l'esclavage, le territoire a fini par se disloquer au profit des États voisins.

B – La traite des Noirs

Initiée par les Portugais et les Espagnols, la traite des Noirs a été développée dans un premier temps par les Hollandais et les Anglais, au XVIIe siècle, et amplifiée par la suite par les Français, notamment au XVIIIe siècle. Avec 50 % d'activité commerciale négrière de la traite, l'Angleterre a supplanté la France dont le chiffre d'affaires oscillait entre 20 et 25 %. La perfide Albion était talonnée par le Portugal, l'Espagne et le Royaume du Danemark à partir de 1760. Tous les pays d'Europe seraient donc présents, plus tard, sur la côte occidentale de l'Afrique subsaharienne par le biais des forts et des comptoirs en Sénégambie, en Haute Guinée où se trouvaient la Côte des graines et la Côte de l'ivoire ou Côte des dents, ainsi qu'en Côte de l'or. Ils avaient aussi des agents en Côte des Esclaves, en Golfe du Bénin, en Golfe de Guinée et celui du Biafra ; ils étaient représentés en Afrique centrale et occidentale, ainsi que, vers le Sud, dans le territoire du Royaume du Kongo et de ses vassaux. Cet État a englobé une grande partie du Cameroun (au Sud-Ouest), la partie occidentale du Gabon, du Congo-Brazzaville (à l'Ouest), du Congo-Kinshasa (à l'Ouest), ainsi que de l'Angola (au Nord-Ouest). En ces temps glorieux, à partir du moment où leur demande était beaucoup plus économique que politique ou évangélique, les Européens ne pénétraient pas dans les contrées situées à l'intérieur du continent africain. Ils se contentaient des trafics commerciaux le long des côtes, ou alors remontaient des rivières depuis l'embouchure sans pour autant oser pousser leur expédition loin dans les terres profondes[13]. Ainsi, troquaient-ils des assortiments de marchandises contre

---

[13] In *Les Noirs lumineux du XVIe au début du XXe siècle*, Gaspard-Hubert Lonsi

des captifs africains qui leur étaient livrés par des courtiers, après paiement de coutumes aux détenteurs des pouvoirs locaux. Par conséquent, entre 1776 et 1800, l'importance économique de la traite négrière et la croissance dans quelques îles antillaises ont fait atteindre des sommets phénoménaux à ce meurtrier commerce, avec une moyenne d'au moins 80 045 captifs transportés chaque année[14].

Dans le territoire connu de nos jours sous l'appellation de République Démocratique du Congo, ou Congo-Kinshasa, subsistaient déjà à l'arrivée des Européens des structures étatiques : le Royaume du Kongo à l'Ouest ; le Royaume Kuba qui s'est formé dans le Kasaï occidental et la Luluwa, dont les origines remonteraient au XVe siècle ; les Empires Luba – vers le IIIe et IVe siècle – et Lunda au XVIe siècle selon la tradition orale ; le Garaganza ou Royaume Yeke créé en 1856 par Msiri, de son vrai nom Ngelengwa Mwenda… Tous ces royaumes et empires ont été antérieurs à la « maison de Saxe-Cobourg et Gotha », à savoir la dynastie régnante en Belgique.

En mer, s'étant agi des navires,

> « au large, croisaient de nombreux bateaux apparemment de deux conceptions. Les grands trois-mâts pouvaient transporter beaucoup de captifs, avec des cales suffisantes pour les réserves d'eau et de nourriture nécessaires à un grand nombre de personnes. Les rapides et fins voiliers, aptes à une plus grande vitesse de [croisière], permettaient de réduire la durée de la traversée, et donc la mortalité de la cargaison humaine. »[15]

Dans la partie orientale du Royaume du Kongo, a-t-il été rappelé, la traite négrière a surtout débuté dès le milieu du XVIe siècle avec les Portugais, suivis au XVIIe siècle par les Pays-Bas, l'Angleterre et la France. Contraints par le rapport de force favorable aux Européens, des marchands d'esclaves autochtones leur vendaient des personnes capturées. Même si l'Europe a interdit ce commerce au commencement du XIXe siècle, cette activité a toutefois perduré dans l'illégalité jusqu'au début du XXe siècle. Le désastreux impact au regard de l'Afrique noire serait immense, sur les

---

Koko, L'Atelier de l'Égrégore, Paris, 2021.
[14] In *Les figures marquantes de l'Afrique subsaharienne*, Gaspard-Hubert Lonsi Koko, 4ème édition, L'Atelier de l'Égrégore, Paris, 2020.
[15] In *Les Européens sur les côtes d'Afrique à la fin du XVIIIe siècle*, Luce-Marie Albigès, article consulté le 31 octobre 2021. Voir le lien ci-contre : http://histoire-image.org/fr/etudes/europeens-cotes-afrique-fin-xviiie-siecle.

plans économiques, psychiques, moraux, démographiques, sociaux, politiques… encore perceptibles de nos jours[16].

En 1816, après la première exploration portugaise de l'embouchure du fleuve Congo par Diego Cão à la fin du XVe siècle, une expédition britannique commandée par James Kingston Tuckey a remonté le fleuve Congo jusqu'à Isangila[17]. John Rowlands, qui était connu sous le nom de Henry Morton Stanley, deviendrait plus tard le premier Européen à naviguer tout le long de ce cours d'eau. Il rapporterait que le Lualaba[18], contrairement à la suggestion de l'époque, n'était pas la source du Nil.

C – Le Royaume de Belgique

En Europe occidentale, la désignation de la dynastie régnante en Belgique à partir de la fondation de la monarchie en 1831 jusqu'à la Première Guerre mondiale a représenté une branche cadette de la « maison de Saxe-Cobourg et Gotha »[19]. Mais, à la fin de la Grande Guerre, la dynastie belge a pris le nom de maison de Belgique. La branche cadette de la « maison de Saxe-Cobourg et Gotha » issue de la lignée ernestine[20] de la maison de Wettin est cette dynastie qui, sous le nom de « maison de Belgique », règne sur la Royauté depuis 1831 jusqu'à ce jour. Elle exerce désormais le pouvoir monarchique, sous le nom de « maison de Windsor », sur le Royaume-Uni depuis 1901. Elle a notamment régné sur la Bulgarie de 1887 à 1946, le Portugal de 1853 à 1910, la Pologne de 1697 à 1763, le duché, l'électorat puis le royaume de Saxe de 1423 à 1918, le grand-duché de Saxe-Weimar

---

[16] In *Le Congo au temps des Belges : L'histoire manipulée, les contrevérités réfutées, 1885-1960*, André de Maere d'Aertrycke, André Schorochoff, Pierre Vercauteren et André Vleurinck, Éditions Masoin, Bruxelles, 2012.

[17] Sangila ou anciennement Isanghila, ou alors Isanguila, est une localité, chef-lieu de secteur du territoire de Seke-Banza dans la province du Kongo Central en République Démocratique du Congo.

[18] Autre nom du fleuve Congo.

[19] In *Gabriel de Belgique : Prince de Belgique*, dans *Point de vue*, le 17 avril 2017, consulté le 30 octobre 2021. Voir le lien ci-dessous. https://www.pointdevue.fr/biographie/gabriel-de-belgique.

[20] La branche ernestine est l'une des deux branches, avec la branche albertine, de la « maison de Wettin ». Elle doit son appellation à Ernest de Saxe, à qui, lors du partage des territoires saxons en 1485, échut l'électorat de Saxe. Quant à la branche albertine, elle est la cadette de la dynastie princière des Wettin qui régna sur le duché, l'électorat puis le royaume de Saxe de 1485 à 1918. Elle tire son nom de son ancêtre, le duc Albert III surnommé « l'Intrépide ».

de 1815 à 1918, le duché de Saxe-Cobourg et Gotha de 1826 à 1918, le duché de Saxe-Meiningen de 1826 à 1918, le duché de Saxe-Altenbourg de 1826 à 1918, ainsi que les Indes de 1901 à 1947.

Pour Pierre-Yves Monette, conseiller honoraire au cabinet du Roi de Belgique,

> « la branche à laquelle appartenait le futur Léopold Ier a régné sur un duché composé de territoires de Cobourg et de Saalfeld, puis après un échange territorial dynastique, de ceux de Cobourg et de Gotha. […] Cet échange territorial n'ayant eu lieu qu'en [1826], le changement patronymique qui en résultat pour Léopold Ier et sa famille (Saxe-Cobourg-Saalfeld [étant devenu] Saxe-Cobourg-Gotha) n'était pas encore bien assimilé à l'époque de la rédaction de la Constitution belge en [1831], raison pour laquelle on y mentionna le patronyme incomplet de Saxe-Cobourg (Constitution, art. 85, al. 1). »[21]

La maison de Saxe-Cobourg et Gotha est issue du premier roi des Belges, en l'occurrence Léopold Ier, né prince de Saxe-Cobourg-Saalfeld. En 1921, ayant en effet introduit l'expression « de Belgique » pour la famille royale belge, le titre de la maison de Saxe-Cobourg et Gotha a été officieusement abandonné dans un contexte de fort sentiment germanophobe dû à la Première Guerre mondiale. Même le roi Albert Ier n'a plus désiré faire usage de ces titres allemands relatifs au duc en Saxe, ainsi qu'au prince de Saxe-Cobourg et Gotha. Mais cette décision non écrite du souverain prise en date du 22 avril 1921, laquelle a été notifiée par le chef de cabinet du roi au ministre belge des Affaires étrangères du gouvernement Henri Carton de Wiart, en la personne d'Henri Jaspar, n'a jamais été officiellement entérinée. Il s'est juste agi d'une manifestation verbale.[22]

Bien évidemment, d'après l'historien Francis Balace,

> « […] "à l'époque, les Rois [étaient] ducs de Saxe et princes de Saxe-Cobourg. Mais Albert Ier n'[avait] plus arboré les titres de Saxe-Cobourg." Mais aucun arrêté royal ou texte juridique [n'a fondé] ce changement, [selon] plusieurs spécialistes. Simplement, [a-t-on découvert] dans la

---

[21] In *Métier de Roi : Famille, Entourage, Pouvoir, de A à Z*, Pierre-Yves Monette, Alice Éditions, Bruxelles, 2002, pp. 185 et 195.
[22] In *Les titres de la famille royale belge*, Valentin Dupont, sur *Royalement Blog*, le 14 septembre 2011, article consulté le 30 octobre 2021. Voir le lien ci-dessous. https://archive.wikiwix.com/cache/index2.php?url=http%3A%2F%2Froyalementblo g.blogspot.com%2F2011%2F09%2Fles-titres-de-la-famille-royale-belge.html.

littérature, le 4 avril 1921, le chef de cabinet d'Albert Ier [a signifié] au ministre des Affaires étrangères la décision verbale du Roi de ne plus porter ces titres. »[23]

En plus du titre de prince de Belgique, ainsi que pour les membres des grandes familles belges installés à l'étranger, le titre de prince de Saxe-Cobourg-Gotha a été de nouveau en usage pour certains descendants de Léopold Ier. Cela est redevenu complètement à la mode depuis le *Carnet Mondain* de 2017, cet ouvrage – dont le slogan est « *la Belgique Familiale et Mondaine* » – s'intéressant à la haute société belge ou étrangère établie en Belgique.

Fils du duc François de Saxe-Cobourg-Saalfeld (1750-1806) et de la comtesse Augusta Reuss d'Ebersdorf (1757-1831), le prince Léopold de Saxe-Cobourg-Saalfeld est devenu en 1831 le premier souverain belge sous le nom de Léopold Ier. Alors prince, il avait épousé, le 2 mai 1816, la princesse Charlotte de Galles qui mettrait au monde un garçon mort-né le 5 novembre 1817 et décéderait en couches le lendemain. En secondes noces, il s'était marié, le 9 août 1832, avec la princesse Louise d'Orléans. Cette dernière, qui était la fille de Louis-Philippe Ier roi des Français, donnerait à la dynastie quatre enfants : Louis-Philippe de Belgique (1833-1834) ; Léopold de Belgique (1835-1909), duc de Brabant ; Philippe de Belgique (1837-1905), comte de Flandre, et Charlotte de Belgique (1840-1927), impératrice du Mexique (consort).

Deuxième fils du roi Léopold Ier et de la princesse Louise d'Orléans (1812-1850), le duc de Brabant en la personne de Léopold de Belgique deviendrait en 1865 le deuxième souverain belge sous le nom de Léopold II. Alors duc, il avait épousé, le 22 août 1853, l'archiduchesse Marie-Henriette d'Autriche (de Habsbourg-Lorraine), avec qui il aurait quatre enfants : Louise de Belgique (ou de Saxe-Cobourg, 1858-1924), princesse de Saxe-Cobourg et Gotha, ainsi que duchesse de Saxe ; Léopold de Belgique (ou de Saxe-Cobourg), comte de Hainaut de 1859 à 1869, puis duc de Brabant ; Stéphanie de Belgique (ou de Saxe-Cobourg, 1864-1945), princesse de Saxe-Cobourg et Gotha, ainsi qu'archiduchesse d'Autriche, et Clémentine de Belgique (ou de Saxe-Cobourg, 1872-1955), princesse Napoléon (Maison Bonaparte).

---

[23] In *Quel nom pour les princes qui ne seront plus « de Belgique » ?*, Martine Dubuisson, *Le Soir*, le 9 août 2016, article consulté le 30 octobre 2021.

Le prince Albert, fils du comte de Flandre et de la princesse Marie de Hohenzollern-Sigmaringen (1845-1912), ainsi que neveu du roi Léopold II, deviendrait en 1909 le troisième souverain belge sous le nom d'Albert Iᵉʳ à la mort de son oncle sans postérité mâle et légitime. À l'époque prince, il avait épousé, le 2 octobre 1900, la duchesse Élisabeth en Bavière avec qui il aurait trois enfants : Léopold-Philippe de Belgique (1901-1983), duc de Brabant ; Charles de Belgique (1903-1983), comte de Flandre, et Marie-José de Belgique (1906-2001), reine d'Italie (consort).

Fils du roi Albert Iᵉʳ et de la duchesse Élisabeth en Bavière, le prince Léopold-Philippe, duc de Brabant, deviendrait en 1934 le quatrième souverain belge sous le nom de Léopold III. Alors prince, il avait épousé, le 10 novembre 1926, la princesse Astrid de Suède, avec qui il aurait trois enfants : Joséphine-Charlotte de Belgique (1927-2005), grande-duchesse de Luxembourg (consort) ; Baudouin de Belgique (1930-1993), duc de Brabant, et Albert de Belgique (1934), prince de Liège et futur Albert II.

Premier fils du roi Léopold III et de la princesse Astrid de Suède (1905-1935), le prince Baudouin deviendrait prince royal en 1950, puis le roi Baudouin Iᵉʳ en 1951. Il épouserait, le 15 décembre 1960, doña Fabiola de Mora y Aragón, avec qui il n'aurait pas d'enfant. À propos du futur roi Baudouin Iᵉʳ,

> « deux grandes épreuves [marqueraient] son enfance : la mort accidentelle de sa mère en 1935 et la captivité dans la forteresse d'Hirschstein-sur-Elbe où les Allemands [déporteraient] son père en juin 1944. Après la libération de la famille royale par la VIIᵉ armée américaine, le prince héritier [poursuivrait] ses études en Suisse. Le 22 juillet 1950, le Parlement [mettant] fin à l'impossibilité de régner de son père, il [rentrerait] en Belgique en compagnie de [ce dernier]. Mais des émeutes [éclateraient] et, dans la nuit du 31 juillet au 1ᵉʳ août 1950, Léopold III [céderait] ses pouvoirs à son fils aîné qui [recevrait] le titre de "prince royal". Moins d'un an plus tard, le 16 juillet 1951, [aurait] lieu l'abdication de Léopold III, suivie de la prestation de serment de Baudouin Iᵉʳ, roi des Belges. »[24]

Albert de Belgique, prince de Liège, deuxième fils de Léopold III, serait consacré roi sous le nom d'Albert II à la mort en 1993, sans postérité, de

---

[24] In *Baudouin Iᵉʳ (1930-1993) roi des Belges (1951-1993)*, dans *Encyclopédie Universalis*. Article consulté le 30 octobre 2021. Voir le lien ci-dessous. https://www.universalis.fr/encyclopedie/baudouin-ier-1930-1993-roi-des-belges-1951-1993/#i_95323.

son frère Baudouin Ier. Il avait épousé, le 2 juillet 1959, Paola Ruffo di Calabria. Elle lui donnerait trois enfants : Philippe de Belgique (1960), duc de Brabant ; Astrid de Belgique (1962) et Laurent de Belgique (1963).

Premier fils du roi Albert II et de Paola Ruffo di Calabria, le prince Philippe de Belgique est devenu roi des Belges en 2013. Il avait épousé, le 4 décembre 1999, Mathilde d'Udekem d'Acoz, avec qui il aurait quatre enfants : Élisabeth de Belgique (2001), duchesse de Brabant ; Gabriel de Belgique (2003), Emmanuel de Belgique (2005) et Éléonore de Belgique (2008).

Ce serait Léopold II, de son nom de naissance Léopold Louis-Philippe Marie Victor de Saxe-Cobourg-Gotha, venu au monde le 9 avril 1835 au palais royal de Bruxelles en Belgique et décédé le 17 décembre 1909 au château de Laeken, qui fonderait l'État indépendant du Congo (EIC). Il le superviserait de 1885 à 1908, puis le céderait à contrecœur au gouvernement belge, en renonçant le 1er février 1908 à ses prétentions sur la *Fondation du Domaine de la Couronne*[25] après avoir exigé en compensation d'un « témoignage de gratitude » qu'un fonds spécial de 50 millions de francs belges, à charge de la colonie, lui soit attribué ainsi qu'à ses successeurs. Légué à la Belgique, ce fonds a représenté l'un des éléments constitutifs de la « Donation Royale » dont le patrimoine équivaut de nos jours à plus ou moins 500 millions d'euros.

*
* *

Les faits rappelés en guise d'introduction à cet ouvrage démontrent les enjeux auxquels ferait l'objet l'ancienne colonie belge sur les fondations des Royaumes du Kongo et de Belgique. Le premier n'existe plus en tant qu'État, depuis très longtemps, et le second n'a cessé de vouloir à tout prix imposer sa suprématie sur son ancienne colonie. D'aucuns sont pourtant conscients du fait que l'Histoire d'une Nation ne s'appréhende pas sous le prisme du fanatisme, du tribalisme, du sectarisme, ou des raisons partisanes, voire du néocolonialisme. Cela doit se faire sur la base des faits réels ou, à défaut, de leur interprétation en toute objectivité. La Grande Histoire

---

[25] Créée par le roi Léopold II en 1901 comme institution en charge de la gestion de son patrimoine au Congo, sa propriété privée, ainsi que de tous les revenus et ressources qui en ont été tirés.

de la République Démocratique du Congo doit donc être abordée en toute impartialité, et sans chauvinisme individualiste ou régional. Enfin, un fait n'a échappé à personne. Les Congolais ont toujours eu une préférence pour la richesse dans la liberté, et non la pauvreté dans la soumission. Seul le patriotisme leur permettra de tirer leur épingle du jeu dangereux et des stratagèmes malhonnêtes qu'essaient sans cesse d'imposer, par tous les moyens, certains pays limitrophes.

Gaspard-Hubert Lonsi Koko
Paris XVe, le 30 octobre 2021

I – L'État indépendant du Congo

Le décès le 10 décembre 1865 du roi Léopold Ier permettrait, sept jours plus tard, à son fils Léopold Louis-Philippe Marie Victor de Belgique de prêter le serment constitutionnel. Âgé de 30 ans, le jeune et nouveau monarque devenu désormais Léopold II régnerait pendant quarante-quatre années. Pour le secrétaire britannique des Affaires étrangères, en la personne de George William Frederick Villiers, 4ème comte de Clarendon communément appelé Lord George Clarendon, il s'est agi à la fois d'une :

> « nouvelle consécration de l'œuvre de 1830[26] [et] la plus forte garantie du maintien de la paix. C'[était], sous ce rapport, un événement européen »[27].

Bien avant son accession au trône de Belgique, le duc de Brabant s'est intéressé à l'idée de colonisation dont il avait tant vanté les mérites[28]. Le système économique ayant été mis en place par les Hollandais[29] l'avait

---

[26] Allusion à la Révolution belge qui a poussé les principales puissances européennes à reconnaître *de facto* la souveraineté des provinces belges ayant quitté le Royaume des Pays-Bas. Ainsi la révolte contre le roi des Pays-Bas, Guillaume Ier, avait-elle abouti à la proclamation de l'indépendance le 4 octobre 1880 par le gouvernement de Belgique.

[27] In *Léopold II : Le royaume et l'empire*, Barbara Emerson, préface de Jacques Willequet, traduction de l'anglais par Hervé Douxchamps et Gérard Colson, Duculot, Paris-Gembloux, 1980, p. 39.

[28] In *Léopold II et la rivalité franco-anglaise en Afrique, 1882-1884*, Jean Stengers, *Revue belge de Philologie et d'Histoire*, vol. 47, n° 2, 1969, p. 427.

[29] Plus précisément le « système des cultures » appliqué dans la partie occidentale de Java, lequel a été ensuite étendu, dès l'année 1832, dans d'autres régions des Indes

beaucoup impressionné à l'issue d'un voyage en 1865 en Indonésie. Cela « consistait non seulement à acheter le produit des plantations à un prix arbitrairement fixé, mais aussi à mettre en place des fonctionnaires qui obtenaient des primes selon la production »[30]. Le monarque s'en inspirerait dans la gestion de sa concession africaine.

Passé à la postérité comme le « roi bâtisseur » et soucieux du développement urbain, tout en ayant apporté une touche urbanistique moderne à la ville d'Anvers et rendu très attrayant les serres de son domaine de Laeken, Léopold II a complètement transformé des villes comme Bruxelles et Ostende. Dans le même état d'esprit, grâce aux expéditions du journaliste et explorateur britannique John Rowlands, dit Henry Morton Stanley, le monarque belge a délimité un immense territoire au centre de l'Afrique et réussi à le faire reconnaître en tant qu'État indépendant du Congo (EIC) à la Conférence de Berlin qui s'est déroulée de 1884 à 1885. Il considérerait ce territoire comme sa propriété personnelle et, par conséquent, l'administrerait de manière privée. Les atrocités commises sur les populations locales en vue d'un rendement maximal des ressources naturelles – principalement l'ivoire et le caoutchouc – susciteraient l'indignation et la mise sur pied en 1904 d'une commission d'enquête internationale. En 1908, sous la pression de quelques puissances occidentales, Léopold II léguerait contre son gré sa vaste concession à l'État belge.

Pourtant, en dépit de la cruauté l'ayant animé à l'encontre des populations congolaises, le roi Léopold II s'est totalement opposé sur le plan de la politique pénale belge à la condamnation à mort. Il a utilisé chaque fois son droit de grâce afin de commuer les peines capitales en emprisonnement à perpétuité. Sauf en périodes des guerres, aucun condamné n'a été exécuté en Belgique sous son règne jusqu'à l'abolition légale de la peine de mort en 1996 pour tous les crimes et l'inscription absolue de cette mesure dans la Constitution de 2005[31].

Sous le règne léopoldien, ont été votées par le Parlement belge d'importantes lois sociales : caractère facultatif du livret d'ouvrier en 1883, paiement des salaires en argent et à date fixe en 1887, droit de former des syndicats, âge d'admission des enfants dans les usines ayant été fixé à

---

néerlandaises par le gouverneur général Johannes Van den Bosch.

[30] In *Léopold II : Une vie à pas de géant*, Mathieu Longue, coll. *Les racines de l'histoire*, Bruxelles, Éditions Racine, 2007, p. 124.

[31] In *Le Congo : Mythes et réalités*, Jean Stengers, Bruxelles, éditions Racine, 2008 (1ère éd. 1989).

douze ans, interdiction du travail de nuit aux enfants de moins de seize ans et du travail souterrain aux femmes de moins de vingt et un ans en 1889, réparations des dommages occasionnés par les accidents de travail en 1903, repos dominical en 1905 et tant d'autres mesures progressistes.

1.1 - L'exploitation des terres congolaises

À l'issue de la Conférence géographique qui s'est tenue au palais royal de Bruxelles le 12 septembre 1876 et a réuni, aux côtés des géographes, des explorateurs, des philanthropes et d'autres personnalités de différentes nationalités connues grâce à leur intérêt commun pour le continent africain, une résolution a été prise. Le roi Léopold II, mû par des ambitions humanitaires, a décidé de réaliser son œuvre personnelle. Il a enfin contribué à la création de l'*Association internationale africaine* (AIA), en guise de paravent philanthropique à son projet concernant l'exploitation des richesses – caoutchouc et ivoire – de sa propriété d'Afrique centrale. Cette association organiserait les futures explorations dans le bassin du Congo. Par la suite, le roi des Belges entreprendrait le 17 novembre 1879 l'émergence de l'*Association internationale du Congo* (AIC)[32] à partir du *Comité d'Études du Haut-Congo* (CEHC)[33] précédemment créé.[34]

L'homme d'affaires Albert Thys vanterait d'ailleurs les intentions humanistes du monarque belge. Dans une lettre adressée à son épouse, née Julie Mottin, lors de son premier voyage en territoire congolais le 6 décembre 1887, Thys affirmerait que :

---

[32] Cette association était présidée par le colonel Maximilien Strauch, tandis que l'officier de la *British Army* Francis Walter de Winton en était le premier administrateur général du 22 avril 1884 au 1er juillet 1885. À sa dissolution en 1885, ses structures seraient reprises par l'État indépendant du Congo.

[33] Fondé le 25 novembre 1878, son statut était celui d'une organisation commerciale au capital de 1 000 000 francs belges mis à disposition à très court terme à concurrence de 500 000 francs par les premiers souscripteurs. Le roi Léopold II en a été l'un des premiers, par l'intermédiaire du banquier Léon Lambert, avec un apport de 265 000 francs. Des Néerlandais lui ont emboîté le pas avec 130 000 francs. Deux souscripteurs britanniques et un Écossais ont contribué à hauteur de 30 000 francs chacun. Le colonel Maximilien Strauch est devenu le président du Comité, alors qu'il était déjà secrétaire général de l'*Association internationale africaine*. Quant au roi Léopold II, il a été nommé président honoraire.

[34] In *Léopold II : Le royaume et l'empire, op. cit.*, p. 88.

« la création de l'État du Congo [était], [...] une conception coloniale absolument nouvelle et, à proprement parler, ce n'[était] pas une colonie, celle-ci [ayant dépossédé] l'indigène de son sol et [l'ayant considéré] comme la race conquise. En fait, ici, les indigènes [c'étaient] les citoyens du nouvel État et les Blancs envoyés au Congo par le gouvernement [seraient] des tuteurs provisoires à la population noire qui ne [serait] appelée à la gestion des affaires publiques que quand son éducation [serait] suffisamment faite. Fatalement jusqu'ici toute occupation coloniale [avait] abouti, non seulement à l'asservissement de la race aborigène, mais encore, et presque fatalement, à la suppression de cette race et à son remplacement par la race conquérante. C'[était] notamment ce qui s'[était] passé dans les Amériques et même plus ou moins dans les Indes anglaises et néerlandaises. Ici, il ne [pouvait] pas un seul instant être question d'agir ainsi. Le Nègre [était] le citoyen de l'État indépendant du Congo ; [on devait], non l'asservir, mais l'éduquer et l'élever, socialement parlant, jusqu'à ce qu'il puisse se gouverner lui-même, quitte à être même flanqué à la porte par les Nègres de l'avenir. »[35]

Toutefois, selon les éléments apportés par l'historien et diplomate Jules Marchal dans un ouvrage consacré à l'écrivain, journaliste et homme politique britannique Edmund Dene Morel Deville, la réalité était différente de la situation décrite par Albert Thys. Par rapport à d'autres colonies, la spécificité du régime colonial de l'État indépendant du Congo résidait dans le fait que, d'une part, au Congo :

« le receveur de la taxe était un fonctionnaire, non pas un agent commercial, ayant un intérêt direct dans le produit de la taxe. D'autre part, dans le système britannique, l'Africain connaissait le montant de sa taxe et lorsqu'il s'en était acquitté, il était libre de chercher travail et délassement où il voulait. Le contribuable congolais par contre, avec son imposition hebdomadaire ou bimensuelle [s'étant répété] éternellement, ne pouvait même pas quitter son village, [ayant été] enchaîné comme un serf à ses tâches sans fin »[36].

---

[35] In *Albert Thys, de Dalhem au Congo : « Les facettes méconnues d'un personnage d'exception »*, Georges Defauwes, Collection « Comté de Dalhem – Choses, gens et sites de chez nous », préface de Paul Bolland, gouverneur honoraire de la Province de Liège, 1995, p. 33.
[36] *In E. D. Morel contre Léopold II. L'Histoire du Congo, 1900-1910*, Jules Marchal, vol. 1, L'Harmattan, Paris, 1996, p. 246.

Ainsi, sous le patronage de Léopold II, Henry Morton Stanley est-il entré en concurrence avec l'explorateur français Pierre Savorgnan de Brazza dans le but d'acquérir des droits sur l'immense territoire situé en plein cœur de l'Afrique centrale : le futur Congo belge. Au cours des cinq prochaines années, Stanley œuvrerait en vue de l'ouverture du Congo inférieur à l'exploitation intensive à l'aide de la construction d'une route à partir du fleuve jusqu'au Stanley Pool, de nos jours Pool Malebo, l'un des lieux de navigabilité du cours d'eau. À la demande expresse du roi Léopold II, Henry Morton Stanley obtiendrait également des « contrats » d'exploitation par l'*AIC* des terres appartenant aux autochtones. La somme de ces acquisitions permettrait la proclamation des « États libres » par l'*AIA*, lesquels bénéficieraient alors d'une souveraineté intégrale sous la forme d'une seule concession. Grâce à l'action accomplie par l'explorateur britannique, une personne privée, en l'occurrence Léopold II, est devenue propriétaire d'un territoire de plus de 2,3 millions de kilomètres carrés ainsi que de la force de travail de ses habitants[37]. Le monarque belge avait en effet commencé à nourrir des ambitions colonisatrices à l'égard du Congo en 1877 après avoir envisagé, avant même son accession au trône de Belgique en 1865, d'autres possibilités à propos de la Chine, du Japon, de Bornéo, du Fidji et du Haut-Nil.

Des représentants des quatorze pays européens et des États-Unis d'Amérique ont officiellement reconnu à l'*AIC* à l'issue de la tenue de la Conférence de Berlin de 1884 à 1885, sous la présidence de Léopold II, la souveraineté sur l'État indépendant du Congo. La signature de l'acte final de ladite Conférence serait paraphée le 25 février 1885, en l'absence du fils de la princesse Louise d'Orléans mais sous les applaudissements chaleureux de l'auditoire à la simple évocation de son patronyme en tant que propriétaire. Rien de surprenant car, malgré quelques concessions accordées à la France et au Portugal n'ayant presque rien représenté au regard de l'immensité du Congo[38], la vision du souverain belge a sans conteste dominé les arguments de participants aux travaux de la Conférence.

Trois raisons essentielles ont permis au roi Léopold II de faire reconnaître la souveraineté de l'*Association internationale du Congo* sur l'État

---

[37] *Ibidem*, p. 118.
[38] Un État souverain occupant, avec l'estuaire du fleuve Congo et son immense arrière-pays, une région hautement stratégique et scandaleusement riche au cœur de l'Afrique centrale.

indépendant créé en Afrique centrale :
- le fait d'en faire un État sans douane (tant les gouvernements français que britannique imposaient alors d'importantes taxes douanières à l'entrée et à la sortie des territoires de leurs colonies) ;
- l'octroi à la France, en 1884, d'un droit de préférence sur le territoire du futur État indépendant du Congo, c'est-à-dire que, en cas de disparition ou de dissolution dudit État, la souveraineté sur ces espaces serait proposée en premier lieu à la France ;
- tant le Royaume-Uni que la France – et dans une moindre mesure l'Allemagne – avaient préféré confier les terres du Congo à une petite nation neutre qu'à leur concurrent dans l'impérialisme.

Mieux encore, le chancelier Otto von Bismarck était très désireux de ne pas attribuer une zone aussi vaste que représentait le Congo à l'une des grandes puissances européennes. Ayant particulièrement tenu à la mettre entre des mains neutres et non hostiles, le chancelier impérial d'Allemagne a beaucoup contribué au triomphe de Léopold II. En plus,

> « après avoir été oubliées pendant des siècles, [les] revendications portugaises[39] réapparurent tout à coup. Ainsi le Portugal sollicita d'abord le soutien de la France. Mais, dans l'intention de damer le pion à leur éternel concurrent, les Britanniques firent une proposition alléchante aux Portugais en échange d'une promesse de libre commerce sur le fleuve [Congo]. N'ayant pas de nouvelles possessions en développement dans le Sud-Ouest africain, sans aucune ambition pour le Congo, l'Allemagne d'Otto von Bismarck fut ravie de voir ses rivaux britannique et français se disputer à propos de l'Afrique centrale.
>
> » En guise de contre-offensive diplomatique, Léopold II engagea une campagne d'information. Il épingla sans tarder les rapports sur l'esclavage dans les colonies portugaises. Le roi laissa ensuite sous-entendre aux grandes compagnies commerciales britanniques qu'il pourrait accorder au Royaume-Uni un statut plus avantageux que celui ayant été promis par les Portugais, s'agissant du commerce sur le sol congolais. En même temps, avec l'habileté d'un joueur d'échecs, le manœuvrier Léopold II informa Otto von Bismarck qu'il ne concéderait à aucune nation étrangère des faveurs particulières sur le territoire en sa possession, et que les Allemands pourraient l'exploiter comme tous les autres. Le roi des Belges évoqua dans la foulée son attrayante promesse, en rappelant aux auto-

---

[39] Celles-ci étaient plus anciennes et reposaient sur les voyages du capitaine et explorateur portugais Diego Cão à l'embouchure du Congo en 1482.

rités françaises que, s'il n'était pas en mesure de subvenir seul aux moyens nécessaires à l'exploration de ladite propriété – ce qui semblait d'ailleurs à l'époque être le cas –, celle-ci leur serait attribuée en priorité. Finalement, le Souverain sollicita l'aide des États-Unis d'Amérique et envoya au président Chester [Alan] Arthur des copies des traités ayant été conclus par l'explorateur britannique Henry Morton Stanley avec les chefs de tribus locales.

» Une fois les gages obtenus, le roi Léopold II déclara que, dans le cadre de son action humanitaire, l'*AIC* administrerait le territoire congolais pour apporter les bienfaits de la civilisation aux populations indigènes. »[40]

La France recevrait 666 000 km^2 sur une partie de la rive septentrionale du fleuve Congo, le Portugal 909 000 km^2 au Sud – le territoire de l'actuel Angola – et le roi Léopold II s'approprierait, au profit de l'*Association internationale du Congo* présidée par le colonel Maximilien Strauch, les 2 345 410 km^2 qui constitueraient l'État indépendant du Congo. Cette appellation n'était d'ailleurs pas encore d'actualité au moment de la tenue de la Conférence de Berlin. Elle ne serait employée qu'à partir du 1er août 1885[41].

La Conférence de Berlin a donc pris acte du partage, voire du dépeçage, du continent africain par les puissances industrielles européennes, dont le Royaume de Belgique par son monarque interposé. Lors de cette rencontre entre les grandes nations de l'époque, l'abolition de l'esclavage et l'interdiction de la traite négrière ont aussi été formellement prononcées et actées.

1.2 - Le roi du Congo

Selon les dispositifs de la Constitution belge, le monarque devait à cette époque obtenir l'autorisation des Chambres parlementaires pour pouvoir devenir le chef de l'immense État fondé au cœur de l'Afrique et supervisé par l'*AIC*. En conséquence, avec l'aide de l'homme politique catholique Auguste Lambermont, du haut fonctionnaire Émile Banning et de l'homme d'État de tendance catholique Auguste Beernaert, le roi Léopold II a rédigé une note à l'attention du Parlement en guise de demande d'accord. La Chambre des représentants a débattu et voté à l'unanimité le 28 avril 1885,

---

[40] In *Le regard africain sur l'Europe*, Gaspard-Hubert Lonsi Koko, L'Atelier de l'Égrégore, Paris, 2019, p. 48.
[41] *Ibidem*, p. 49.

moins la voix du militant et député libéral Xavier Neujean. Ce dernier a estimé ledit cumul des souverainetés irréalisable, le projet de résolution ayant été écrit par Beernaert, alors chef du cabinet du roi. Le Sénat se prononcerait favorablement deux jours plus tard, le 30 avril. Ainsi Léopold II deviendrait-il officiellement, par cet acte du Parlement de Belgique, le « roi du Congo »[42].

Dans le *Bulletin officiel de l'État indépendant du Congo* des années 1885 et 1886, on peut lire que :

> « sa Majesté Léopold II, Roi des Belges, [était] autorisé à [devenir] le chef de l'État fondé en Afrique par l'*Association internationale du Congo*. L'union entre la Belgique et le nouvel État [serait] exclusivement personnelle. »

En tant que territoire appartenant au roi Léopold II de Belgique, les langues administratives en usage seraient par conséquent le français et le néerlandais. L'État indépendant du Congo aurait comme capitale, du 1er juillet 1885 au 1er mai 1886, tout d'abord Vivi – ville fondée par le Britannique Henry Morton Stanley –, ensuite Boma de mai 1886 jusqu'au 31 octobre 1929 et, enfin, Léopoldville qui deviendrait Kinshasa en 1966. Le franc congolais ferait figure de monnaie officielle.

Le roi Léopold II s'est engagé, avec d'autres puissances signataires des prescriptions de la Conférence de Berlin, de prendre part à la lutte de manière efficace contre l'esclavagisme dans les territoires formant le bassin conventionnel du Congo. À cet effet, il a soutenu la campagne lancée par le cardinal français Charles Lavigerie, fondateur de l'ordre missionnaire des Pères blancs d'Afrique[43], à la suite de l'attaque des missions africaines par les Arabes. Le sermon prononcé à Bruxelles en août 1888 par le prélat a abouti à la création de la *Société anti-esclavagiste belge*, composée de 700 membres et dotée d'un capital de 300 000 francs. À l'initiative du roi Léopold II, la Conférence anti-esclavagiste ayant été ouverte à Bruxelles le 18 novembre 1889 a débouché le 2 juillet 1890, après que les participants ont réussi à surmonter de profondes divergences entre les dix-sept

---

[42] In *Léopold II : Le royaume et l'empire, op. cit.*, pp. 118-119.
[43] Les missionnaires d'Afrique forment une société de vie apostolique, donc religieuse, de droit pontifical. Également connus sous l'appellation de pères blancs, ils ne doivent pas être confondus avec les missionnaires de la société des missions africaines.

signataires, sur la ratification de la Convention de Bruxelles. Ce traité international entrerait finalement en vigueur le 2 avril 1892. Il fallait donc matérialiser un vaste programme à propos de la création de postes fortifiés par les grandes puissances d'Europe dans leurs territoires d'Afrique contre les incursions des négriers arabes. Il fallait aussi bâtir des refuges en guise d'autodéfense des indigènes et s'atteler à la construction des routes, ainsi que des chemins de fer depuis la côte de l'océan Atlantique vers l'intérieur des terres congolaises. Il fallait, enfin, renforcer le contrôle de la navigation fluviale sur les cours d'eau et les grands lacs.[44]

Bien évidemment, selon l'historienne Barbara Emerson,

> « aucune des grandes puissances présentes ne parut disposée à s'engager dans un aussi vaste programme. Léopold II s'y attendait. Sans doute avait-il le désir sincère d'abolir l'esclavage. […] il allait pouvoir […] tirer parti de la situation [...] Il demanda que la Conférence autorise l'EIC à lever une taxe à l'importation au Congo, car il était évident que, pour organiser la lutte contre la traite, il fallait des moyens financiers [...] Finalement, Léopold II put enfin percevoir jusqu'à 10 % *ad valorem* sur tous les produits d'importation »[45].

Ce traité international a visé, dans l'absolu, à « mettre un terme aux crimes et aux dévastations qu'[engendrait] la traite des esclaves africains, afin de protéger en toute efficacité les populations aborigènes d'Afrique subsaharienne et d'assurer à ce vaste continent les bienfaits en matière de paix et de civilisation ».

Pour la réalisation de son œuvre, le roi Léopold II a disposé d'un emprunt de 25 millions de francs accordé par le gouvernement belge. Il a également bénéficié des taxes par rapport aux droits d'entrée et de sortie du sol congolais. Grâce à l'accroissement du commerce international, a-t-il espéré, ces impositions augmenteraient et constitueraient d'importantes sources de revenus que rapporterait son immense propriété africaine.[46]

> « Le regain d'intérêt pour les richesses générées par l'EIC limita néanmoins la superficie du territoire escompté. Les Français réclamèrent la rive septentrionale du fleuve – l'actuelle République du Congo – et les Britanniques, principalement Cecil Rhodes, tentèrent de s'approprier la

---

[44] In *Léopold II : Le royaume et l'empire, op. cit.*, p.148.
[45] *Ibidem.*
[46] *Ibid.*, p. 149.

région minière du Katanga. Léopold II obtint en fin de compte un territoire se confondant pratiquement avec la cuvette centrale du bassin du Congo, dont l'avenir économique restait toutefois incertain.

» Mais la perfide Albion appréhenda différemment la situation. En effet, les velléités expansionnistes françaises contrarièrent, à n'en pas douter, le Royaume-Uni. En plus, les ambitions de cet empire sur le Congo n'étaient pas récentes. Elles dataient déjà de l'expédition du lieutenant Verney Lovett Cameron, laquelle avait été effectuée en 1873. Celle-ci fut partie de Zanzibar pour ramener le corps de l'explorateur David Livingstone. D'abord réticente à prendre possession d'une grande colonie supposée peu productive, mais après les révélations sur les immenses richesses dont regorgeait l'État indépendant du Congo, l'Angleterre, connue pour être championne dans l'art du chantage, excella dans la remise en cause de l'autorité du roi Léopold II. »[47]

En 1890, le roi Léopold II a eu l'intention de contrôler la totalité du territoire du Katanga convoité par Cecil John Rhodes[48] pour le compte de la Grande-Bretagne. Sans le soutien de sa cousine la reine Alexandrina Victoria, la fille du duc de Kent en la personne du prince Édouard-Auguste, ni du gouvernement allemand afin de contrer les visées expansionnistes de Rhodes, le monarque belge a finalement décidé de passer à l'offensive. Ainsi a-t-il proposé sans tarder que les sociétés implantées au Congo puissent financer, du moins partiellement, les expéditions en vue de l'occupation de ladite région[49]. Pour les historiens,

« trois problèmes importants se posèrent dans les premières années de la gestion léopoldienne du territoire congolais. *Primo*, en dehors des huit comptoirs ayant été développés par l'explorateur Henry Morton Stanley, la forêt n'offrait aucun intérêt commercial. *Secundo*, les troupes armées à la solde de Cecil Rhodes, alors Premier ministre de la colonie britannique du Cap (l'une des provinces de l'actuelle Afrique du Sud) progressèrent davantage vers le Nord et occupèrent le Sud du Congo, contrevenant *de facto* à la reconnaissance par le Royaume-Uni des limites territoriales de l'État indépendant du Congo. Ainsi permit-il aux zanzibarites du marchand d'esclaves Hamed bin Mohammed el Marjebi (dit Tippo Tip) de constituer un véritable État indépendant dans

---

⁴⁷ In *Le regard africain sur l'Europe, op. cit.*, pp. 46-47.
⁴⁸ Fondateur de la *British South Africa Company* et de la compagnie diamantaire *De Beers*, Cecil John Rhodes a été Premier ministre de la colonie du Cap en Afrique du Sud de 1890 à 1896 et le créateur de la *Bourse Rhodes*.
⁴⁹ In *Léopold II : Le royaume et l'empire, op. cit.*, pp. 118-119.

l'Est et le Nord du territoire, ainsi que sur toute l'étendue de l'actuel Ouganda. *Tertio*, le district éloigné et vulnérable du Katanga fut alors occupé par un puissant chef nommé Ngelengwa Msiri Shitambi Mwenda Ier, aussi appelé Msiri, qui avait déjà rejeté les offres de Cecil Rhodes. Dans l'espoir d'enrayer définitivement l'affirmation de l'expansionnisme britannique au Sud du territoire congolais, Léopold II envoya des expéditions armées. Msiri fut capturé, mais il refusa de se soumettre. Sur ordre du monarque belge, il fut assassiné et remplacé par un dirigeant plus docile. »[50]

Quatre expéditions, concédées par avance selon les instructions du roi Léopold II aux sociétés commerciales belges en contrepartie de l'exploitation des ressources minières, seraient menées dans le territoire du Katanga. Le géographe et pédagogue belge Alexis-Marie Gochet[51] a d'ailleurs illustré l'une d'elles en ces termes :

> « Terminons par l'expédition Delcommune[52] qui, toutefois, fut la première en date [...] Elle partit de Belgique en juillet 1890[53]. »[54]

D'après le docteur Paul Briart, l'équipe de l'expédition du vétéran des explorateurs du Congo, à savoir Alexandre Delcommune, était effectivement partie d'Anvers en juin 1890. Elle a été constituée pour le compte de la *Compagnie du commerce pour le Congo et l'industrie* (CCCI) en mai et rassemblée à Matadi en septembre de la même année. Elle parviendrait jusqu'aux sources du Lualaba. Même si la famine a décimé beau-

---

[50] In *Le regard africain sur l'Europe, op. cit.*, p. 50.

[51] Né Jean-Baptiste Gochet, le frère Alexis-Marie Gochet a appartenu à l'ordre religieux des Frères des écoles chrétiennes. Il a également été membre de la *Société de géographie*, ainsi que de la *Société royale belge de géographie* et de la *Société royale de géographie d'Anvers*.

[52] Natif de Namur en Belgique le 6 octobre 1855 et décédé à Bruxelles le 7 août 1922, Alexandre Delcommune était un officier belge de la Force publique de l'État indépendant du Congo. II a entrepris des explorations du pays au début de la période coloniale, notamment de nombreuses voies navigables du bassin du Congo, et mené une importante expédition dans le territoire du Katanga entre 1890 et 1893. D'aucuns estiment qu'il a été l'un de ceux qui avaient vécu toute l'histoire de l'État indépendant du Congo.

[53] In *Aux sources du fleuve Congo : Carnets du Katanga 1890-1893*, Paul Briart et Dominique Ryelandt, coll. *Congo-Zaïre*, L'Harmattan, Paris, 2004, p. 8.

[54] In *Soldats et missionnaires au Congo de 1891 à 1894*, Alexis-Marie Gochet, Société de Saint-Augustin, Desclée, De Brouwer & Cie, 1896, p. 128.

coup de ses hommes, entre septembre 1890 et avril 1893, Delcommune a fini par rejoindre le Tanganyika à temps pour soutenir le capitaine Alphonse Jacques dans la guerre anti-esclavagiste contre les Arabes[55].

D'après Barbara Emerson,

> « la première expédition de la *Compagnie du Katanga*[56] était dirigée par un Anglais né au Canada, William Stairs, aventurier professionnel qui avait déjà fait partie d'une mission de secours à [Mehmet] Emin Pacha. Il avait sous ses ordres le docteur irlandais [Joseph] Moloney et son domestique [Thomas] Robinson, un Français, le marquis [Christian] de Bonchamps, et un Belge, le capitaine Omer Bodson. »[57].

Au cours de l'expédition menée par William Stairs, la famine sévissait et les missionnaires anglais étaient terrorisés par Ngelengwa Shitambi Mwenda Ier, dit Msiri, roi de Bunkeya de la tribu des Wanyamwezi dans le Katanga. Mais le 20 décembre 1891, un officier belge, le capitaine Omer Bodson, a tué le souverain katangais d'une balle dans la tête.

> « Ce jour-là, trois coups de revolver changèrent incontestablement le destin de l'empire du Garaganza, ou Bayeke, et celui du Royaume de Belgique. Le capitaine Omer Bodson serait ensuite tué, après avoir commis son forfait, par Mwanangwa Masuka, une personne qui était très proche de Msiri dont la tête fut décapitée et exposée sur une palissade. »[58]

Pour le professeur Elikia M'Bokolo, normalien et agrégé d'histoire, ancien directeur d'études à l'École des hautes études en sciences sociales (EHESS) de Paris,

> « [ce fut] à Berlin, en 1885, que fut scellé le sort de Msiri, lorsque, d'un trait de plume, le roi des Belges Léopold II intégra le Katanga dans ses possessions. C'[était] en [ayant voulu] l'occuper effectivement que ses agents se heurtèrent à Msiri et l'abattirent, comme un fauve. »[59]

---

[55] *Ibidem*, p. 129. Alexandre Delcommune est rentré en Belgique en 1895.

[56] Une entreprise concessionnaire de l'EIC, créée en 1891 en vue de l'occupation et de l'exploitation d'un territoire de 15 millions d'hectares, le Katanga. Elle avait aussi pour finalité de dissuader le Royaume-Uni qui contestait, à cette époque, les droits de l'EIC.

[57] In *Léopold II : Le royaume et l'empire, op. cit.*, pp. 191.

[58] In *Les figures marquantes de l'Afrique subsaharienne, op. cit.*, p. 63.

[59] In *Msiri, bâtisseur de l'ancien royaume du Katanga*, Elikia M'Bokolo, ABC, 1976, pp. 12.

Le projet du coup d'État fomenté contre l'intrépide roi Msiri par les Européens a pleinement réussi. De plus,

> « l'assassinat de Msiri fut donc le début de l'occupation effective du Katanga par les agents de l'État indépendant du Congo qui s'étaient installés au poste de Lofoi. Mwenda Mukanda Bantu, fils et successeur de Msiri, fit allégeance aux nouveaux maîtres et participa aux campagnes de pacification de la région. »[60]

La seconde expédition a commencé en décembre 1890, lorsque Paul Le Marinel, commissaire du district du Lualaba depuis juillet 1889, est parti de Lusambo, qu'il avait transformé en une puissante station militaire d'une importance stratégique majeure pour l'occupation du Katanga[61]. Il était à la tête d'une expédition composée de 400 hommes, laquelle a atteint le 18 avril 1891 Bunkeya, le fief du redoutable Msiri.

La troisième expédition a commencé en août 1892, lors du départ d'Alexandre Delcommune de Bunkeya pour le Nord par le lac Tanganyika. Il avait accouru à la rescousse d'un groupe de religieux de la *London Missionary* basé à Albertville (l'actuelle ville de Kalemie), lequel était menacé par des esclavagistes arabes.

À la mort de William Stairs le 30 juin 1892, après avoir contracté la malaria en janvier de la même année, Lucien Bia, soldat belge originaire de Liège, qui avait quitté Anvers le 18 mai 1891, a pris la relève à la tête de la quatrième expédition du Katanga. Avant de mourir à son tour, il a réussi en huit mois sa mission politique. Celle-ci a consisté à conclure des traités avec les chefs locaux et à proclamer dans un maximum de territoires la souveraineté de l'État indépendant du Congo. Après le décès de Lucien Bia, l'officier et explorateur Émile Francqui l'a remplacé jusqu'à son retour à Bruxelles. Ces périples ont permis d'explorer, au bout des trois années, la plus grande partie du territoire du Katanga. Ils ont confirmé l'existence des richesses minérales de cette région[62]. Cette quatrième expédition serait connue sous la dénomination de Bia-Francqui[63].

---

[60] *Ibidem*, p. 64.
[61] Sources : *Le Marinel (Paul-Amédée)*, René Cambier, in *Biographie coloniale belge*, t. I, Bruxelles, Institut royal colonial belge, 1948, col. *664-670* ; Édouard Janssens et Albert Cateaux, *Les Belges au Congo*. Notices biographiques, t. I, Anvers, 1908, p. 279-288 ; Paul Le Marinel (1858-1912). Carnets de route. *Dans l'État indépendant du Congo de 1887 à 1910*, Bruxelles, Éditions. Progrès, 1991.
[62] *Ibidem*, pp. 193.

Après la reconnaissance en 1894 des prétentions du roi Léopold II successivement par les gouvernements français et britannique, sous la direction de Louis Napoléon Chaltin, les Belges prendraient possession en 1897 de l'enclave de Lado vers la vallée méridionale du Nil. Mais cette acceptation de souveraineté ne serait valable que, à vrai dire, du vivant de leur monarque.

Entre 1890 et 1898, pour pallier l'absence de navigabilité du fleuve Congo sur le segment occidental dans le but d'atteindre la future capitale Léopoldville, le roi Léopold II a fait construire, dans des conditions extrêmement difficiles, une ligne ferroviaire de 400 km de long entre le port de Matadi et Stanley Pool, de nos jours Pool Malebo, près de la ville actuelle de Kinshasa. Cette voie ferrée faciliterait l'écoulement, vers la côte atlantique, des produits dont la vente éviterait au monarque la banqueroute. En effet, entre 1876 et 1885, il avait investi dix millions de francs belges dans cette titanesque opération relative au Congo, pour un revenu, en 1886, de 75 000 francs belges. En conséquence, il avait épuisé la fortune que lui eût léguée son père Léopold I[er][64].

> « [...] "Le caoutchouc a permis à l'État indépendant du Congo d'être propulsé sur la scène internationale et de devenir un enjeu mondial", [a détaillé le professeur] Bob Kabamba. Depuis le XIXe siècle, le caoutchouc et son extraction suscitent l'intérêt des puissances internationales. Encore aujourd'hui, cette matière première est l'une des richesses du Congo. Dans l'histoire de la colonisation par la Belgique, le caoutchouc résonne comme une torture pour le peuple congolais. "C'est l'exploitation dans son sens le plus terre à terre, le plus basique, le plus sauvage. C'était du capitalisme primaire. Les colons raisonnaient ainsi : j'ai besoin d'une matière première, je vais la chercher et l'exploiter quel qu'en soit le prix." Et le prix au début du XXe siècle [s'est] traduit en sévices, en villages volés, en humains tués, en mains coupées, etc. Pour s'enrichir sur le dos des Congolais(e)s, les colons belges ne reculaient devant rien.

---

[63] In *Léopold II : Le royaume et l'empire, op. cit.*, pp. 192.

[64] In *Congo. Une histoire*, David Van Reybrouck, Actes Sud, Arles, 2013, p. 79. Ironie du sort, la présidence de Félix Antoine Tshisekedi Tshilombo tenterait de sacrifier cette voie ferrée, mais il se résignerait à la suite de la colère de quelques notables originaires du Kongo Central basés principalement en Afrique du Sud, à Abidjan et à Paris – en l'occurrence Charlie Mingiedi Mbala, Guillaume Disiyi Ndosimao et Gaspard-Hubert Lonsi Koko. Leur téméraire opposition à la position présidentielle se matérialiserait sous la forme d'une pétition mise en ligne sur le site *change.org* en décembre 2021.

Maltraitance, privation de nourriture, mises à mort étaient le lot de celles et ceux qui tentaient de se soustraire au travail forcé. Le caoutchouc est également lié à l'affaire des mains coupées révélée par le diplomate britannique Roger Casement dans un rapport qui provoqua la constitution de la commission d'enquête sur les exactions commises dans l'État indépendant du Congo en 1904. L'une des conséquences de ce rapport [serait] l'annexion du Congo par la Belgique. »[65]

Au début de l'exploitation de la propriété privée, l'ivoire constituait le principal produit d'exportation. L'invention du pneu en caoutchouc par l'écossais John Boyd Dunlop en 1888 a ouvert une nouvelle et juteuse opportunité, soit une voie royale, que développerait sans tarder le monarque exploitant. De quelques centaines de tonnes métriques en 1891, la production de caoutchouc s'est élevée à six mille tonnes en 1896, ayant *de facto* redressé les finances personnelles du souverain belge qui n'a pour autant pas pensé à réinvestir dans des plantations. Bien au contraire, le roi Léopold II n'a cessé de contraindre les populations autochtones à récolter davantage le latex extrait des hévéas dans la jungle à l'état naturel. Les populations indigènes, qui effectuaient un travail à la fois colossal et forcé, devaient verser à l'administration léopoldienne des quotas de production qu'il fallait fournir sous peine de sévices.

1.3 - Les conséquences de l'inhumanité

La Force publique, laquelle avait été créée afin de consolider l'emprise léopoldienne sur la concession privée d'Afrique centrale, s'est distinguée par sa cruauté. Davantage indisciplinée, elle a excellé notamment dans les pillages et le fait de semer la terreur auprès des populations civiles.
En fait,

« la pratique des mains coupées fut dénoncée dans le rapport Casement. Celui-ci [a affirmé] que les Européens qui travaillaient pour l'EIC demandaient explicitement aux caporaux noirs, envoyés dans les villages pour lever leur quota de caoutchouc auprès des populations locales, de ramener une "main coupée" pour chaque balle de fusil ayant tué un

---

[65] In *De A à Z, comprendre la colonisation belge au Congo*, Audrey Vanbrabant. Article consulté le 4 novembre 2021. Voir le lien ci-dessous. https://www.rtbf.be/culture/dossier/60-ans-d-independance-du-congo/detail_de-a-a-z-comprendre-la-colonisation-belge-au-congo?id=10528057.

“indigène” en guise de preuve que celle-ci n'avait pas servi à d'autres fins (braconnage, revente) »[66].

Selon des historiens renommés comme David Van Reybrouck et Adam Hochschild, ces miliciens n'hésitaient pas à amputer les mains des personnes vivantes[67]. Les mouvements de résistance en ont appris à leurs dépens, tellement ils ont été écrasés par les milices avec une violence inégalée. Il fallait à tout prix honorer le marché d'esclaves et le commerce de l'ivoire contractés avec des exploitants régionaux. En effet, dans le but de renforcer la surveillance de la main-d'œuvre en vue de la rentabilité de cette très immense exploitation, les représentants du roi Léopold II achetaient des esclaves à Tippo Tip[68]. Connus sous l'appellation de « libérés », ces individus obtenaient leur liberté seulement s'ils acceptaient de s'engager pour quatre années dans la Force publique. D'autres personnes ont été kidnappées dans leur tendre enfance lors des raids dans les villages, et élevées dans des missions catholiques où elles recevaient une éducation militaire s'étant apparentée à de l'esclavage.

Le meurtre, la famine, l'épuisement, la maladie et un taux de natalité en chute libre ont beaucoup contribué à l'éradication d'une grande partie de la population indigène dans l'État indépendant du Congo au cours des vingt-trois années de la possession dudit territoire par Léopold II. Selon les estimations, le nombre de victimes a fluctué entre au minimum 10 millions et au maximum 15 millions de personnes[69, 70].

Ces chiffres ont été contestés sous prétexte « d'absence de fondement scientifique »[71] par quelques historiens, parmi lesquels a figuré Jean-

---

[66] *In Le regard africain sur l'Europe*, op. cit., p. 52.

[67] In *Les Fantômes du roi Léopold : La terreur coloniale dans l'État du Congo, 1884-1908*, Adam Hochschild, Éditions Tallandier, 2007.

[68] Un marchand d'esclaves originaire d'Unguja, île principale de l'archipel de Zanzibar. Il a rencontré et aidé un bon nombre de grands explorateurs européens du continent africain, dont Henry Morton Stanley, Isaak Eduard Schnitzer (dit Mehmet Emin Pacha), David Livingstone, Verney Lovett Cameron, Hermann von Wissmann et Wilhelm Junker.

[69] In *L'héritage colonial génocidaire de la Belgique hante l'avenir du pays*, Benas Gerdziunas, dans *Independent*. Article mis en ligne le 17 octobre 2017, consulté le 3 novembre 2021. Voir lien ci-dessous.
https://www.independent.co.uk/news/long_reads/belgium-s-genocidal-colonial-legacy-haunts-country-s-future-a7984191.html.

[70] In *Les Fantômes du roi Léopold : La terreur coloniale dans l'État du Congo*, op. cit., p. 226.

Luc Vellut. Pour ce dernier,

> « il est difficile d'avancer un quelconque pourcentage car les seuls chiffres de population qui sont disponibles sont ceux de groupes restreints d'Européens. Il n'existe donc aucun fondement scientifique »[72].

Incroyable ! Beaucoup de paramètres qui ont été réunis, semble-t-il toutefois, auraient pu aisément confirmer l'hypothèse du premier génocide en terre africaine à la fin du XIXe siècle avant celui qui serait commis au début du XXe siècle à l'encontre des populations héréros et namas en Afrique australe sous les ordres du général allemand Lothar von Trotha[73]. N'en déplaise donc à l'historien David Van Reybrouck, qui, s'agissant des crimes à l'encontre des populations congolaises, a rejeté comme totalement « absurde » l'usage du terme « génocide ». Il a été cependant question, dans ce cas précis, de l'annihilation consciente et planifiée d'une population. Cette remarque est aussi valable pour Barbara Emerson qui a évoqué le caractère non fondé au détriment des autochtones, en tant que personnes civiles ayant été exploitées par une milice armée. En se fondant sur la négation soutenue par ces deux historiens, cela reviendrait-il à conclure que lesdits meurtres ont été commis inconsciemment ou par cas de force majeure, ou de légitime défense ? La mauvaise foi, tout comme le non-courage au regard du fait de reconnaître ou d'affirmer la responsabilité d'un monarque européen, a poussé quelques personnes blanches à privilégier en toute partialité l'impossibilité de chiffrer les méfaits démographiques de l'implication léopoldienne, ni de lui en attribuer de manière formelle les responsabilités[74]. C'est tout simplement de la falsification de l'histoire, voire *hic et nunc* du négationnisme.

En fin de compte, à partir de 1900, des témoignages sur l'exploitation et les mauvais traitements à l'encontre des populations indigènes sont par-

---

[71] In *Regards sur le temps colonial*, sous la direction de Jean-Luc Vellut, *La mémoire du Congo. Le temps colonial*, Musée royal de l'Afrique centrale, Gand, Éditions Snoeck, 2005.

[72] *Ibidem*.

[73] In *La conscience bantoue, op. cit.*

[74] In *Les fantômes du Roi Léopold. Un holocauste oublié*, Adam Hochschild, compte rendu d'Étienne Van de Walle, Aline Désesquelles et Jacques Houdaille, dans *Population*, année 1999, n° 54-3, pp. 583-584. Article consulté le 3 novembre 2021. Voir le lien ci-dessous.
https://www.persee.fr/doc/pop_0032-4663_1999_num_54_3_7030.

venus à la presse internationale. Le Britannique Edmund Dene Morel Deville, alors salarié par une compagnie maritime, a alerté l'opinion européenne sur les cargaisons d'armes transportées dans des bateaux qui quittaient le port d'Anvers en Belgique et revenaient chargés de caoutchouc. Les diplomates britanniques Edward Bannister et William Pickersgill, ainsi que le missionnaire suédois Edward Vilhelm Sjöblom, ont aussi dénoncé des exactions et exécutions commises en toute impunité dans l'État indépendant du Congo. Dans cette optique, Roger Casement, poète et consul britannique à Boma dans la partie occidentale de la concession léopoldienne, a remis en 1904 à son ministre de tutelle un rapport complètement dévastateur. Roger Casement s'est notamment exprimé dans ce document en ces termes :

> « On m'a fait beaucoup de déclarations, les unes spécifiques, les autres générales, concernant des actes de mutilations persistantes par les soldats de l'administration. Il ne [pouvait] y avoir l'ombre d'un doute sur l'existence de ces mutilations et sur leurs causes. Ce n'était pas une coutume indigène antérieure à l'arrivée du Blanc : ce n'était pas le résultat des instincts primitifs de sauvages dans leurs luttes entre villages ; c'était un acte délibéré de soldats d'une administration européenne, et ces hommes eux-mêmes ne cachaient jamais que, en perpétrant ces actes, ils ne faisaient qu'obéir aux ordres positifs de leurs supérieurs. J'ai obtenu plusieurs exemples spécifiques de cette pratique de mutilation, commis dans les villages mêmes. »[75]

Journaliste de formation et poète devenu diplomate, Roger Casement a donc produit au Parlement britannique des témoignages qui ont fini par susciter un mouvement d'indignation dans l'opinion publique mondiale. Ceux-ci seraient surtout alimentés par les écrivains Arthur Conan Doyle[76], Joseph Conrad[77] et Mark Twain[78], ainsi que par des éminents socialistes belges de la trempe d'Émile Vandervelde[79].

---

[75] In *Le regard africain sur l'Europe, op. cit.*, p. 52, reprenant une citation faite dans *Il pleut des mains dans le Congo*, Marc Wiltz, Magellan et Cie éditions, 2015.

[76] In *Le Crime du Congo belge*, Arthur Conan Doyle, 2005 (1909).

[77] In *Au cœur des ténèbres (Heart of Darkness)*, Joseph Conrad, 1899.

[78] In *Le monologue du roi Léopold : Une défense de sa règle du Congo (King Leopold's Soliloquy)*, Mark Twain, Le PR Warren, Boston, 1905.

[79] In *The Congo : Plunder and Resistance*, David Renton, David Seddon et Leo Zeilig, Londres, Zed Books, 2007.

Après que d'autres nations européennes, ainsi que les États-Unis d'Amérique, ont exigé son expropriation du territoire congolais, pour couper court à la campagne qu'il trouvait trop agressive, le roi Léopold II a préféré prendre les devants. Ainsi a-t-il souhaité la mise en place d'une commission d'enquête. Il l'a créée par le décret royal du 23 juillet 1904, et informé le *Foreign Office* le 30 juillet. La Commission d'enquête ayant été effectivement constituée en cette année 1904, ses membres se sont penchés sur les exactions et les exécutions sommaires commises dans l'État indépendant du Congo. Les investigateurs se sont rendus du 5 octobre 1904 au 21 février 1905 à Matadi, dans la région du Bas-Congo, ensuite à Stanleyville (actuellement Kisangani), ainsi qu'au centre du Congo :

> « Après quatre mois d'investigations sur place et l'audition de centaines de témoins, dont cinq des Congolais mutilés mentionnés dans le rapport Casement, le rapport de la commission [a confirmé] la surexploitation, souvent forcée, de la main-d'œuvre indigène (souvent victimes de coercition) qui [avait] eu pour résultat le vidage forcé des villages de leur population mâle qui, en temps normal, [approvisionnait] les familles en produits de la chasse, de la pêche et de la cueillette, les femmes [ayant été] généralement affectées, comme dans la plupart des communautés bantoues, à la petite agriculture traditionnelle de subsistance (igname, manioc là où sa culture [existait], gousses d'espèces sauvages). Le fait que les agents européens (plus d'une dizaine de nationalités) [ayant œuvré] pour l'EIC (donc pour Léopold II) [aient été] livrés à eux-mêmes, car insuffisamment encadrés et surveillés, n'[avait] pu conduire qu'à des abus. La commission [est donc tombée] "à bras raccourcis" sur les sociétés concessionnaires, désignées comme les principaux coupables. »[80]

Cette commission était composée d'Edmond Janssens, avocat général à la Cour de Cassation de Bruxelles et président de la commission, de l'Italien Giacomo Nisco, président de la Cour d'appel de Boma, et du juriste helvétique Edmond de Schumacher. Ces commissaires enquêteurs avaient un lien direct, en tant que salariés ou prestataires, avec le monarque belge ou l'État indépendant du Congo.[81]

D'après les conclusions de ladite enquête, lesquelles étaient publiées

---

[80] In *Léopold II : Entre génie et gêne : Politique étrangère et colonisation*, Vincent Dujardin (dir.), Valérie Rosoux (dir.), Tanguy de Wilde d'Estmael (dir.) et al., Bruxelles, Éditions Racine, 2009.
[81] *Ibidem.*

le 4 novembre 1905, le recours aux expéditions militaires a été à l'origine des massacres. Ces campagnes militaires étaient avant tout destinées à une cause noble ayant consisté à combattre l'esclavagisme, son éradication ayant effectivement été l'une des conditions *sine qua non* en vue de la reconnaissance de l'autorité de Léopold II sur le territoire congolais à l'issue des travaux de la Conférence de Berlin. Pour les auteurs de ce rapport, quand bien même le doute aurait pu subsister, les mutilations résultaient :

> « d'une pratique guerrière indigène mais qui [avait] été tolérée ou qui n'[avait] pas été réprimée par des responsables européens »[82].

En tout cas, selon certains historiens contemporains, cette violence structurelle relevait des stratégies assumées et cautionnées dans des hautes sphères étatiques[83]. Néanmoins, notamment au sein de la *British Congo Reform Association* fondée par Edmund Dene Morel Deville avec l'aide de Roger Casement, le rapport était crucial dans le processus de reprise de l'État indépendant du Congo par la Belgique. Ce document a garanti, sur la base d'un bon nombre de témoignages, des faits difficilement contestables. Il a surtout confirmé que :

> « l'État léopoldien [est apparu] aux cercles de l'élite belge non comme un État modèle ou civilisateur mais comme celui de la chicotte et des massacres »[84].

Les contemporains du roi Léopold II ne sont pas restés insensibles aux abominations en vue de l'enrichissement personnel. Ils ont beaucoup critiqué les méthodes utilisées à l'encontre des populations congolaises. En 1866, à propos du monarque belge, l'avocat et politicien belge Alphonse Vandenpeereboom a écrit que :

> « peu à peu le Roi [s'est révélé] et [s'est dessiné], ses intentions [ont été] excellentes […] ; il [avait] du talent, du tact, du jugement ; il [avait] beaucoup vu, il [savait] beaucoup de choses, mais [s'était] un malin ; il [était] retors, rusé, [voire] fourbe ; il [dissimulait] sa pensée, [plaidait] le faux pour soustraire ses pensées intimes à son contradicteur »[85].

---

[82] *Ibid.*
[83] *Ibid.*
[84] *Ibid.*

L'empereur allemand Guillaume II a déclaré en 1878 que le roi Léopold II lui avait « fait l'impression d'[avoir été] un homme franchement cynique et dédaigneux. »[86] Quant à l'écrivain, essayiste et humoriste américain Samuel Langhorne Clemens (dit Mark Twain), il a retenu en 1905 l'image d'un « roi avec 10 millions de morts sur la conscience »[87].

L'écrivain, critique d'art et journaliste de nationalité française Octave Mirbeau a rappelé en 1907 que :

> « de son trône, [Léopold II avait] fait une sorte de comptoir commercial, de bureau d'affaires, comme il n'en [existait] nulle part de mieux organisé, et où il [brassait] de tout, où il [vendait] de tout, même du scandale. Dans un autre temps, cet homme-là eût été un véritable fléau d'humanité, car son cœur [était] absolument inaccessible à tout sentiment de justice et de bonté. Sous des dehors polis, aimables, spirituels, élégamment sceptiques, familiers même, il [cachait] une âme d'une férocité totale, qu'aucune douleur ne [pouvait] attendrir […] »[88]

Pour Arthur Conan Doyle, dans une déclaration faite en 1909, son opinion était sans équivoque :

> « Beaucoup […] en Angleterre [ont considéré] le crime qui [avait] été commis sur les terres congolaises par le roi Léopold [II] de Belgique et ses partisans comme le plus grand crime jamais répertorié dans les annales de l'humanité. »[89]

Et le géographe et critique belge Alphonse-Jules Wauters a jugé sévèrement en 1911 la gestion du Congo par Léopold II :

> « Du jour de l'application du décret secret de 1891 au lendemain des divulgations de la commission d'enquête, c'est-à-dire pendant 13 ans, il [avait] transformé quelques-uns des districts à caoutchouc en véritable enfer. Il [avait] engendré la plupart des crimes qui s'y [étaient] commis et dont on ne [connaîtrait] jamais le nombre et la gravité. Ce

---

[85] In *La fin d'un règne : notes et souvenirs*, Alphonse Vandenpeereboom, Éditions Marcel Bots, Gant, 1994.

[86] In *Léopold II*, Pierre Daye, Paris, Arthème Fayard et Cie, 1934.

[87] In *Le monologue du roi Léopold : Une défense de sa règle du Congo (King Leopold's Soliloquy), op. cit.*

[88] In *628-E8*, Octave Mirbeau, Bibliothèque Charpentier, Paris, 1907, pp. 120-121.

[89] In *Le crime du Congo*, Arthur Conan Doyle, préface à l'édition américaine, 1909, Éditions Les Nuits rouges, 2007.

qui le [rendait] particulièrement odieux, c'[était] qu'il fonctionnait sous le couvert de l'humanité ; c'[était] aussi que les énormes profits que ses détestables pratiques [procuraient], avaient, notamment, pour but l'alimentation du budget des dépenses de la *Fondation de la Couronne*, véritable débauche de travaux de tous genres, entrepris en vue du développement et de l'embellissement des résidences royales. »[90]

Après avoir pris acte des conclusions dudit rapport, le roi Léopold II a promis de réformer l'administration coloniale. Ayant pourtant moins appréhendé de manière sérieuse la résolution royale, le gouvernement belge, auquel le monarque s'était plutôt engagé à céder le Congo à son décès, a manifesté sa réticence comme héritier. Mais la décision de reprise de la propriété royale serait en fin de compte acceptée par le gouvernement belge de la droite chrétienne, celui de François Schollaert (dit Frans), après deux ans de débats et à la suite de l'installation d'un nouveau Parlement. Le 15 novembre 1908, quatre années à l'issue du rapport Casement et soixante-douze mois après la sortie de *Heart of Darkness* de Joseph Conrad, le Parlement de Belgique voterait finalement, à la suite des travaux de la Commission présidée par Edmond Janssens et des pressions internationales, l'annexion de l'État indépendant du Congo. Le gouvernement belge rendrait par conséquent en charge la supervision des services administratifs coloniaux. D'après une estimation du fonctionnaire territorial et diplomate Jules Marchal faite en 1997, Léopold II a récolté de l'exploitation de la propriété royale l'équivalent de 6 milliards de francs français.[91] D'ailleurs, à l'occasion de son voyage au Congo, en 1909, le Prince héritier Albert, le futur roi Albert Ier, a noté ceci dans ses carnets :

« le travail en Afrique, l'or à Bruxelles. Voilà la devise de l'État indépendant du Congo ! »[92].

De toute évidence, selon le professeur Elikia M'Bokolo, dans *Afrique centrale : le temps des massacres*,

---

[90] In *Histoire politique du Congo belge*, Alphonse-Jules Wauters, First Edition (Pierre Van Fleteren), Bruxelles, 1911, pp. 246-247.
[91] In *Le roi des Belges, roi souverain du Congo ?*, Anicet Mobe Fansiama, dans *CADTM*. Article mis en ligne le 14 août 2013, consulté le 4 novembre 2021. Voir le lien ci-contre : http://www.cadtm.org/Le-roi-des-Belges-roi-souverain-du.
[92] *Ibidem.*

Et le gouverneur du Congo belge, le général Pierre Ryckmans, ajouterait le 5 juillet 1946, au moment de quitter ses fonctions que :

Malheureusement, les leçons du passé n'ayant pas été retenues, la fuite de capitaux a toujours cours dans l'ancienne colonie belge. De nos jours, à l'initiative des dirigeants et des barons congolais, ou autoproclamés comme tels, les paradis fiscaux cachent des milliards de dollars américains en provenance de la République Démocratique du Congo.

« Que Dieu protège la Belgique et notre Congo. » Telle serait la conclusion du discours d'abdication du monarque Léopold III, le 17 juillet 1951, en faveur de son fils, Baudouin de Belgique (le futur le roi Baudouin Iᵉʳ). Huit années plus tard, lorsque les populations congolaises feraient vaciller avec force et vigueur l'ordre établi par les colons, le jeune souverain attirerait avec fermeté l'attention du Premier ministre Gaston Eyskens sur, bien évidemment,

---

[93] *In Le livre noir du colonialisme, XVIᵉ-XXIᵉ siècle : de l'extermination à la repentance*, Marc Ferro (dir.), Éditions Robert Laffont, Paris, 2003.
[94] In *Le roi des Belges, roi souverain du Congo ?, op. cit.*
[95] *Ibidem.*

Quant à Albert II, à propos de ses souhaits pour l'avenir, il s'exprimerait de la sorte lors de son abdication le 20 juillet 2013 au profit de son fils aîné Philippe de Belgique :

> « Soyons attentifs à l'Afrique centrale avec laquelle nous avons tissé tant de liens »[96].

Baudoin Ier n'a-t-il pas rappelé, le 4 septembre 1959, que d'un règne à l'autre les rois des Belges s'étaient employés à :

> « sauvegarder au Congo les droits imprescriptibles que [s'étaient] créés [leurs] pionniers pour assurer impérativement la continuité de l'association de la Belgique et du Congo ? »[97]

Beaucoup de statues dédiées au roi Léopold II seraient vandalisées vers la fin de la moitié du début du XXIe siècle avec une recrudescence à partir de juin 2020 à l'occasion du mouvement antiraciste qui sévirait après l'assassinat de l'Afro-Américain George Floyd. Cet homme a été tué le 25 mai 2020, par un policier blanc, Derek Chauvin, dans le Minnesota aux États-Unis. Des pétitions exigeraient en Europe le retrait des représentations du monarque belge de l'espace public, ou alors leur maintien, au nom de la lutte contre le racisme institutionnel. La statue du général Émile Pierre Joseph Storms (alias Bwana Boma ou Monsieur Forteresse), ce collaborateur du roi Léopold II qui était réputé pour sa brutalité, et celle du roi Baudouin Ier, n'y échapperaient pas non plus.

Presque soixante-deux années après l'indépendance de l'ancienne colonie belge, lors d'une visite officielle à Kinshasa, le roi Philippe de Belgique rappellerait le 8 juin 2022 que :

> « bien que de nombreux Belges se soient sincèrement investis, aimant profondément le Congo et ses habitants, le régime colonial comme tel était basé sur l'exploitation et la domination. Ce régime était celui d'une relation inégale, en soi injustifiable, marqué par le paternalisme, les discriminations et le racisme. Il a donné lieu à des exactions et des humiliations.
> » [...] Notre histoire est faite de réalisations communes mais a aussi connu des épisodes douloureux. À l'époque de l'État indépendant du

---

[96] *Ibid.*
[97] *Ibid.*

Congo, des actes de violence et de cruauté ont été commis, qui pèsent encore sur notre mémoire collective. La période coloniale qui a suivi a également causé des souffrances et des humiliations. »

Sans présenter des excuses de la Belgique, le roi Philippe de Belgique a toutefois exprimé ses plus profonds regrets pour les blessures et crimes commis dans le passé. En conformité avec le wokisme du roi des Belges affirmé à Kinshasa, les autorités de la commune d'Ixelles ont procédé le 30 juin 2022 au déboulonnement du monument commémoratif dédié au général Émile Storms, dont le buste de bronze initial dérobé indiquait sur son socle : « Il fonda M'Pala (1883) et étendit la civilisation jusqu'au Tanganyika ». Pour Christos Doulkeridis Laskaris, bourgmestre de la commune d'Ixelles, l'homme lige de Léopold II était :

« une personnalité vraiment de deuxième, troisième rang, un lieutenant-général qui n'était connu que pour ses actes barbares. »

Le monument du général Storms avait fait l'objet, en 1972, d'un classement au titre des monuments historiques. Sa démolition ayant été pourtant décidée dès l'année 2020, la commune d'Ixelles, laquelle a négocié un accueil de la sculpture au musée de Tervuren, a attendu plusieurs mois une décision de la Commission royale des monuments et sites.

II – Le Congo belge

L'État indépendant du Congo ayant été pendant vingt-trois années une possession du roi des Belges Léopold II, ce dernier en a enfin été dépossédé à la suite du vote du Parlement belge relatif à la cession et à l'acceptation du don royal, fruit de la contrainte, par le gouvernement de François Schollaert. *De facto*, le territoire congolais ayant bien entendu pris le 15 novembre 1908 l'appellation de Congo belge, ses frontières définitives ne seraient fixées qu'à la fin des années 1920 – notamment par les accords de Bruxelles du 19 mars 1927. Ceux-ci seraient complétés par trois protocoles ayant été respectivement signés en 1929, 1930 et 1934[98]. Pendant les cinquante-deux années de période coloniale, par l'intermédiaire d'un gouverneur général, le Congo belge serait géré à partir de la ville de Bruxelles. Mais la colonie disposerait de sa propre armée, la Force publique[99] créée en 1885 par Camille-Aimé Coquilhat, ancien agent de l'*Association internationale africaine* puis vice-gouverneur général de l'EIC.

La Force publique comptait 14 000 hommes dont 8 000 autochtones incorporés à l'aide des levées annuelles, 4 000 engagés volontaires congo-

---

[98] In *Les frontières du Congo Belge*, Pierre Jentgen, dans *Mémoires de la Section des Sciences Morales et Politiques de l'Institut Royal Colonial Belge*, vol. XXV, n° 1, Bruxelles, 1952, pp. 70-74.

[99] Force armée qui exerçait des fonctions de police de l'État indépendant du Congo, la Force publique (FP) a conservé son appellation et son rôle dans le Congo belge (avec des détachements au Rwanda-Urundi relevés par roulement), puis, après l'accession à l'indépendance le 30 juin 1960, jusqu'à la première crise congolaise. Celle-ci finirait par matérialiser en 1965 le début de la IIe République sous la présidence du lieutenant-général Joseph-Désiré Mobutu.

lais et 2 000 volontaires africains étrangers[100]. De 1886 à 1908, le corps des officiers était composé de 648 Belges, 112 Italiens, 53 Danois, 47 Suédois, 26 Norvégiens et un tout petit nombre de personnes recrutées dans d'autres pays non africains, comme le Royaume-Uni et les États-Unis d'Amérique[101]. L'un des rôles de cette force armée avait surtout consisté, sous l'administration léopoldienne, à répondre à la demande des agents de l'État indépendant du Congo en vue de la rentabilité économique par l'exploitation du caoutchouc et de l'ivoire. Elle devait également, plus souvent, administrer la chicotte ou *fimbu*[102] : de 50 à 100 coups de fouet, dont faisaient l'objet des récalcitrants congolais. Les agents de la Force publique prenaient régulièrement des otages, le plus souvent des femmes qui étaient parfois violées, afin d'obliger leurs maris à travailler et à accomplir leurs tâches par la fourniture des quotas de production exigés. Ils incendiaient aussi des villages, sans compter les mains des cadavres que l'on coupait pour justifier la dépense en minutions. En conséquence, la Force publique avait dû faire face à des mutineries de la part des soldats noirs (cf. la révolte des Batetela[103]). Les désaccords dans l'organisation et les relations avec des officiers blancs avaient également été fréquents. Quelques-uns d'entre eux, selon l'explorateur britannique Henry Morton Stanley, représentaient le principal problème auquel le gouvernement de la Belgique devait faire face ou trouver des solutions à moyen terme.

---

[100] In *L'État indépendant du Congo*, Alphonse-Jules Wauters, Librairie Falk Fils, Bruxelles, 1899, p. 447.

[101] In *The Rulers of Belgian Africa, 1884-1914*, Lewis H. Gann et Peter Duignan, Princeton University Press, Princeton, 1979, p. 60.

[102] Un fouet fait de lanières en peau d'hippopotame.

[103] *La Révolte des Batetela*, également connue sous la dénomination de *Révolte de l'avant-garde de l'expédition du Nil*, a concerné un mouvement insurrectionnel intervenu entre 1897 et 1898 contre l'autorité de l'État indépendant du Congo. Elle a été surtout le fait des guerriers kasaïens tetela qui se sont révoltés contre leurs officiers blancs à cause de l'exécution de certains de leurs chefs indigènes.

Quelques officiers et soldats de la Force publique de la période coloniale : Léon Rom, Guillaume Vankerckhoven, Philippe Brousmiche, Mathieu Pelzer, Piani Kandolo, Munie Pore, Saliboko, Yamba-Yamba, Kimpuki, Yumba, Lindsay Burke, Camille-Aimé Coquilhat, Edmond Van der Meersch, Paul Ermens, Henri Bodart, Victor Richard Lundula, Joseph-Désiré Mobutu, Louis-François Vanderstraeten…

2.1 - De 1908 à 1950

Après que le gouvernement a accepté le testament royal qui faisait don à la Belgique de l'État indépendant du Congo, une année avant le décès du très illustre bienfaiteur, la Chambre des députés a voté en 1908 son annexion. Au nom de la Belgique comme État souverain, l'administration de l'ancien État indépendant du Congo s'est en effet alignée sur le mode de fonctionnement de la gouvernance étatique. La mainmise sur les troupes de la Force publique stationnées au Congo belge était donc revenue, par voie de conséquence, à l'autorité coloniale. Celle-ci, dès lors que l'intégration a été reconnue par les grandes puissances occidentales, a fait en sorte d'effacer l'image tyrannique ayant caractérisé la gestion imposée par le roi Léopold II sans pour autant en changer le fonctionnement proprement dit. Aussi, a-t-elle laissé l'exploitation des populations par ses administrateurs. Ces derniers engloberaient des Belges, ainsi que des personnes qui détenaient distinctement plus d'une dizaine de nationalités parmi les « coloniaux » de l'époque. Il fallait faire respecter les nouvelles directives. De plus, lors de la reprise de l'EIC par la Belgique, l'article 2 de la Charte Coloniale du 18 octobre 1908, votée par le Parlement sous le gouvernement du Parti Catholique de François Schollaert, prescrivait que :

> « nul ne [pouvait] être contraint de travailler pour le compte et au profit de sociétés ou de particuliers ».

Dans le but de faire à tout prix oublier la négative image à propos des conditions de l'exploitation du caoutchouc et du scandale des mains coupées, on a surtout développé la culture du coton et du palmier à huile et banni l'usage de la chicotte. Cela a conduit la *Congo Reform Association*, la structure britannique qui avait orchestré avec succès la campagne contre les agissements inhumains et les mauvais traitements qui étaient pratiqués dans l'État indépendant du Congo, à se dissoudre en 1913. Mais le gouvernement belge continuerait de développer coûte que coûte le secteur économique de sa colonie et d'accroître l'activité commerciale, dont le résultat annuel atteindrait au moins 23 000 tonnes de coton en 1932 et 127 000 en 1939. Dans cette perspective, les exportations de l'or, de l'étain, du cuivre et, notamment, de l'uranium deviendraient plus importantes. Elles seraient dopées par une demande croissante de la part des Forces alliées pendant la Seconde Guerre mondiale.

2.2 - Les infrastructures et l'administration

On a essayé à première vue de donner l'impression, dans la gestion de la colonie belge, d'un équilibre entre l'administration, les missions catholiques et les grandes sociétés privées[104, 105]. Même si le roi Léopold II était toujours resté le chef de l'État belge, la direction quotidienne des neuf provinces congolaises revenait d'office au gouvernement de la Belgique par le truchement d'un gouverneur général pour la colonie et d'un gouverneur pour chaque exécutif provincial. Ainsi, le Parlement belge pourrait-il désormais contrôler en toute facilité et en connaissance de cause les initiatives des administrateurs coloniaux.

Décrétée langue officielle et administrative du début jusqu'à la fin de la gouvernance par la Belgique, hormis au cours de l'éphémère tentative d'*anglophonisation* à l'arrivée au pouvoir de Laurent-Désiré Kabila, le français cataloguerait le Congo anciennement belge dans le giron francophone. Avec les plus importants locuteurs, la République Démocratique du Congo occupe de nos jours la deuxième place des pays de la Francophonie après la France : au moins 42,5 millions de locuteurs en 2018, soit 51 % de la population congolaise.

Les infrastructures sanitaires ont été assurées par des entreprises privées pour le bien-être de leurs personnels, tout comme l'entretien des chemins. Cela a permis au zoologiste allemand Herbert Lang et à l'ornithologue américain James Paul Chapin de mener à terme des expéditions scientifiques nouvelles.

2.3 - L'inégalité et les discriminations

Au-delà du semblant d'équilibre dans la direction institutionnelle, le Royaume de Belgique administrait sa colonie africaine sans pour autant avoir pensé à accorder ne fût-ce que les droits démocratiques aux autochtones. Les populations congolaises, lesquelles ne détenaient aucun droit

[104] In *Le Congo belge, au cœur du continent noir*, Bernard Lugan, dans *Conquêtes et sociétés coloniales*, article paru dans *La Nouvelle Revue d'Histoire*, n° 9H, automne-hiver 2014, p. 32-34.
[105] In *Congo-Zaïre – 1874-1981 – La perception du lointain*, Bernard Pineau, L'Harmattan, Paris, 1992.

politique, ne voteraient et seraient éligibles qu'à partir du mois de décembre de l'année 1957[106].

> « L'intronisation de Joseph Kasa Vubu, président de l'Abako, comme bourgmestre de la commune de Dendale [actuellement la commune de Kasa Vubu aurait] lieu le 20 avril 1958. Il [prononcerait] à cette occasion un discours dans lequel il [déclarerait] notamment que "la Belgique [devrait] reconnaître la nationalité congolaise, ou l'autonomie interne du pays, afin de permettre aux Belges et étrangers établis au Congo depuis de longues années d'acquérir cette nationalité et assurer ainsi l'exercice des droits [acquis au Congo]", "l'instauration de la démocratie ne [serait] établie que dans la mesure où [l'on obtiendrait] l'autonomie, fût-ce interne" ; "il n'y [aurait] pas de démocratie tant que le vote [ne serait] pas généralisé" : "le premier pas [ne serait] donc pas encore accompli", "[les Congolais demandaient] des élections générales et l'autonomie interne". »[107]

Durant la colonisation belge, les exclusions sociales étaient légion et revêtaient un caractère spécial. En effet, un bon nombre de restrictions affectaient les sujets congolais dans les agglomérations construites par les colonisateurs pour les seuls colons. Ces derniers habitaient dans les villes proprement dites, à savoir les centres-villes, tandis que les populations autochtones vivaient dans les « cités indigènes ». Il était interdit aux Noirs, qui ne représentaient que la main-d'œuvre au profit des colons et de l'administration coloniale comme serviteurs, artisans, mineurs, mécaniciens…, de s'absenter de la cité indigène de 21 heures à 4 heures du matin. On a instauré à nouveau le travail obligatoire, en violation de l'article 2 de la Charte coloniale du 18 octobre 1908, afin de développer des infrastructures routières et ferroviaires. Cette main-d'œuvre locale était réquisitionnée[108]. Patrice Lumumba, en tant que Premier ministre de la République du Congo, se permettrait d'ailleurs sans la moindre diplomatie de rappeler le 30 juin 1960 ces faits dégradants en présence du roi Baudouin Ier.

---

[106] In *Élections au Congo belge*, Luc Bembe, Présence Africaine, n° 17, 1957, pp. 115-117.
[107] In *A.B.A.K.O. 1950-1960*, Benoît Verhaegen, Documents Centre de Recherche et d'Information Socio-Politiques, Bruxelles, 1962, pp. 135-136.
[108] In *Au travail! Colonisateurs et colonisés au Congo belge : entre exploitations et résistances*, Pierre Tilly, CARHOP, Braine-le-Comte/Bruxelles, 2020.

« Nous avons connu les ironies, les insultes, les coups que nous devions subir matin, midi et soir, parce que nous étions des "nègres". Qui oubliera qu'à un Noir on disait "tu" non certes comme à un ami, mais parce que le "vous" honorable était réservé aux seuls Blancs ?

» Nous avons connu que nos terres furent spoliées au nom de textes prétendument légaux qui ne faisaient que reconnaître le droit du plus fort.

» Nous avons connu que la loi n'était jamais la même selon qu'il s'agissait d'un Blanc ou d'un Noir : accommodante pour les uns, cruelle et inhumaine pour les autres.

» Nous avons connu les souffrances atroces des relégués pour opinions politiques ou croyances religieuses ; exilés dans leur propre patrie, leur sort était vraiment pire que la mort même.

» Nous avons connu qu'il y avait dans les villes des maisons magnifiques pour les Blancs et des paillotes croulantes pour les Noirs, qu'un Noir n'était admis ni dans les cinémas, ni dans les restaurants, ni dans les magasins dits "européens" ; qu'un Noir voyageait à même la coque des péniches, aux pieds du Blanc dans sa cabine de luxe. Qui oubliera enfin les fusillades où périrent tant de nos frères, les cachots où furent brutalement jetés ceux qui ne voulaient plus se soumettre au régime d'une justice d'oppression et d'exploitation. Tout cela, mes frères, nous en avons profondément souffert. »

En guise d'illustration, comme souligné *supra*, on avait réservé une fenêtre par laquelle les indigènes pouvaient faire leurs achats dans les supermarchés situés tous aux centres-villes. Les Noirs n'y avaient donc pas accès. Seule la tolérance accordée par l'administration aux prêtres catholiques, en tant que clergés locaux, servait de liens tempérés en vue de la coexistence entre Blancs et Noirs.

Aucune autorité coloniale ne devait avoir un enfant avec une femme noire, sous peine d'expulsion du territoire congolais. Et une femme blanche qui aurait osé accoucher d'un enfant à la suite des rapports sexuels avec un Noir, aurait peut-être été empoisonnée ou enfermée dans un asile psychiatrique. Quant aux enfants nés des relations interdites, ils étaient placés dans des congrégations religieuses.

« À peine nourris, privés de savon et de papier toilette, sans chaussures et sans couvertures, ils étaient destinés à devenir une main-d'œuvre à bon marché pour ces congrégations. »[109]

[109] In *Le drame oublié des métisses des colonies belges*, Jean-Pierre Stroobants, *Le Monde*, article mis en ligne le 13 octobre 2021 et consulté le 14 novembre 2021. Voir le lien ci-contre : https://www.lemonde.fr/international/article/2021/10/13/le-drame-

Le bon Dieu ayant ainsi créé de manière distincte les êtres humains, blancs et noirs, le mulâtre était l'œuvre du diable. Les enfants nés des femmes indigènes et des hommes belges auraient pu évidemment menacer la puissance coloniale, la race blanche et la paix sociale.[110] Une perspective qu'il fallait, du point de vue de l'administration belge, tout à fait éviter.

2.4 - L'enseignement de 1950 à 1960

L'enseignement primaire était d'abord assuré au Congo belge par des missions chrétiennes privées. Cela a été possible grâce à leurs activités par des dons, des subventions, des revenus de l'agriculture ou de la sylviculture, de l'exportation (cf. Concordat avec le Vatican en 1906). Pour le sociologue algérien Saïd Bouamama, l'objectif a consisté à :

> « toucher [...] la personnalité intime de l'indigène, à transformer sa mentalité, à le rallier dans son for intérieur à l'ordre social nouveau »[111].

Selon les statistiques, en vue de la formation des futurs employés, environ 99,6 % des structures d'enseignement étaient contrôlées en 1948 par les missions chrétiennes, et à hauteur de 0,4 % détenues par des entreprises privées. En 1940, le taux de scolarisation des enfants de 6 à 14 ans s'élevait à 12 % et en 1954 à 37 %. Cela a placé, à l'époque, le Congo belge au niveau de l'Italie. Si la plus grande majorité des missionnaires était composée de catholiques belges, des évangélistes protestants en provenance d'autres nations tenaient aussi à s'y implanter.

D'après plusieurs sources, sur 12 élèves inscrits à l'école primaire, un seul achevait le cycle et obtenait le certificat d'études primaires, seulement 1 sur 6 accédait à l'école secondaire. L'enseignement post-primaire, destiné aux populations congolaises, était restrictif. Il ne concernait que les études professionnelles ou techniques. On a commencé à développer les écoles secondaires d'enseignement général pour les indigènes qu'en 1950.

> « Une comparaison [pouvait] se faire avec le Cameroun : en 1960, sous le mandat français, il y avait 7 000 élèves dans les écoles secondaires,

---

oublie-des-metisses-des-colonies-belges_6098163_3210.html.
[110] *Ibidem.*
[111] In *Figures de la révolution africaine*, Saïd Bouamama, La Découverte, Paris, 2014.

techniques y compris, tandis que le Congo belge y comptabilisait 37 388 élèves. »[112]

À l'indépendance obtenue un beau jour ensoleillé du 30 juin 1960, le Congo anciennement belge disposerait de deux universités qui compteraient 466 étudiants blancs et noirs : l'université de Lovanium à Léopoldville (actuellement Kinshasa), fondée en 1954 par Mgr Luc Gillon de l'université catholique de Louvain (UCLouvain), ainsi que l'université officielle du Congo et du Rwanda-Urundi ou université d'Élisabethville (de nos jours Lubumbashi) créée en 1959 par l'université libre de Belgique (ULB).

En 1955, après une sélection drastique des élèves noirs, les enfants blancs et indigènes fréquentaient les mêmes établissements scolaires pour les études secondaires[113]. L'usage des langues congolaises était proscrit, de même que la pratique de l'islam, dans de nombreuses écoles à partir du secondaire au profit du français et des religions chrétiennes. Quelques écoles officielles dispensaient toutefois des cours en néerlandais, lesquels intéressaient uniquement les personnes de culture flamande.[114]

> « Par contre, au niveau primaire, le Congo belge fut l'une des seules colonies d'Afrique où les langues locales (kikongo, lingala, tshiluba et swahili) furent enseignées. Ceci [provenait] du fait qu'en Belgique flamande également, l'enseignement primaire (seul) était en langue locale jusqu'en 1932. »[115]

De plus, les langues congolaises, lesquelles pouvaient être indispensables à la culture populaire, ont beaucoup contribué à cette époque à la dynamisation de l'industrie musicale locale. Quant aux missions chrétiennes, pourtant sans aucun lien avec l'aspect scolaire, leur enseignement a remplacé l'éducation tribale traditionnelle. Durant la colonisation, véritable paradoxe au regard de la situation qui a prévalu en période postindépendance, l'enseignement était gratuit à tous les niveaux[116].

---

[112] In *Le Congo au temps des Belges : L'histoire manipulée, 1885-1960, op. cit.*
[113] *Ibidem.*
[114] *Ibid.*
[115] In *Histoire de la Belgique et ses conséquences linguistiques*, article consulté le 14 novembre 2021. Voir lien ci-dessous.
http://www.axl.cefan.ulaval.ca/europe/belgiqueetat_histoire.htm#8_La_Belgique_ind
%25C3%25A9pendante_(1830).

> « En 1960, 1 773 340 élèves dont 1 650 117 en primaire, 22 780 en post-primaire, 37 388 de niveau secondaire, 1 445 [suivaient] des cours universitaires. Seuls 68 729 élèves dans l'enseignement officiel [étatique], 1 359 118 dans l'enseignement des missions catholiques, 322 289 élèves dans les missions protestantes. »[117]

À partir de l'année 1946, toutes les écoles étaient soumises au contrôle médical. Effectivement, au début de chaque année scolaire, les élèves étaient obligés de se livrer à un examen médical. Il en était de même des locaux, des dépendances et du mobilier qui faisaient l'objet d'une inspection sanitaire.

> « Des mesures prophylactiques [étaient] prises en cas de maladies contagieuses ; le régime alimentaire des internats [était] inspecté, le sport contrôlé, etc. »[118]

S'étant agi de l'enseignement supérieur, la *Fondation médicale de l'université de Louvain au Congo* (Fomulac), mise sur pied en 1926, a formé des générations d'infirmiers, laborantins et assistants médicaux. Cet enseignement a été relayé, ainsi qu'en 1932 par les *Centres agronomiques de Louvain au Congo* (Cadulac) et en 1938 par l'installation du *Centre scientifique et médical de l'université libre de Bruxelles en Afrique Centrale* (Cemubac) pour la formation de personnel médical. En 1945, a été créée à Kisantu une école supérieure de sciences administratives. En 1947, on a assisté à la fondation à Kimwenza du *Centre universitaire congolais pour l'enseignement technique supérieur orienté vers les sciences administratives, agricoles et médicales*. En 1954, a été introduite à Léopoldville la première section préuniversitaire, puis la même année l'université d'obédience catholique de Lovanium[119]. Cet établissement était le tout premier institut universitaire francophone en Afrique noire et la seule sur le continent africain

---

[116] In *Le Congo au temps des Belges : L'histoire manipulée, 1885-1960, op. cit.*
[117] *Ibidem.*
[118] In *Le problème de l'enseignement au Congo Belge*, Émile Verleyen, dans *Congo Patrimoine de la Belgique*. Article consulté le 14 novembre 2021. Voir le lien ci-dessous.
https://archive.wikiwix.com/cache/index2.php?url=http%3A%2F%2Fwww.congo-1960.be%2FDocument-2015-FR-ProblemScoloristaionCongoBelge.html.
[119] In *Le Congo au temps des Belges : L'histoire manipulée, 1885-1960, op. cit.*

à posséder un réacteur de recherche nucléaire.[120]

> « Les 763 étudiants noirs et une minorité de Blancs y suivaient les cours,
> d'une qualité équivalente à celle de la métropole » [121, 122].

L'État belge a finalement fondé une université officielle, laïque, à Élisabethville (Lubumbashi), en 1956. L'ouverture d'un troisième établissement universitaire à Stanleyville (Kisangani) par les protestants serait reportée à 1963 à la suite des événements sécessionnistes qui étaient survenus au cours des deux premières années de l'indépendance[123]. À la veille de la date du 30 juin 1960, a-t-on noté, le Congo belge comptait 17 diplômés, mais il y aurait plus d'universitaires quatre années plus tard. Pendant la période coloniale,

> « on recensait 300 bibliothèques publiques en sus des bibliothèques ins-
> tallées par les missionnaires. »[124]

Entre-temps, ont été apparus des boursiers africains dont le niveau d'études équivalait à celui de leurs condisciples européens. Dès lors que les étudiants congolais ont commencé à se rendre en Belgique pour s'instruire, il fallait aligner leurs conditions d'études à celles de leurs collègues belges.

> « En 1950, 400 séminaristes suivaient les cours de Philosophie (3 ans),
> faisaient un stage (un an) ou étudiaient la théologie (5 ans). Le premier
> Congolais fut ordonné en 1917, après 21 ans de formation, études primai-
> res et secondaires comprises. À la fin des années 1950, 42 % de la popula-
> tion en âge scolaire [était] alphabétisée, ce qui [plaçait] le Congo belge
> loin devant les autres pays africains. »[125]

Pour les Missions catholiques au Congo belge, a-t-on pu constater, la formation du clergé a été par contre une priorité.

---

[120] *Ibidem*.
[121] *Ibid*.
[122] In *Et Dieu créa le Congo : Avant, pendant et après l'indépendance*, Liliane Kissimba, collection *Réflexions*, Bernard Gilson éditeur, 2010.
[123] In *Le Congo au temps des Belges : L'histoire manipulée, 1885-1960*, op. cit.
[124] In *Et Dieu créa le Congo : Avant, pendant et après l'indépendance*, op. cit.
[125] In *Le Congo au temps des Belges : L'histoire manipulée, 1885-1960*, op. cit.

2.5 - Le travail forcé

Le Congo constituait pour la Belgique une source de matières premières
et de main-d'œuvre à moindres frais. Ce territoire représentait aussi une
indéniable opportunité de promotion pour quelques fonctionnaires et d'enrichissement pour les entrepreneurs. L'administration coloniale exigeait le
travail forcé dans les plantations et les mines, pourtant interdit par la Charte
coloniale du 18 octobre 1908, au point d'avoir imposé en 1926 la conscrip-
tion générale. Les autorités coloniales ont obligé à cet effet les dignitaires
autochtones à passer un accord contraignant qui a permis la mise à disposition, moyennant une commission de 10 francs belges par personne enrôlée,
des travailleurs rémunérés 10 à 15 francs par mois. Selon quelques sources
de l'époque, notamment anglaises,

> « plus de 44 000 travailleurs ont [ainsi été importés en provenance]
> d'Angola et de Rhodésie du Nord pour grossir les rangs. De nombreux
> travailleurs mouraient de fièvre à tiques, de grippe, de pneumonie, d'épui-
> sement ou à la suite des éboulements, à tel point que ce système, qui
> succédait aux exactions léopoldiennes et à la Première Guerre mondiale,
> risquait de dépeupler de nombreuses régions. Les autorités [essaieraient]
> de résoudre la crise en imposant des restrictions aux recrutements forcés
> (par exemple, le décret de 1933 [limiterait] en effet à 60 jours la durée du
> travail forcé dans les plantations), et aussi particulièrement au Katanga en
> imposant dans les villes minières une force ouvrière permanente et stable,
> ce qui [aurait] pour effet de transformer les villageois en citadins. Le krach
> boursier de 1929 à *Wall Street* fut le début d'un ralentissement éco-
> nomique mondial. La demande de matières premières des industries s'ef-
> fondra et le prix des matières premières aussi : le prix de l'arachide passa
> de 1,25 franc à 25 centimes. L'économie congolaise, plus tournée vers
> l'exportation qu'aucun autre pays africain, fut d'autant plus vulnérable
> lors de cette crise que la Belgique [était] aussi un grand exportateur à
> cause de son petit marché intérieur. Au Katanga, l'emploi chuta de 70 %
> et de nombreux travailleurs forcés furent reconduits dans leurs villages.
> La dépression économique des années trente permit donc aux Congolais
> d'échapper au travail forcé. »[126, 127, 128, 129, 130].

---

[126] In *This is a Good Country : Welcome to the Congo*, Albert Makelele, 2008,
pp. 43-44.
[127] In *Forced labor in the gold and copper mines : a history of Congo under Belgian
rule, 1910-1945*, Jules Marchal, traduction d'Ayi Kwei Armah, Per Ankh Publishers,
1999, réimpression.
[128] In *The native problem in Africa*, Raymond Leslie Buell, Volume II, The Macmillan

En matière de travail forcé, rien n'avait en réalité changé avant et après la gestion léopoldienne de l'État indépendant qui était devenu le Congo belge en novembre 1908. Les infrastructures construites dans ce territoire d'Afrique centrale avaient pour seule finalité la meilleure exploitation des ressources naturelles, donc la rentabilité économique, et non le bien-être des populations dont les conditions de travail étaient de plus en plus pénibles.

Pour l'historien de la monarchie et diplomate Jules Marchal, le système colonial en Afrique subsaharienne avait été sans cesse terrible au Congo léopoldien. Des efforts auraient néanmoins été fournis dans le cadre du développement de la colonie,

> « mais seulement la Terreur inaugurée par l'État indépendant du Congo a prolongé ses effets très loin sous le régime proprement belge. [...] les Africains n'y touchant que des salaires de famine, n'avaient aucune envie d'aller travailler dans les plantations, les usines et les mines de cuivre, de diamants, etc. La Terreur instaurée du temps de l'État indépendant du Congo a été soutenue jusqu'en 1950 par des méthodes qu'on appelait (par gradation) : 1. les occupations militaires ; 2. les opérations militaires. On [était] même allés jusqu'à tirer sur des hommes désarmés avec des mitrailleuses comme chez les Pende au Kwilu en 1931. Ce dernier fait, le ministre des colonies Paul Tschoffen l'a reconnu à la Chambre le 21 juin 1932. »[131]

Après l'abolition de l'esclavage, force est de constater que le travail forcé était pratiqué dans la colonie belge pour le plus grand bonheur des colons et au bénéfice de grandes compagnies concessionnaires.

Company, New York, 1928, pp. 540-544.

[129] In *Un autre regard sur l'Histoire Congolaise : Guide alternatif de l'exposition de Tervuren*, pp. 14-17, 25-28. Article consulté 15 novembre 2021. Voir le lien ci-dessous.
https://archive.wikiwix.com/cache/index2.php?url=https%3A%2F%2Fwww.deboutc ongolais.info%2Fhistoire-du-congo.pdf%2Findex.html.

[130] In *Travail forcé pour le cuivre du Katanga* (seconde partie), article consulté le 15 novembre 2021. Voir le lien ci-dessous.
https://www.cobelco.info/Histoire/Congo2text.htm.

[131] In *Poursuite du travail forcé après Léopold II*, Jules Marchal, *Toudi mensuel* n° 42-43, décembre-janvier 2001-2002.

2.6 - Les deux Guerres mondiales

Avant le déclenchement de la Seconde Guerre mondiale en 1940 et sa fin en 1945, la Première Guerre mondiale (1914-1918) n'était pas qualifiée ainsi mais désignée par l'expression « la Grande Guerre ». Il s'est agi des conflits armés à grande échelle, lesquels, après avoir concerné dans un premier temps les nations européennes, ont impliqué des belligérants positionnés dans plusieurs pays à travers les différents continents.

2.6.1 - La Première Guerre mondiale

La Première Guerre mondiale a été très lourde de sens et de conséquence pour le Congo belge, puisque la Belgique était occupée entièrement, sauf une portion du territoire située derrière l'Yser – un petit fleuve côtier de la partie septentrionale de la France, dans le département du Nord, et du Nord-Ouest de la Belgique, dans la province de Flandre-Occidentale. L'armée belge s'y est quand même maintenue, en s'étant alliée aux troupes française et anglaise. Obligé de replier en France, le gouvernement métropolitain entendait maintenir la souveraineté du Royaume par le truchement du Congo. Ainsi, la colonie africaine a-t-elle mené une campagne militaire contre les possessions allemandes du Cameroun, en appui des soldats français, et celles d'Afrique orientale sous occupation germanique. Cette opération a tout d'abord été exécutée seule, puis en application d'un plan anglo-belge. Cette campagne militaire serait couronnée de succès, à l'aide d'éclatantes victoires belges en Afrique de l'Est, notamment à Tabora dans le Nord-Ouest de la Tanzanie, et dans le village de Mahenge dans le plateau calcaire au pied d'un de ces monts.

Après que les troupes allemandes cantonnées au Ruanda-Urundi ont bombardé le 15 août 1914 les villes riveraines du lac Tanganyika et qu'un navire allemand a ouvert le 22 août le feu sur le port d'Albertville (de nos jours Kalemie), le ministre belge des Colonies a voulu « assurer au Congo une civilisation »[132]. Ce représentant du gouvernement, à savoir Jules Renkin, a adressé un télégramme au gouverneur général de la colonie et au vice-gouverneur du Katanga, le capitaine-commandant du génie de l'armée Émile Wangermée, l'intérim du gouvernorat de ladite pro-

---

[132] Dans *In memoriam « ministre Jules Renkin » : discours à la séance académique de reprise des cours*, Établissement Graphica, Anvers, 1955.

vince ayant été assuré par l'administrateur colonial Adolphe de Meulemeester. Le ministre Jules Renkin a donc ordonné de « prendre des mesures militaires pour défendre le territoire belge… Celles-ci devaient être l'œuvre du gouverneur de la colonie, tout seul, ou en coopération avec les troupes alliées » face à l'agression allemande.

Les contingents belgo-congolais ont contre-attaqué le 18 avril 1916, sous le commandement du général Charles Tombeur (Tombeur de Tabora depuis son anoblissement le 29 décembre 1926), du colonel Philippe Molitor, ainsi que du colonel d'origine danoise Frederik-Valdemar Olsen. Ils se sont emparés de l'agglomération de Kigali le 6 mai 1916. Malgré la vigoureuse résistance ayant été opposée par les forces allemandes du Burundi sous le commandement du courageux capitaine Erich von Languenn, la supériorité numérique belgo-congolaise l'a finalement emporté. Le 6 juin, Ujumbura est prise par les hommes commandés par le colonel Auguste-Charles Thomas. Kitega dans la province de Gitega est tombée le 17 juin, tandis que la totalité du territoire du Rwanda-Urundi était déjà occupée. Quant aux campagnes du Tanganyika (de nos jours Tanzanie), la brigade placée sous l'autorité du colonel Molitor a neutralisé le district de Biharamuro dans la région du Kagera, puis envahi dans la foulée la ville portuaire de Mwanza. La prise de la localité de Karema par le colonel Georges Moulaert a permis la marche triomphale en trois colonnes vers l'agglomération de Tabora, dont la réduction prendrait *in fine* effet en date du 19 septembre 1916 à la suite de l'occupation des villes de Kigoma et d'Ujiji le 29 juillet. La coalition des forces britanniques et belgo-congolaises a ainsi facilité la conquête de tout le territoire du Tanganyika, à partir duquel le vaillant général allemand Paul Emil von Lettow-Vorbeck a opposé une résistance farouche et extraordinaire. Les Belges remporteraient une nouvelle victoire à Mahenge, sous le commandement du lieutenant-colonel Armand Huyghé (à savoir le futur chevalier Huyghé de Mahenge). En fin de compte, les Allemands se rendraient après l'armistice de novembre 1918. Durant ce conflit de quatre années, en dépit des moyens moins modernes ayant mobilisé 260 000 intrépides porteurs indigènes pour l'acheminement du matériel militaire, les Belges se sont distingués par l'introduction d'un élément d'avant-garde relatif à l'usage de quelques hydravions sur le Lac Tanganyika. Ces appareils leur ont permis de bombarder facilement, avec beaucoup de succès, des navires et des installations allemandes.

Selon un bon nombre de démographes, cette campagne militaire a fini par dépeupler plusieurs tribus proches des frontières : morts au front, soldats affamés, porteurs épuisés ou abandonnés, voire tout simplement abattus comme des bêtes… À l'issue de la guerre, grâce à la Convention belgo-anglaise Orts-Milner[133], la Belgique a obtenu un mandat sur le Ruanda-Urundi conquis aux dépens de l'Allemagne vaincue. La Royauté belge a bénéficié de la construction d'une voie de chemin de fer entre Kigoma, à l'Est du Congo belge, et Dar es Salam sur la côte de l'océan Indien sous un régime de franchise douanière étendu également aux infra-structures routières et, plus tard, aux lignes aériennes (fret et passagers). Selon l'historien et chercheur burundais Aloys Batungwanayo,

> « tout [est parti] de la colonisation et de la défaite de l'Allemagne dans la Première Guerre mondiale […] L'Allemagne [a perdu] des colonies au profit des pays vainqueurs, ainsi la Grande-Bretagne [aurait] un mandat sur le Tanganyika, actuelle Tanzanie, et la Belgique un mandat sur le Ruanda-Urundi. Bien que cette dernière [n'ait pas fait] partie des alliés vainqueurs, elle avait joué un grand rôle dans la défaite des Allemands au Rwanda-Urundi »[134].

À travers ce succès diplomatique, le secrétaire du ministère des Colonies[135] Pierre Orts a concrétisé une vieille ambition du roi Léopold II, celle d'un relais économique congolais entre l'Atlantique et l'Océan Indien. Hormis ces résultats positifs, au cours de cette période, la guerre a toutefois laissé un bon nombre de séquelles terribles sur le plan local. Pour un missionnaire belge, la société noire était comparable à une cellule dans laquelle

---

[133] La convention Orts-Milner a été signée le 30 mai 1919 lors de la Conférence de Paix de Paris entre la Belgique et l'Angleterre à propos du chemin de fer qui devait relier Le Cap au Caire, « *The Cape to Cairo Railway* », via les anciennes métropoles du Burundi et de la Tanzanie. À cause de cet accord, le Rwanda s'est vu amputer du Gisaka, tandis que le Burundi du Bugufi, du Bushubi, du Buha, du Bujiji et, en contre-partie, des concessions dans les ports de Dar es Salam et de Kigoma. Cette convention a semblé avoir été passée aux oubliettes, peut-on constater, et c'est le Burundi qui en est sorti grand perdant.

[134] In *Convention Orts-Milner : la Tanzanie serait-elle en train de flouer le Burundi ?*, Jean Blaise Migabo. Article mis en ligne le 16 août 2018, consulté le 14 novembre 2021. Voir le lien ci-contre : https://www.yaga-burundi.com/2018/convention-orts-milner-la-tanzanie-serait-elle-en-train-de-flouer-le-burundi.

[135] Auprès du gouvernement belge en exil à Sainte-Adresse, au Havre dans le Nord-Ouest de la France.

« le père [était] allé au front, la mère [avait] moulu le grain pour les soldats et les enfants [avaient] apporté la nourriture au front ».

2.6.2 - La Seconde Guerre mondiale

Les prémices de la Seconde Guerre mondiale ont débuté en septembre 1939 pour les pays comme la France et l'Angleterre, ainsi qu'en mai 1940 pour le Royaume de Belgique. Aussitôt l'armée belge vaincue par les forces allemandes au bout de quelques jours d'affrontements, le roi Léopold III a accepté le 28 mai 1940 une reddition des troupes combattantes sans implication aucune avec la Force publique de la colonie d'Afrique. Prisonnier des Allemands, le monarque a perdu tout pouvoir à la fois sur la Belgique et le Congo[136]. Par contre, le gouvernement belge du Premier ministre Hubert Pierlot et du ministre des Affaires étrangères Paul-Henri Spaak s'est réfugié en territoire français dans l'espoir de poursuivre la lutte. Cela devait se faire grâce aux quelques forces militaires belges, encore disponibles en France et au Congo. De ce fait, le gouvernement de la Belgique est resté dépositaire de l'autorité sur toutes les possessions coloniales ayant échappé aux forces allemandes.

La résolution des Belges d'Afrique subsaharienne, ayant consisté en la poursuite de la lutte, s'est vite manifestée à travers la décision du gouverneur général Pierre Ryckmans. Ce dernier était soutenu, dans cette délicate démarche, par les officiers de la Force publique. La coordination avec le Royaume-Uni étant cependant nécessaire, le ministre de la Justice Albert de Vleeschauwer est arrivé à Londres dès le début du mois de juillet de l'année 1940 via la France, l'Espagne et le Portugal. Il était nanti des pleins pouvoirs, notamment sur le Congo belge. Winston Churchill, qui l'a reçu, l'a encouragé à faire venir en urgence ses collègues du gouvernement qui étaient restés sur le sol français, en l'occurrence le Premier ministre Hubert Pierlot et le ministre des Affaires étrangères Paul-Henri Spaak. Ces derniers l'ont enfin rejoint, après la lourde défaite de la France et l'armistice franco-allemand du 22 juin 1940. Cela les a d'ailleurs privés de toute reconnaissance officielle par le nouveau gouvernement de Vichy[137], sous la direction

[136] S'étant trouvé dans l'impossibilité de régner de juin 1940 à juin 1950, il abdiquerait l'année suivante au terme d'une longue polémique sur la question royale suscitée par son comportement controversé lors de la Seconde Guerre mondiale. Ce serait l'avènement de Baudouin Ier.

[137] Régime politique autoritaire de nature traditionaliste, xénophobe et antisémite

de Philippe Pétain, et de toute protection diplomatique en leur qualité d'autorité légale de la Belgique libre, de surcroît détenteur du pouvoir sur le Congo. Ce dernier atout était indispensable aux yeux du chef du gouvernement anglais qu'était Winston Churchill, très légaliste, pour garantir le maintien dans le camp allié du territoire belge d'Afrique subsaharienne doté d'immenses ressources stratégiques. L'installation à Londres des autorités belges de l'équipe gouvernementale restreinte, pourvue du pouvoir de gérer le domaine colonial et de conclure tout traité économique et militaire avec l'Angleterre, ainsi qu'avec les autres puissances alliées, a confirmé la disponibilité et l'importance de la colonie d'Afrique dans le cadre de la participation de la Belgique dans la guerre.

Face à la menace depuis l'Abyssinie contre les possessions des Alliés en Afrique par l'Italie fasciste dirigée par Benito Mussolini, les troupes de la Force publique congolaise étaient contraintes de passer sans tarder à l'offensive. Elles ont attaqué les éléments des forces armées italiennes dans la Corne de l'Afrique, y ayant remporté plusieurs victoires couronnées par celle de Bortaï, de Saïo et d'Asosa. Le Congo belge, territoire assigné d'office dans la zone sterling sans perdre sa monnaie le franc congolais, a été dirigé pendant toute la guerre par l'administrateur de la colonie, le ministre Albert de Vleeschauwer, à qui le gouvernement belge réfugié à Londres avait confié les pouvoirs les plus larges et dignes des attributions d'un véritable « proconsul ». Ainsi, la colonie financerait-elle l'action combattante[138] tout en participant à l'effort économique des Alliés par d'importantes fournitures. Celles-ci rendraient la Belgique créditrice vis-à-vis des Anglais et des Américains. Elles permettraient le redressement de la puissance coloniale après la guerre. En effet, pendant l'occupation allemande, la Belgique a connu une situation économique très difficile (chômage, déflation, pénurie, etc.). Par l'apport considérable du Congo belge, dirigé sur place par le gouverneur général Pierre Ryckmans et son administration belgo-congolaise, le gouvernement d'Hubert Pierlot a garanti la survie du Royaume de Belgique. Il a pu mettre à la disposition des Alliés des forces militaires, des ressources agricoles et commerciales (céréales, caoutchouc)

---

instauré en France durant la Seconde Guerre mondiale. Il était dirigé par le maréchal Philippe Pétain.

[138] Par l'apport des trois escadrilles belges dans la *Royal Air Force* (RAF), la mise à disposition des troupes congolaises contre l'Italie en Abyssinie, la flotte marchande au service de la cause alliée, la reconstitution en Angleterre d'une force armée destinée à participer à la reconquête du continent européen.

et minières de la colonie (or, étain, cuivre, uranium).

Alors que la Force publique du Congo avait entrepris une campagne victorieuse contre les troupes italiennes d'Abyssinie, s'est développé dans la colonie un mouvement de protestation à l'initiative des paysans et des « évolués » puisque l'effort de guerre des populations congolaises était assez lourd. Cette tension avait surtout trait au recours par l'administration coloniale au travail obligatoire dans les plantations d'hévéas pour fournir davantage du caoutchouc aux Alliés occidentaux, ainsi qu'au fait de partir en croisade loin du Congo, d'abord en Égypte, puis en Birmanie pour combattre contre les Japonais.

2.7 - Les conséquences de la Seconde Guerre mondiale

À la suite de l'occupation de la Belgique et du reste de l'Europe occidentale par l'Allemagne hitlérienne au cours de la Seconde Guerre mondiale, les colons belges ont dorénavant inspiré moins de considération auprès des colonisés congolais. Pis encore, ces derniers ont été les témoins oculaires des défaites belges au cours de l'année 1940 face aux troupes allemandes. D'ailleurs, dès 1940, désormais conscients de la vulnérabilité des occupants européens, les populations indigènes originaires de la partie occidentale de la colonie ont créé l'*Alliance des Bakongo* (Abako) à l'initiative d'Edmond Nzeza Nlandu. En 1941, la ville d'Élisabethville a connu de très graves troubles. En 1944 est survenue l'insurrection de l'ethnie kumu[139], vivant au Nord-Est et au centre du Congo belge. Dans les mines du Katanga, l'adjudant Karamushi a même osé proclamer en février la fin du *bula matari*[140] : c'est-à-dire l'État colonial, dans ce cas précis. En mars 1944, des révoltes ont eu lieu à Masisi, ainsi que des grèves et des émeutes les 25 et 26 novembre 1945 à Matadi. Cette année a été très riche en émergence d'importants quotidiens comme *La Voix du Congolais* et *La Croix du Congo*, le *Journal des « évolués » congolais*. Dans la ville de Luluabourg (actuellement Kananga), des intellectuels ont publié un mani-

---

[139] Les Bakumu parlent une langue bantoue qu'est le komo ou kikomo. Plusieurs ethnies sont étroitement imbriquées, dotées d'associations similaires : les Mbole, les Yela, les Lengola et les Metoko.

[140] Bulamatari ou bula matari, signifie littéralement en kikongo « celui qui brise les rochers ». Cette expression s'est surtout référée à Henry Morton Stanley, journaliste et explorateur britannique qui avait été surnommé « Bula Matari », et aussi symboliquement à la ville de Matadi, ou alors à l'État colonial.

feste en vue de la reconnaissance et de l'obtention des droits spécifiques pour les évolués[141]. Ainsi ont-ils vu le jour dans le territoire colonial deux mouvements : l'un tout à fait extrémiste, composé d'ouvriers, de paysans et de soldats tandis que l'autre pacifique, ayant regroupé des intellectuels.

La capitulation du « pays du soleil levant » dans la désolation la plus douloureuse, le 2 septembre 1945, a confirmé la fin de la Seconde Guerre mondiale et la victoire incontestable des Alliés occidentaux. L'Europe de l'Ouest, laquelle était dévastée, devait enfin se reconstruire grâce aux crédits américains par le biais du Plan Marshall[142]. L'influence états-unienne dans le vieux continent et dans les colonies du fait d'une telle circonstance, ainsi que la guerre froide à peine commençante, ont généré la rivalité frontale entre les États-Unis d'Amérique et l'Union des républiques socialistes soviétiques (URSS) sur le plan international. Ce serait désormais la guerre froide. Ce phénomène a idéologiquement généré la scission de la planète en une bipolarité distincte. Toutefois, ces deux puissances avaient un point commun. Elles se sont opposées au colonialisme, dans l'optique de redisposer les cartes et s'implanter dans les anciennes possessions des nations européennes tout récemment fragilisées par la guerre. La Charte des Nations Unies, ratifiée par le Royaume de Belgique, a prévu l'« autodétermination des peuples ». Mais la pression internationale ne changerait rien, puisque les pays impérialistes d'Europe refuseraient à court terme de consentir à appliquer ce dispositif onusien dans les colonies. Celles-ci représentaient la source de leurs richesses (minerais, gaz, pétrole, bois rares, etc.). Cela pousserait, tout compte fait, les États-Unis à négocier avantageusement un droit de préemption sur l'uranium du Congo belge en vue du développement de leur armement nucléaire.

Entre-temps, les colonisés ont différemment appréhendé l'avenir. Intitulé *Le droit du premier occupant*, le discours de Joseph Kasa Vubu, président de l'Abako, a permis en pareil contexte aux « évolués » de Léopoldville, au nombre de 5 609, d'obtenir l'autorisation de s'organiser en

---

[141] Des Africains ayant terminé dix années de scolarité.

[142] Appelé « Programme de rétablissement européen », en anglais *European Recovery Program*, ou ERP, le Plan Marshall était un programme américain de prêts accordés aux différents États européens au titre de l'aide à la reconstruction des villes et des installations bombardées et détruites pendant la Seconde Guerre mondiale. Ces prêts étaient assortis de la condition d'importer pour un montant équivalant aux équipements et aux produits américains. En quatre années, les États-Unis ont prêté à l'Europe la somme de 16,5 milliards USD (presque 173 milliards USD en 2020).

Confédération générale des syndicats indigènes. Dans la foulée suivraient des mesures qui aboliraient l'usage du fouet par le clergé, les gradés de la Force publique et les auxiliaires de l'administration coloniale. Par crainte de la perte de toute autorité sur les colonisés à cause de l'émergence de ces mouvements nationalistes, l'universitaire belge Joseph Van Bilsen a publié, en 1955, un document formulé comme un *Plan de trente ans pour l'émancipation de l'Afrique belge*. Ce document a été désigné sous l'appellation de *Plan de trente ans de Jef Van Bilsen*.

Il s'est agi, à travers les propositions contenues dans ledit document, d'une émancipation progressive de la colonie sur une période de trente années en vue de l'accompagnement vers une indépendance totale. Cette durée a été estimée adéquate par Joseph Van Bilsen pour faire émerger une élite intellectuelle qui pourrait remplacer les cadres belges dans l'administration. Mais le scepticisme du gouvernement colonial et d'un bon nombre d'« évolués » congolais était un facteur non négligeable, les uns ayant eu peur de perdre à jamais le Congo à court terme et les autres ayant été impatients d'accéder à l'indépendance complète. Néanmoins, un groupe d'« évolués » catholiques a répondu de manière favorable à ce plan dans un manifeste publié dans *La Conscience africaine* à laquelle collaboraient Joseph-Albert Malula, Joseph Ileo, Joseph Ngalula, Antoine Ngwenza...

> « Le manifeste de *Conscience africaine* [a évoqué] lui aussi l'"action civilisatrice de la Belgique au Congo", mais, [ayant prôné] la recherche d'un "équilibre nouveau" qui résiderait dans la "synthèse [du] caractère et [du] tempérament africain avec les richesses foncières de la civilisation occidentale", il [a défendu] les valeurs de la culture africaine, alors que Lumumba [a tendu] plutôt à déprécier cette dernière. Tout en [ayant reconnu] des vertus à la "morale bantoue", il [a] écrit: "Tout Africain qui désire profiter de la civilisation occidentale, doit aussi profiter de sa morale qui, reconnaissons-le, surpasse en beauté notre morale bantoue" (p. 202). Et il [s'est refusé] de "plaider pour une espèce de civilisation nègre, ce qui serait une absurdité" (p. 200).
> » On peut bien sûr se demander si dans cet écrit Lumumba [a dit] réellement ce qu'il [pensait]. Il [était] en prison, il [plaidait] avec son avocat pour sa remise en liberté, il [avait] donc intérêt à tenir un discours complaisant. »[143]

---

[143] In *Formes de conscience et de pensée politiques dans le Congo de la décolonisation*, Gauthier de Villers, Presses de l'Université Saint-Louis, 2009, pp. 183-205.

À l'opposé de Patrice Lumumba qui aurait totalement adhéré au modèle élitiste de la colonisation, même en ayant été titulaire de la carte du mérite civique depuis 1949 et immatriculé en 1953, Joseph Kasa Vubu s'est surtout référé aux traditions kongo plus qu'à la modernité occidentale. Il bâtirait son autorité morale dans le terroir ancestral : notamment le Kongo Central dont dépendait sur le plan administratif la ville de Léopoldville.

Néanmoins, pour les auteurs de cette publication, à savoir le manifeste *Conscience africaine*, l'émancipation politique sans l'émancipation économique et sociale n'atteindrait pas réellement une forme civilisée[144]. De plus, la trop forte stimulation du processus de formation des élites risquerait d'avoir un impact démesuré sur le nombre, trop élevé ou pas du tout, d'intellectuels, de techniciens et de cadres[145]. En tout cas, à travers ce manifeste, on pouvait constater la volonté pacifique et égalitaire de leurs auteurs. Ces derniers ont estimé que :

> « la Belgique [devait] être fière, [...] à l'inverse de presque tous les peuples colonisés, [du] désir [qui s'est exprimé] sans haine et sans ressentiment. C'[était] une preuve indéniable que l'œuvre des Belges dans ce pays n'[était] pas un échec. Si la Belgique [parvenait] à mener à bien l'émancipation totale du Congo dans la compréhension et dans la paix, ce [serait] le premier exemple dans l'histoire d'une entreprise coloniale aboutissant à une réussite complète. »[146]

À cette période, il fallait surtout avoir à l'esprit le fait que, en août 1958, le président de la Ve République française, en la personne du général Charles de Gaulle, a proclamé à Brazzaville le droit à l'indépendance des peuples d'outre-mer. Cela aurait une répercussion considérable dans les possessions européennes d'Afrique, en particulier au Congo belge. De plus, en décembre 1957, peu après la création du Mouvement national congolais (MNC), une Conférence panafricaine des peuples[147] à laquelle a participé

---

[144] In *Vers l'indépendance du Congo et du Ruanda-Urundi*, Jef Van Bilsen, Kraainem, 1978, p. 246.
[145] *Ibidem*, p. 246.
[146] In *Le Congo : Mythes et réalités, op. cit.*, p. 261.
[147] La *Conférence panafricaine des peuples* (CPA) était en quelque sorte un corollaire et en partie une perspective différente des États africains modernes représentés par la Conférence des chefs d'États africains indépendants. Elle a été conçue par des peuples afin d'inclure des groupes sociaux, notamment des communautés ethniques, des partis politiques anticolonialistes et des organisations africaines comme les syndicats et

Patrice Lumumba s'est tenue à Accra au Ghana de Kwame Nkrumah. Dans la colonie belge, sur fond de revendication de l'indépendance, des émeutes auraient lieu le 4 janvier 1959 à Léopoldville et dans les communes surpeuplées à forte densité de chômage[148].

Dans un article qui a été mis en ligne le 5 janvier 2021 sur le site Internet *congoforume.be*, le journaliste Clément Vidibio a déroulé les faits historiques à propos des conséquences de l'annulation du rassemblement de l'Abako. Il a rappelé que :

> « le samedi 3 janvier 1959, au n° 21 de l'avenue de la Victoire (croisement des avenues Victoire et Éthiopie), les trois "patrons" collégiaux de l'hebdomadaire *La Présence congolaise* qu'[étaient] Gabriel Makosso, Joseph Ngalula et Joseph Mbungu [tenaient] peu après midi l'habituel conseil de rédaction qui [a réparti] à chacun sa part de travail à exécuter pendant le week-end.
>
> » Il y [avait] au menu la politique, avec le meeting à la Place de l'Ymca[149], non loin de là, des dirigeants de l'Abako. Il y [avait] le culturel et le social,

d'autres associations importantes à la fin des années 1950 et au début des années 1960, tant en Afrique que dans sa diaspora, notamment en Europe, en Amérique du Nord et du Sud. Elle devait représenter la position selon laquelle l'Afrique devrait être rendue aux peuples et aux groupes, tels que les communautés ethniques, dont elle a été arrachée par le colonialisme.

L'idée a été lancée au Ghana en avril 1958 par l'Ougandais John Kale à l'issue de la première conférence des chefs d'État africains à Accra en mars de cette année. Alors en exil en Égypte, l'un des pays organisateurs de la première conférence des chefs d'État africains, il était déjà le secrétaire fondateur (et plus tard le président) du *Comité de libération de l'Afrique, de l'exécutif africain de la solidarité afroasiatique* dont le secrétariat se trouvait au Caire et, peu après, le représentant de l'Afrique au *Conseil mondial de la paix* dont il était le vice-président. Pour Kale, la principale raison de l'organisation parallèle à celle des chefs d'État africains indépendants qui venait de se terminer était qu'elle n'avait réuni que neuf États du continent alors indépendants, ayant exclu la majorité des peuples africains, tant dans les pays non indépendants que dans la diaspora. Il fallait donc les mobiliser par le biais d'une *Conférence panafricaine des peuples.*

[148] In *Le Congo du domaine de Léopold II à l'indépendance*, Jules Gérard-Libois et Benoît Verhaegen, *Courrier hebdomadaire du CRISP*, n° 1077, 1985, p. 21.

[149] La YMCA (*Young Men's Christian Association*) ou l'UCJG (*Union chrétienne de jeunes gens*) est une association et une organisation non gouvernementale d'obédience chrétienne protestante et interconfessionnelle. Elle regroupe plus de 15 000 associations de jeunes, dans 120 pays, représentant 65 millions de membres qui œuvrent dans de nombreux domaines. La première Ymca a été fondée à Londres en 1844 par George Williams. Le siège mondial se trouve à Genève, en Suisse.

avec les différents rendez-vous culturels dont l'agenda [a accaparé] le plus gros des effectifs de la maison, et il y [avait] aussi le sport, dimanche 4 janvier, une affiche étincelante avec la rencontre devant opposer le *V. Club* à l'équipe des aviateurs le *FC Mikado*.

» À Joseph Mbungu a été confiée la couverture de l'événement politique de l'Ymca et à votre serviteur le reportage au stade *Roi Baudouin*, devenu par la suite stade *Tata Raphaël*[150] après avoir été baptisé par les avatars de la politique stade du *20 Mai*. »[151]

Selon Clément Vidibio, le dimanche 4 janvier 1959 a constitué le déclic qui a cassé les ressorts de l'horloge du temps colonial.

« Brumeuse dès le matin, la journée a retrouvé les couleurs aux heures de midi.

» Armé d'un appareil de photo *Rolleiflex* et de deux bobines de films, j'ai pris un *fula-fula* en partance vers le stade au croisement des avenues Asosa-Prince Baudouin (Kasa Vubu aujourd'hui).

» À cette heure de la journée, les bus [étaient] bondés de monde et tous [prenaient] manifestement deux directions : le stade *Roi Baudouin* et la Place Ymca.

» Venant de l'Ouest de la capitale, tous les *fula-fula* [ont déversé] leurs passagers à la station *filling Shell* au croisement des avenues Victoire-Gambela. »[152]

L'administration coloniale, ayant craint le pire, avait déjà pris les précautions idoines.

« Un peloton de la gendarmerie a pris position devant cette station. Elle a reçu la consigne d'empêcher les automobilistes de poursuivre la route vers le pont Cabu en raison de l'affluence de gens qui se [dirigeaient] à la Place Ymca, à l'appel des dirigeants de l'Alliance des Bakongo (Abako). Mais l'administration coloniale avait plutôt dans l'esprit une volonté affichée de faire échec au meeting politique des leaders abakistes dont elle redoutait les conséquences sur une population autochtone de plus en plus élec-

---

[150] En hommage à Raphaël de la Kethule de Ryhove, prêtre missionnaire scheutiste qui a contribué au développement des activités et installations sportives au Congo.

[151] In *1959 : Souvenirs et témoignage de page d'histoire : Mes journées de janvier 1959*, Clément Vidibio. Article consulté en ligne le 18 novembre 2021. Voir le lien ci-contre : https://www.congoforum.be/fr/2010/01/1959-souvenirs-et-tmoignage-de-page-dhistoire-%C2%AB-mes-journees-de-janvier-1959-%C2%BB-par-clment-vidibio.

[152] *Ibidem*.

trisée par les discours aux accents indépendantistes inquiétants.

» Il ne fallait donc pas que ce meeting se tienne. Quadriller et verrouiller le périmètre compris dans cet espace Ymca déjà noir de monde avant que ne soit prise la décision d'en interdire l'accès au grand public d'abord, aux dirigeants abakistes ensuite: telles étaient les consignes données aux gendarmes. Mais c'était trop tard, les ordres étaient venus bien après que les partisans de Joseph Kasa Vubu, Edmond Nzeza Nlandu, Daniel Kanza, [Antoine] Kingotolo et consorts ne prennent d'assaut la Place Ymca et ses abords. »[153]

Mais, à la Place Ymca, les choses ne se dérouleraient pas selon le souhait de l'autorité administrative. En effet,

« débordés par les événements, les gendarmes ont jeté les gants et laissé la foule affluer vers cet endroit.

» Embarqué dans une espèce de dynamisme de la foule s'épaississant à vue d'œil et convergeant vers un même centre d'intérêt, le reporter sportif que j'ai été a succombé à la tentation d'aller vivre l'événement politique, plutôt que d'aller couvrir le match au stade. Après tout, me suis-je dit, puisque *Présence Congolaise* ne [sortirait] que samedi prochain, j'aurais eu tout le temps de m'inspirer de ce que les confrères de la presse quotidienne [auraient] raconté sur le déroulement de cette rencontre. Je me suis donc fait une raison et [j'ai] choisi d'aller vivre le meeting de l'Abako. "Mes patrons [ne] me [tiendraient] certainement pas rigueur, et je [saurais] trouver des anecdotes croustillantes pour enrichir le papier de fond qu'[écrirait] Jeff Mbungu" (ainsi appelions-nous affectueusement Joseph Mbungu, celui qui [prendrait] plus tard tout seul la direction de *Présence Congolaise*). »[154]

Heureuse d'assister à une manifestation exceptionnelle dans l'histoire de la colonie et consciente de son rôle à cet effet, la foule était en liesse.

« [...] C'[était] aussitôt que je suis arrivé à l'entrée de la Place Ymca que les dirigeants de l'Abako ayant [eu] à leur tête Kasa Vubu tout de blanc vêtu ont fait leur apparition devant l'entrée [...] sous les ovations d'une foule en délire. Ils provenaient, selon toute vraisemblance, de la parcelle en face, sise dans la rue Inzia, propriété du président de l'Abako Joseph Kasa Vubu.

» Vite, très vite, j'ai couru au-devant d'eux en m'[ayant frayé] un espace à travers la foule. "Clac, et re-clac", j'ai actionné plusieurs fois l'obturateur

---

[153] *Ibid.*
[154] *Ibid.*

de mon *Rolleiflex* après avoir centré mes personnages sur le cadran de l'appareil. "Clic et re-clac" : j'ai nourri ma pellicule de photos qui allaient témoigner à la postérité de ce qu'[aurait] été cette journée du 4 janvier 1959, journée qui allait voir se dérouler pour la première fois dans l'histoire de notre pays un meeting politique.

» La foule applaudissait sans cesse à tout rompre. Puis, l'instant d'après, il s'était passé quelque chose de fâcheux : les leaders abakistes avaient été stoppés dans leur progression vers la tribune érigée pour le meeting. Les forces de l'ordre s'étaient interposées entre eux et la tribune, leur [ayant fait] comprendre qu'elles avaient reçu l'ordre d'interdire la manifestation. Les leaders bakongo, [ayant fait] montre d'un fair-play remarquable [se sont concertés] un bref instant, puis [ont dû] se résoudre à rebrousser chemin non sans avoir fait comprendre à la foule, d'un signe de la main, que le meeting avait été interdit, et que ce n'était que partie remise. »[155]

Le mécontentement, à la suite de l'annulation de la manifestation, ne pourrait être contenu. Il se répandrait comme une traînée de poudre dans les rues de Léopoldville. Il fallait en principe faire quelque chose, agir ou réagir, afin d'éviter une éventuelle crise sociale,

« mais la foule, débordant d'une impatience longtemps contenue après un après-midi horriblement torride, [s'est mise] à vociférer son indignation en [étant sortie] de l'enceinte de la Place Ymca, [communiqué] à la foule qui attendait dehors un même état d'esprit lequel [s'est répandu] en cercles concentriques vers d'autres pôles du quartier.

» Et, c'[était] alors que la foule [ayant quitté] la Place Ymca en [s'étant répondue] en colère à l'endroit du pouvoir, que la première colonne en provenance du stade *Roi Baudouin*, mécontente de la tournure fâcheuse qu'avait prise le match qui venait de s'y jouer [a fait] jonction avec les partisans de l'Abako. Et c'[était] le déclic qui [a allumé] l'incendie de l'indépendance.

» Il n'y [a plus eu] dès cet instant qu'une seule foule, et cette foule [n'a plus fait] entendre désormais qu'un seul cri : "Indépendance, indépendance, indépendance" ! La clameur publique s'était propagée à travers la cité Matonge comme une traînée de poudre [...]. »[156]

La manifestation populaire a dégénéré en affrontement entre les forces de l'ordre et les partisans de l'Abako, ainsi que les amateurs du ballon rond.

---

[155] *Ibid.*
[156] *Ibid.*

« Avec force crépitements de balles de fusils et d'explosions de grenades lacrymogènes, les militaires de la Force publique, dont c'était la première démonstration de force lors des événements de ce 4 janvier 1959, ont maîtrisé la situation.

» Cernées de toutes parts, toutes les personnes qui se sont retrouvées dans le périmètre où se sont déroulés ces incidents ont été appréhendées. J'[ai été] au nombre des gens qui ont été surpris par l'intervention des éléments de l'armée [...]

» Le lendemain matin, la ville s'[éveillerait] sous une petite pluie qui [s'est mise] à tomber vers trois heures du matin. Malgré cela, les pillards [n'arrêteraient] pas de mettre la ville en coupe réglée : ils [videraient] les magasins et les entrepôts vivriers et [défenestreraient] les écoles et les églises [...]. »[157]

Les autorités coloniales se sont *de facto* retrouvées devant le fait accompli. La Belgique ne pourrait plus rien entreprendre, en toute efficacité, contre la volonté des populations congolaises. Celles-ci étaient déterminées à mettre définitivement un terme à la mainmise des Belges sur les institutions du Congo-Léopoldville.

« Toutes les rues et les avenues de la ville [porteraient] les traces de ce vandalisme aveugle généralisé. Tout ceci pour un meeting de l'Abako interdit ? Ou pour exprimer un sentiment de libération du joug colonialiste devenu désormais insupportable ? On n'allait pas tarder à le savoir, car les événements politiques allaient se précipiter entre Bruxelles, l'ex-mère patrie, et Léopoldville.

» Les événements qui venaient de marquer durement la capitale de la colonie durant cette journée, et qui s'étaient par la suite étendus sur l'ensemble du territoire congolais allaient accélérer le cours de l'histoire et déterminer son nouveau destin.

» Deux semaines après ces événements, le 13 janvier [..], le Souverain belge Baudouin Ier a, dans un discours d'intention qui n'a plus laissé planer de doute sur le devenir de l'ex-colonie belge d'Afrique : l'indépendance serait accordée le 30 juin 1960, après 80 ans de colonisation. »[158]

Joseph Kasa Vubu et d'autres dirigeants de l'Abako – Daniel Kanza, Gaston Diomi Ndongala (dit Diogas), Arthur Pinzi, Simon Nzeza… – seraient recherchés par les autorités coloniales et certains d'entre eux arrêtés, mais très vite libérés grâce à la pression populaire. L'Abako serait

---

[157] *Ibid.*
[158] *Ibid.*

dissoute pour « menace pour la sécurité publique ». Mais, *in fine*, la puissance coloniale a engagé des négociations avec les forces politiques locales, sous la forme de « Table ronde de Bruxelles », pour une indépendance immédiate imposée aux autorités coloniales par le président de l'Alliance des Bakongo. À cette occasion, Joseph Kasa Vubu a demandé la libération sans condition de Patrice Lumumba, incarcéré à la prison de Stanleyville, et sa participation aux travaux de ladite « Table ronde ». À défaut, il ne prendrait plus du tout part aux travaux prévus entre les autorités belges et les représentants de la colonie.

> « Emprisonné, puis jugé, le leader de l'Abako devint très vite un interlocuteur valable pour le gouvernement belge, inquiet de l'absence de cadres politiques au Congo. Moins d'un an après "le dimanche rouge de Léo", il dictait pratiquement aux dirigeants de Bruxelles ses exigences, [ayant déconcerté] ses collègues eux-mêmes par son attitude intransigeante au cours de la "Table ronde" qui s'est achevée [en février 1960] dans la capitale belge. "Je veux que cette Assemblée soit proclamée Assemblée constituante. Je perds mon temps ici…", affirmait dans les derniers jours de janvier M. Kasa Vubu en [ayant quitté] avec éclat la conférence de la "Table ronde". Durant cinq jours on signalait sa présence en Allemagne et en France, puis il tenait une conférence de presse à Liège, au cours de laquelle il lançait un ultimatum au gouvernement belge, [ayant exigé] notamment l'élaboration d'une constitution fédérale et la création immédiate d'un gouvernement provisoire. Les leaders [ayant participé] à la "Table ronde" ont entériné l'essentiel de ses exigences. »[159]

Après avoir mis dans un premier temps en cause les chômeurs africains, la majorité des 250 000 habitants de la ville de Léopoldville n'ayant pourtant pas été impliquée dans le trouble de l'ordre public[160], les autorités belges s'activeraient néanmoins, plus tard, dans le but de mettre en place des réformes qui offriraient désormais aux populations congolaises plus de pouvoir de décision quant à leur propre gouvernement. Elles annonceraient aussi la tenue d'élections prévues en décembre 1959.

---

[159] In *M. Joseph Kasa Vubu, l'homme fort de l'Abako*, Philippe Decraene, *Le Monde Diplomatique*, mars 1960, p. 13.

[160] In *Belgium Lays Riot To Congo Jobless*, Harry Gilroy, *New York Times*, 8 janvier 1959. Article consulté le 4 janvier 2022. Voir le lien ci-contre : https://www.nytimes.com/1959/01/08/archives/belgium-lays-riot-to-congo-jobless-most-leopoldville-negroes-said.html.

Et, par l'Abako, le Congo belge a connu sa révolution. Par l'action de ce parti politique, les Congolais ont également obtenu le droit de vote et d'éligibilité. Une alliance nationale s'est mise en place au cours de l'année 1959 à Kisantu autour de Joseph Kasa Vubu, après la répression des partisans du MNC et l'emprisonnement de Patrice Lumumba. Il fallait asseoir une coalition militante en vue de l'émergence d'une fédération congolaise[161]. À l'aide de l'intervention et de la détermination de Joseph Kasa Vubu, Patrice Lumumba serait effectivement libéré et rejoindrait la capitale belge pour participer aux travaux de la « Table ronde ».

La date historique du 4 janvier deviendrait fériée, après l'acquisition de l'indépendance. Elle serait dorénavant connue sous la dénomination de journée des Martyrs. Pour des raisons de patriotisme et de cohésion nationale, par souci d'équité et de conscience nationale, il faudrait penser judicieusement à la débaptiser au profit de la journée des Matyrs et des Héros nationaux.

2.8 - Les aspects religieux

Dans les années 1920, sous l'influence des missionnaires protestants américains William Henry Sheppard et George Washington Williams, se sont développés deux mouvements syncrétistes à tendance nationaliste : le kimbanguisme et le kakisme.

Pour les rédacteurs du site Internet *mbokamosika.com,*

> « le kimbanguisme, un mouvement religieux authentiquement national fondé par le jeune Simon Kimbangu [...], après son baptême, pratiquait l'imposition des mains [...] pour guérir les malades.
> » Le récit de [l'arrestation de Simon Kimbangu] et de son décès en 1951 durant son incarcération prolongée à la prison de Kasapa à Élisabethville (Lubumbashi) n'est ignoré de personne.
> » Cependant, il faut peut-être souligner ce qui constitue [...] l'origine du succès de ce mouvement religieux tant au pays que dans les pays frontaliers : la justesse de la lutte politico-chrétienne menée par son leader ; le martyre constitué par son arrestation et son décès en prison ; la persécution de ses adeptes à travers le pays considérée par l'opinion comme une forme

---

[161] Cette fédération, à savoir le *Cartel Abako* que présiderait Joseph Kasa Vubu, serait composée du MNC d'Albert Kalonji, du Parti solidaire africain (PSA) d'Antoine Gizenga, du Parti du peuple d'Alphonse Nguvulu, de l'Union démocratique africaine (UDA) d'André Guillaume Lubaya…

de résistance contre le pouvoir colonial avant l'indépendance ; la relégation de ses adeptes dans plusieurs régions du Congo [ayant] favorisé l'adhésion de plusieurs membres non originaires du Bas-Congo, et [conféré] à ce mouvement un caractère national ; l'adhésion au mouvement des populations d'origine kongo des pays frontaliers. »[162]

Après avoir été effectivement baptisé à l'âge de 15 ans, le Ne Kongo[163] Simon Kimbangu aurait une vision. Il prédirait l'indépendance du Congo belge et la reconstitution du Royaume du Kongo. Il utiliserait, à cet effet, le néologisme en langue kikongo « dipanda », c'est-à-dire « indépendance ». Le prophète Kimbangu et ses douze apôtres, inspiration du christianisme toutefois *tropicalisée*, plus précisément congolisée, seraient emprisonnés par les autorités coloniales. À la suite de son décès en prison le 12 octobre1951, ses adeptes ne cesseraient de répandre avec constance et ferveur son enseignement[164].

Selon une source purement *mpadiste*, que d'aucuns pourraient prendre largement connaissance dans quelques blogs à travers les réseaux sociaux,

« bien avant que Mama Luezi Kiavuevua ait conçu, le Dieu des ancêtres des Banous Wamba wa Mpungu Tulendo apparut sous forme d'anthropomorphique à Mama Marie Kinzembo, mère de Luezi, la grand-mère de Simon Kimbangu. Ce faisant, le 25 septembre 1888, Maman Marie Kinzembo reçut un visiteur inconnu à qui elle offrit à manger et à boire. Elle prit ce visiteur pour un missionnaire de la Mission baptiste des nord-méricains *ABFMS*. Et avant son départ, l'étranger offrit à son hôtesse un livre sacré, et lui promit que l'enfant à qui sa fille Luezi Kiavuevua donnerait naissance serait le Premier Sauveur de la race des opprimés et que son nom traverserait toutes les frontières. La bénédiction reçue de l'étranger visiteur permit par la suite à Mama Marie Kinzembo de guérir jusqu'à sa vieillesse, tous les malades qu'on lui amenait.

» Après 12 mois de grossesse pleine de multiples moqueries, pour avoir dépassé le terme normal de 9 mois, venait de naître un enfant mort né ; après des rites ancestraux par la chanson cadencée ayant comme refrain "KIMBANGU", l'enfant toussa et ouvrit les yeux tout en pleurant. Une de ses tantes, Biyela, prit la parole devant le public et déclara que :

---

[162] In *Kimbanguisme et Kakisme*. Article mis en ligne le 14 janvier 2009, consulté le 15 novembre 2021. Voir le lien ci-contre : https://www.mbokamosika.com/article-26756429.html.
[163] Mukongo de naissance, pour une école de pensée. Pour certaines tendances, en revanche, le préfixe « Ne » signifie « Monsieur ».
[164] In *Les figures marquantes de l'Afrique subsaharienne, op. cit.*

"Comme l'enfant vient de reprendre sa vie normale par le rythme de la chanson de 'KIMBANGU', je déclare que son nom ne sera autre que celui de KIMBANGU conformément à la déclaration de Kimpa Vita Esipa en date du 2 juillet 1706 lors de sa condamnation injuste et cruelle au bûcher sur instruction des pères Bernardo Da Gallo et Lorenzo Francisco Da Lucca". »

L'un des disciples de Simon Kimbangu, en la personne de Simon Pierre M'Padi, fonderait ensuite la religion kakiste. Effectivement,

« en rapport avec le kimbanguisme, il convient de rappeler un autre mouvement qui n'a pas eu la même notoriété [au Congo belge] qu'est le "kakisme", fondé par un "disciple" de Simon Kimbangu connu sous le nom de Simon Pierre M'Padi, du Kwango. Persécuté à son tour par l'autorité coloniale, ce dernier [s'est réfugié] au Congo français à l'époque, où il [a réussi] à transmettre son message à André Matsoua, avant qu'il ne soit arrêté et remis aux autorités belges. »[165]

S'étant agi du choix de Simon Pierre M'Padi comme sauveur, la même source *mpadiste* rappelle que,

« en 1915, l'arrière grand-père de Simon Pierre M'Padi répondant au nom de Gonda di Kinsaku eut une vision que son petit-fils M'Padi, âgé de six ans, devint géant, tellement géant qu'il pouvait toucher le firmament. Et au même moment, le ciel s'ouvrit et un ange en sortit et s'écria, sa voix était comme un tonnerre : "Ce jeune homme sera le Second Sauveur et libérateur futur de la race noire".
» En 1916, son propre père Thomas Nsiala Mbata eut lui aussi une autre vision pendant qu'il était assis à l'ombre sous un manguier. Il vit apparaître un à un les ancêtres des hommes blancs notamment : Meleck, Moïse, Elie, Abraham et Pierre ; ils remirent successivement à son Fils M'Padi âgé de 7 ans : une soutane rouge, une canne, une bouteille d'huile sacrée, un Livre sacré et une Clé du Royaume céleste des Noirs.
» Le chef Thomas Nsiala Mbata vit tous ces hommes congratuler son fils M'Padi en disant : "L'Homme noir, notre aîné, est rétabli dans tous et pour tous ses droits ; et ce, en guise de réparation des préjudices causés aux Noirs sur le plan religieux par nos petits-fils missionnaires pionniers en Afrique depuis 1487 entre le roi Nzinga Nkuwu et le Pape Innocent VIII représenté par le roi du Portugal João (Jean IV) sans tenir compte de conséquences futures ayant ainsi concrétisé la mise en application du contenu de la Bulle Papale [*Romanus Pontifex* par]

---

[165] In *Kimbanguisme et Kakisme, op. cit.*

Nicolas V datée du 8 janvier 1445.

» [...] Aussitôt informé de cette situation, le Révérant Père Peter Mac-Diarmid de la Mission *ABFMS* descendit sur le lieu et ramena avec lui le jeune M'Padi à Sona-Bata au courant de la même année 1916 où il devint célèbre catéchiste après ses études pastorales. »

Pour la promotion de son mouvement, n'étant plus sous l'emprise de l'*American Baptist Foreign Mission Society* (ABFMS), Simon Pierre M'Padi a conçu un étendard représentant son mouvement sur lequel on pouvait lire en langue kikwango[166] la devise « *Minsion amerika nzila ya m'pulusu ja Jesus Kristo Kimbango Simon* »[167]. Les autorités belges ont donc surveillé de très près cette structure *mpadiste*, s'étant surtout inquiétées à cause d'éventuelles relations avec George Baker, connu sous le nom de *Father Divine* (Père divin) ou *Reverend General Jealous Divine* (Révérend général divin jaloux). Leader spirituel afro-américain entre 1907 et 1965, ce dernier était à l'origine de la secte noire américaine ayant eu pour leitmotiv le retour des Noirs américains à la terre d'Afrique. M'Padi a enfin été pourchassé par les autorités belges et s'est exilé au Congo français (ou Moyen-Congo), où il a créé le mouvement politico-religieux du kakisme et inspiré le matsouanisme. Cette mouvance spirituelle fondée dans les années 1920 au Congo non belge par un ancien sergent des tirailleurs et comptable de l'assistance publique dans le département de la Seine en France, en la personne d'André Matsoua (dit Grenard), a évolué en mouvement politico-religieux, après la mort de son fondateur en 1942.

2.9 - La politique sanitaire

À la suite des massacres d'un grand nombre d'indigènes à la fin de la période léopoldienne, la Belgique devait mettre en avant l'aspect humanitaire. Aussi, fallait-il s'atteler en toute urgence à la lutte contre les épidémies, plus précisément à l'éradication de la très meurtrière maladie du sommeil. Malgré l'insuffisance du nombre de médecins, les effets de la politique sanitaire mise en place par l'autorité coloniale ont quasiment été concluants dans les années 1920[168]. Ainsi le Congo anciennement belge

---

[166] Littéralement, le parler du Kwango.
[167] « *Mission américaine, chemin du sauveur, de Jésus-Christ, Simon Kimbangu* ».
[168] In *Brève Histoire du Congo*, Isidore Ndaywel è Nziem, Médiaspaul, Kinshasa, 2015.

serait-il doté, en 1960, d'une infrastructure en soins médicaux, recherche et formation de personnel, à propos de la santé publique et de l'hygiène, très avancée par rapport à d'autres pays africains.

> « [Le pays] comptait environ 3 000 établissements de soins, dont 380 hôpitaux tenus par un personnel bien formé : 750 médecins, dont 400 liés à l'État et 80 indépendants et 7 900 assistants médicaux. Le Congo belge disposait de 5,34 lits d'hôpitaux pour 1 000 habitants (soit 1 pour environ 180 habitants) alors qu'à la même époque le Ghana en avait 0,55, l'Inde 0,32 et l'Égypte 2,43. »[169]

Tout compte fait, la quasi-éradication de la mouche tsé-tsé a permis la réduction de la maladie du sommeil de 34 000 cas en 1931 à 1 100 cas en 1959. La régularité des opérations de vaccination contre la polio, la rougeole, la fièvre jaune a été assurée. Un programme sérieux a été développé contre la lèpre qui touchait 2 % de la population, et la tuberculose ayant frappé 0,2 % des personnes.[170] Bien entendu, la lutte contre la malaria et ses causes, ainsi que ses conséquences, a été menée dans le but d'une suppression définitive du moustique dans les centres urbains et dans certaines zones rurales.[171]

2.10 - L'aspect démographique et social

Avec un taux de natalité d'environ trente-cinq millièmes en 1956, la moitié de la population congolaise était âgée de moins de quinze ans[172]. De 1950 à 1958, l'indice des taux de salaire horaire du travailleur indigène était passé de 100 à 237 francs belges pour une augmentation du coût de la vie de 20 %. Le standing du colon blanc et du cadre moyen congolais était plus avantageux que celui des habitants de la métropole[173]. Et la fin de la guerre mondiale provoquerait, dans la colonie, un fort accroissement démographique moyennant 2 % par année.

Grâce à un encadrement généralisé ayant visé l'autosuffisance alimentaire et la production de cultures industrielles, le revenu par habitant en

---

[169] In *Le Congo au temps des Belges : L'histoire manipulée, les contrevérités réfutées, 1885-1960, op. cit.*

[170] *Ibidem.*

[171] *Ibid.*

[172] *Ibid.*

[173] *Ibid.*

milieu agricole a doublé entre 1945 et 1959. Par conséquent, on a assisté à l'augmentation de 20 % de la population congolaise qui vivait de l'agriculture[174]. La production en tonnes était de :

> « manioc : 780 632 (1952) ; huile de palme : 245 216 (1957) ; noix palmiste : 140 000 (1957) ; café : 60 421 (1959) ; cacao : 4 514 (1959) ; thé : 3 669 (1959) ; coton : 40 420 (1959) ; sucre : 17 331 (1957). Élevage : 500 000 têtes de bovins en élevage indigène ; 307 000 têtes d'élevages européens. Outre la pêche dans les fleuves et rivières, la production des pêcheries [était] passée de 16 000 tonnes en 1946 à 145 000 tonnes en 1958. En 1960, l'agriculture fournissait 40 % des exportations. »[175], [176].

En 1959, le PIB par habitant s'est élevé à 90 USD par habitant, ayant égalé le Canada et approché celui de la Grèce, ainsi que du Portugal[177]. Le développement de l'urbanisation a suscité l'exode rural. À la recherche du travail, les populations de la campagne ont opté en masse pour l'emménagement à Stanleyville, Élisabethville, Jadotville et à Léopoldville.

> « À la veille de l'indépendance, le niveau de vie par un revenu de 90 dollars, valeur 1960, par habitant africain, était le plus élevé d'Afrique, plus élevé même que celui de beaucoup d'autres pays dans le monde. Et l'accroissement du PIB [était] de 4,8 % par an. Enfin, il [fallait] citer le développement des aménagements de génie civil. Outre trois grands barrages hydroélectriques, il y [avait] un réseau ferroviaire de 5 241 km dont plusieurs centaines [étaient] électrifiés, 14 597 km de voies navigables entretenues, 3 aéroports internationaux et 38 villes [bénéficiaient] d'aéroports. »[178]

Sans oublier que le réseau routier comptait 123 554 km de routes bien entretenues : 31 771 km de voies principales, 76 857 km de routes secondaires et 17 122 km de routes privées.[179] Mais, de nos jours, la République

---

[174] In *Le Congo au temps des Belges : L'histoire manipulée, les contrevérités réfutées, 1885-1960, op. cit.*

[175] *Ibidem.*

[176] In *Bilan économique du Congo 1908-1959*, André Huybrechts, L'Harmattan, Paris, 2010.

[177] In *La colonisation belge : une grande aventure*, José Clément, Antoine Lambrighs, Maurice Lenain, Oscar Georges Libotte et Pierre Piron ; Avant-propos de Gérard Jacques, *Union Royale belge pour les pays d'outre-mer* (UROME), Gamma Press, Bruxelles, 2004.

[178] In *Et Dieu créa le Congo, op. cit.*

Démocratique du Congo ne compte aucune autoroute, ni voie express. Seules subsistent les artères à deux voies laissées par les colons :
– Route Nationale numéro 1 (RN1), 3 086,7 km : Banana - Moanda - Boma - Matadi - Songololo - Mbanza-Ngungu - Madimba - Sona-Bata - Kasangulu - Kinshasa - Nsele - Kenge - Kikwit - Tshikapa - Kananga - Mbuji-Mayi - Mweneditu - Kamina - Moba - Kabondo-Diamba - Lubudi - Likasi - Lubumbashi - Sakania ;
– Route Nationale numéro 2 (RN2), 1 404,2 km : Mbuji-Mayi - Kabinda - Lubao - Mwenga - Kabare - Bukavu - Kalehe - Goma - Rutshuru - Lubero - Butembo - Beni ;
– Route Nationale numéro 3 (RN3) : 562,4 km : Kisangani - Lubutu - Walikale - Bukavu ;
– Route Nationale numéro 4 (RN4), 1 505,4 km : (Kasindi) - Beni - Mambasa - Bafwasende - Kisangani - Banalia - Buta - Bondo ;
– Route Nationale Numéro 5 (RN5), 1 356 km : Bukavu - Uvira - Baraka - Fizi - Makungu - Kalemie - Pweto - Kilwa- Kasemeno - Lubumbashi ;
– Route Nationale numéro 6 (RN6), 839 km : Libenge - Gemena - Lisala - Bumba - Aketi.

Cela équivaut à 8 753,7 kilomètres de routes nationales à deux voies qui desservent un pays équivalant à 80 fois la Belgique sur le plan de la superficie – c'est-à-dire le double de la totalité des États du Texas et de la Californie – et peuplé d'au moins 105 millions d'habitants. Ainsi faudrait-il commencer sans tarder, dans le but de désenclaver le territoire national, par transformer ses voies nationales en autoroutes. En plus, le pays compterait au moins 100 millions d'habitants en 2023 selon le démographe belge de l'université catholique de Louvain Bruno Schoumaker. Il faudrait aussi inciter les gouvernements des provinces à construire des routes provinciales, ainsi que régionales. Cela faciliterait et développerait certainement les échanges de toutes sortes entre les populations. Cela encouragerait aussi la circulation des biens et des personnes à l'échelle interne.

Face à la croissance démographique qui devenait de plus en plus supérieure au regard du PIB, et au taux de personnes sans emploi en hausse dans les cités indigènes et les quartiers noirs des villes, les autorités belges se sont attelées à l'amélioration des conditions de vie. Cette initiative serait

___

[179] In *Le Congo au temps des Belges : L'histoire manipulée, les contrevérités réfutées, 1885-1960, op. cit.*

tout à fait possible grâce au développement du système d'allocations de chômage, par les Fonds du roi, et d'une politique de protection sociale.

Avec 60 % des exportations minières[180], le Congo belge a été l'un des premiers et principaux exportateurs d'uranium au profit des États-Unis d'Amérique lors de la Seconde Guerre mondiale et de la guerre froide. La colonie belge était la 4ème productrice mondiale du cuivre et de l'or, la 1ère productrice mondiale du diamant industriel et de l'étain. Elle produisait à l'époque le cobalt à hauteur de 75 % à l'échelle planétaire[181]. Mais le Congo-Léopoldville ne bénéficiait que de moins de 6 % des exportations de la métropole, alors que 8 % de sa production étaient exportés vers la Belgique[182]. Quand bien même la Banque Centrale rapatriait des devises que rapportaient les exportations, pour le seul Congo, et non pour le compte de la Belgique,

> « aucun transfert vers l'État belge n'[avait] jamais eu lieu, si ce n'[était] pendant la guerre dans le cadre de "l'effort de guerre"[183]. Par contre, il y eut des transferts de la Belgique vers le Congo, et des subventions : les dépenses du Ministère des Colonies[184]. Les Églises catholiques et protestantes [ont investi] des sommes considérables [en provenance] notamment des collectes en Belgique. Mais l'essentiel du développement du Congo [provenait] des revenus de son activité économique prospère, qui [a connu] une croissance constante (6,22 % d'accroissement des exportations en valeur sur la période 1920-1959). »[185]

Quoi que l'on puisse dire, il y a bel et bien eu en Belgique des investissements – financiers, immobiliers… – qui ont appartenu au Congo belge. Cela ferait d'ailleurs, de manière moins sérieuse, l'objet du futur contentieux belgo-congolais sous la présidence de Joseph-Désiré Mobutu.[186]

Pour l'historien de l'université Libre de Belgique (ULB), Jean Stengers,

> « le bilan financier pour la Belgique, des 52 ans de colonisation, s'[était] soldé par une perte de 235 millions de francs or[187]. Après 1950, la sépa-

---

¹⁸⁰ In *Bilan économique du Congo 1908-1959, op. cit.*
¹⁸¹ In *Le Congo au temps des Belges : L'histoire manipulée, les contrevérités réfutées, 1885-1960, op. cit.*
¹⁸² *Ibidem.*
¹⁸³ *Ibid.*
¹⁸⁴ *Ibid.*
¹⁸⁵ In *Bilan économique du Congo 1908-1959, op. cit.*
¹⁸⁶ Lire *Le Congo pillé, déstabilisé, martyrisé…, op. cit.*
¹⁸⁷ In *Combien le Congo a-t-il coûté à la Belgique ?*, Jean Stengers, Académie royale

ration des budgets trésor belge-Trésor congolais fut la règle, avec cependant des entorses en faveur de la colonie dans les dernières années [ayant précédé] l'indépendance : allocation d'un demi-milliard en 1959 et de 2,7 milliards de francs congolais en 1960[188]. Colette Braeckman, journaliste, [a estimé] qu'au vu des bénéfices indirects (emprunts à la métropole, etc.), le Congo "n'a rien coûté à la Belgique". La charge de la dette publique [représentait], en 1958, 18 % du budget congolais. Les emprunts de la Colonie (qui [avaient] provoqué un endettement comme dans l'ensemble du monde développé) se justifiaient par le rendement passé et programmé des investissements : ils [avaient] accru les capacités de production[189]. À la veille de l'indépendance, une Commission pour l'étude des problèmes du Congo [a tiré] la sonnette d'alarme : à partir de 1958, à la suite de l'instabilité politique, le bilan [s'est] détérioré. En 1960, les recettes du Congo s'[élèveraient] à 12 ou 13 milliards, et les dépenses à 20 ou 21 milliards de francs congolais. »[190]

Avant la période coloniale, la Belgique était la seconde puissance industrielle après l'Angleterre. Même si 190 milliards de francs congolais avaient été investis depuis 1885 avec de bons rendements, un lien déterminant, entre la prospérité de la Belgique et la situation générale de sa colonie au regard de la totalité de sa production, n'a pu être établie[191].

Au bout des cinquante-deux années d'administration belge, auxquelles il faudrait ajouter les vingt-huit années de gestion léopoldienne, la colonie deviendrait indépendante le 30 juin 1960 en tant que République du Congo et sous la présidence de Joseph Kasa Vubu, ainsi que la gouvernance de Patrice Lumumba. Et la Belgique connaîtrait, comme la plupart des pays colonialistes d'Europe, une période de prospérité, les « golden sixties » ou « les trente glorieuses ». Mais, depuis la reconnaissance internationale de l'ancienne propriété de Léopold II, les relations commerciales avec l'ex-puissance coloniale ne cesseraient de décroître[192], se positionnant sous la barre des 5 % du commerce extérieur.

---

des sciences coloniales, Bruxelles, 1957.

[188] In *Congo rétro : une colonie qui n'a rien coûté à la Belgique*, dans *Le carnet de Colette Braeckman*, 21 avril 2010. Article consulté le 16 novembre 2021.

[189] In *Bilan économique du Congo 1908-1959, op. cit.*

[190] In *Congo rétro : une colonie qui n'a rien coûté à la Belgique, op. cit.*

[191] *Ibidem.*

[192] In *Réinventer les relations belgo-congolaises : une ambition des nouvelles générations*, Nicolas Baise, Jonathan Holslag et François Toussaint (pour le *Groupe du Vendredi*), Madimba Kadima-Nzuji, Blaise Mbatshi et Sylvain Mudikongo (pour *Génération Congo*), Rapport à la *Fondation Baudouin*, juin 2014, p. 28.

III – De 1960 à 1965

Le 30 juin 1960 a été officiellement proclamée l'indépendance du Congo belge en tant que « République du Congo », par le roi des Belges Baudouin Ier, en présence du tout premier président de la République Joseph Kasa Vubu et du Premier ministre Patrice Lumumba. Le Congo serait désormais reconnu, par la communauté internationale, comme un État émancipé au moyen de la résolution 142 du Conseil de sécurité des Nations Unies du 23 août 1960 (S/4377)[193]. L'ancienne colonie française voisine du Moyen-Congo adopterait aussi la même dénomination, à savoir la « République du Congo », à son accession à la souveraineté nationale le 15 août 1960 (S/4465), confirmée par la résolution 153 du Conseil de sécurité des Nations Unies du 23 août 1960. Par conséquent, les deux États se différencieraient par l'ajout de leur capitale à leur dénomination distincte: Congo-Léopoldville et Congo-Brazzaville.

3.1 - Les conséquences du premier putsch

La Force publique, devenue *de facto* l'armée du nouvel État indépendant, n'a fait l'objet d'aucun changement. Mais sa direction par des officiers belges a fini par dégénérer à travers la voie radiophonique, à cause des accusations selon lesquelles les anciens colons complotaient contre l'autonomie politique du tout jeune État. Cela a provoqué la

---

[193] Voir *Mais quelle crédibilité pour les Nations Unies au Kivu?*, Gaspard-Hubert Lonsi Koko, L'Atelier de l'Égrégore, Paris, 2019, pp. 247-250.

colère des soldats des ethnies bangala et baluba qui ont commencé à persécuter les membres de la communauté européenne. Subséquemment, après avoir mal digéré le fait de ne plus avoir prise sur le gouvernement congolais, la Belgique a menacé d'intervenir par la force.

> « [Ayant profité] de la chaotique situation en cours au Congo, Patrice Emery Lumumba [a évincé les officiers belges et [décrété] l'africanisation de l'armée, tout en [ayant doublé] la solde des soldats. Ainsi [a-t-il mis] devant le fait accompli le lieutenant-général Émile Janssens, qui n'admettait aucune promotion africaine au sein de la nouvelle armée congolaise. La Belgique, [ayant jugé] qu'on ne pouvait plus faire confiance au gouvernement congolais ni à son armée nationale pour assurer la sécurité, [a envoyé] des troupes afin de protéger ses ressortissants basés à Léopoldville, la capitale située dans le Congo central ou Bas-Congo ; mais aussi ceux qui se trouvaient dans d'autres régions, notamment dans la riche région minière du Katanga où l'intervention belge [a permis] la sécession katangaise par Moïse Antonin Kapenda Tshombe. »[194]

En effet, sous la direction de Moïse Antonin Kapenda Tshombe ayant bénéficié du soutien indéfectible de quelques colons belges, non des moindres, les dignitaires de la province du Katanga ont proclamé le 11 juillet 1960 l'indépendance de l'État du Katanga (*Inchi ya Katanga*). Cette entité administrative qui, située à la fois en Afrique australe et dans la région des grands lacs africains, était plus ou moins en état de sécession depuis le mois de juin. Faisant respectivement frontière commune avec l'Angola, la Zambie, la Tanzanie, et es provinces de la République du Congo – le sud Kivu, le Maniema, le Kasaï-Oriental et le Kasaï-Occidental –, ce territoire couvrait une superficie de 497 000 km². Les autorités du Katanga ont donc créé, entre-temps, leur propre monnaie – le franc katangais – et mis sur pied une police locale. Au vu de l'ampleur que commençait à prendre cette inquiétante situation, les Nations Unies ont proposé leur médiation. Le président Joseph Kasa Vubu et le Premier ministre Patrice Lumumba ont saisi cette opportunité, laquelle s'est offerte à eux de manière fortuite fallait-il croire, pour solliciter la venue et l'intervention des casques bleus. Il fallait mettre un terme, dans un court délai, aux velléités souverainistes des dirigeants katangais et kasaïens.

---

[194] In *Les figures marquantes de l'Afrique subsaharienne, op. cit.*, p. 254.

Mais le 12 août 1960, le Royaume de Belgique a officiellement signé un accord avec Moïse Antonin Kapenda Tshombe. Ainsi l'ancienne puissance coloniale a-t-elle reconnu la souveraineté de l'État du Katanga, ayant tout à fait cautionné la partition de son ancienne colonie. Et le 20 août de la même année, les autorités du Sud-Kasaï, qui avaient également proclamé le 14 juin 1960 leur autonomie territoriale bien avant l'indépendance du reste du Congo, ont confirmé l'acte de sécession entreprise par Albert Kalonji. Par conséquent, mis devant le fat accompli, le gouvernement central a perdu ses deux provinces minières. Les Nations Unies, lesquelles avaient pourtant ordonné à la Belgique de retirer *illico presto* ses troupes du sol congolais, ont abandonné l'option militaire après plusieurs résolutions contradictoires. L'organisation onusienne a en fin de compte qualifié l'affaire de la sécession du Katanga de « conflit intérieur » pour justifier la non-intervention armée dans le territoire national.

Entre-temps le directeur de la *Central intelligence agency* (CIA), Allan Dulles, a notamment expliqué à ses subordonnés, à propos du chef du gouvernement congolais, avoir décidé que :

> « son éloignement [était leur] objectif le plus important et que, dans les circonstances [en cours], il [méritait] grande priorité dans [leur] action secrète. »[195]

Dans le but de rétablir l'autorité étatique sur l'ensemble du territoire congolais, le Premier ministre Patrice Lumumba a effectivement pris la décision d'envoyer des troupes gouvernementales. Il fallait reprendre par les armes la région sécessionniste que présidait Moïse Antonin Kapenda Tshombe. Le chef du gouvernement a poussé par cette action, contre toute attente, les Nations Unies à faire volte-face et à privilégier leur position initiale. Le cessez-le-feu imposé militairement par l'organisation onusienne a tout compte fait empêché le déploiement des éléments de l'armée congolaise au Katanga. Sans tenir compte du positionnement du Conseil des Nations Unies, Allan Dulles s'est quand même montré très explicite dans un message à l'attention de ses agents affectés à Léopoldville au sujet de l'attitude à adopter vis-à-vis de Patrice Lumumba.

---

[195] In *L'Assassinat de Lumumba*, Ludo de Witte, Karthala, Paris, 2000.

> « Le 26 août 1960, le directeur de la *CIA*, Allen Dulles, [a câblé] à
> Larry Devlin, son chef de bureau à Léopoldville (l'actuel Kinshasa) :
> "Le retrait de Lumumba doit être un objectif urgent et prioritaire".
> Successivement, trois agents [ont été] envoyés à Léopoldville pour
> aider Devlin à assassiner Lumumba, notamment en essayant d'empoi-
> sonner son dentifrice ou l'un des plats qu'il [mangeait]. Mais le leader
> congolais n'[était] pas facile à approcher. Simultanément, le patron de
> la *CIA* [a joué] la carte militaire. Il [a appuyé] le putsch du chef d'état-
> major de l'armée congolaise, le colonel Mobutu, qui [prendrait] le
> pouvoir le 14 septembre 1960 et qui [a reçu] de fortes sommes d'ar-
> gent. Dulles [a misé] alors tout sur Mobutu et ses alliés politiques du
> "groupe de Binza" (Bomboko, Nendaka, etc.). Stratégie payante…
> Plus tard, en novembre 1961, Dulles [serait] limogé par le nouveau
> président américain John [Fitzgerald] Kennedy. [Serait-il] ensuite saisi
> par le doute, voire une once de remords ? En 1962, il [aurait] ce mot :
> *"I think we overrated the Soviet danger in the Congo." – "Je pense*
> *que nous avons surestimé le danger soviétique au Congo"*. »[196]

Le patron du service chargé de l'acquisition du renseignement et des
opérations clandestines effectuées hors du territoire américain aurait
mal interprété la volonté du président des États-Unis, Dwight David
Eisenhower, d'après un documentaire télévisé intitulé *CIA guerres
secrètes*. Ce film à caractère didactique a été diffusé en 2003 sur la
chaîne de télévision franco-allemande *Arte*[197].

> « Fin juillet 1960, le Premier ministre congolais Patrice Lumumba
> [a] fait appel à une aide militaire soviétique pour réduire la séces-
> sion katangaise. Dix-huit mois plus tôt, le révolutionnaire marxiste
> Fidel Castro [avait] pris le pouvoir à Cuba. Pour le président améri-
> cain Dwight Eisenhower, qui [était] en plein bras de fer Est-Ouest
> avec l'URSS de Nikita Khrouchtchev, Lumumba [a risqué] de deve-
> nir un Castro africain. Le 18 août 1960, lors d'une réunion du
> Conseil national de sécurité à la Maison Blanche, le président amé-
> ricain aurait dit : *"We have to get rid of that man" – "Il faut qu'on*
> *se débarrasse de cet homme"* (témoignage du rapporteur de la

---

[196] In *Patrice Lumumba : treize hommes pour un crime d'État*, Christophe Bois-
bouvier, *Radio France internationale*. Article mis en ligne le 17 janvier 2021,
consulté le même jour. Voir le lien ci-dessous.
https://www.rfi.fr/fr/afrique/20210117-lumumba-treize-hommes-pour-un-crime-
d-%C3%A9tat.
[197] À consulter également *Killing hope : US military and CIA interventions since
World War II*, William Blum, Zed Books, 2003, pp. 159 et 414 note n° 21.

réunion, lors d'une audition par le Sénat américain, en juin 1975). Il y aurait eu, autour de la table, un silence étonné de quinze secondes. Puis, on serait passé à autre chose. À l'époque, personne n'[a osé] discuter un ordre de Dwight Eisenhower, l'un des deux vainqueurs de la *Wehrmacht* d'Adolf Hitler. »[198]

En réaction à la position des Occidentaux, mis *de facto* devant le fait accompli, l'intransigeant Premier ministre Patrice Lumumba n'avait plus aucune alternative. Acculé dos au mur et tout à fait aux abois, il a sans tarder décidé le 2 septembre 1960 de solliciter l'intervention militaire de l'Union des républiques socialistes soviétiques (URSS) sur le sol congolais.

> « La crise congolaise [a pris] finalement une ampleur internationale, [ayant poussé] l'Union soviétique et les pays du tiers-monde à soutenir le Premier ministre Lumumba et ses partisans. Mais, [ayant souhaité] rétablir l'ordre, le président Joseph Kasa Vubu [a annoncé] le 4 septembre 1960 à la radio nationale congolaise la révocation de Patrice Lumumba, ainsi que des ministres nationalistes. Il [a donc remplacé] le chef du gouvernement le lendemain matin. Ainsi la Primature [est-elle revenue] à Joseph Ileo. Néanmoins, fort d'une motion de soutien du Conseil des ministres et du Parlement, Patrice Lumumba [a décidé] de se maintenir en fonction et – [était-ce] en toute ignorance de la Constitution ? – [a révoqué] le président Kasa Vubu sous l'accusation de haute trahison et [s'est substitué] ainsi à lui dans sa charge. Pis encore, il [a fait] appel à une fraction des troupes de l'Armée nationale congolaise cantonnée à Stanleyville et au Kasaï pour quadriller Léopoldville. Les Nations Unies, [en soutien au] pouvoir présidentiel, [ont voté] immédiatement l'intervention des troupes internationales pour neutraliser les partisans de Patrice Lumumba. »[199]

Après moult accusations de mauvaise gouvernance contre la personne de Patrice Lumumba, ainsi que de tentative de conduire le pays vers le communisme et du fait d'avoir entretenu l'anarchie, surtout en ayant incité les militaires à se révolter contre les partenaires et techniciens étrangers encore présents au Congo, la sanction n'a pas tardé. Le président Joseph Kasa Vubu a en effet limogé le Premier ministre et demandé sur-le-champ au Parlement de pouvoir choisir un autre chef

---

[198] In *Patrice Lumumba : treize hommes pour un crime d'État, op. cit.*
[199] In *Les figures marquantes de l'Afrique subsaharienne, op. cit.*, pp. 254-255.

du gouvernement. En réaction à la décision présidentielle, le Premier ministre à peine démis de ses fonctions a à son tour annoncé avec fracas par le truchement d'un message diffusé à la radio nationale le renvoi du magistrat suprême.

Sous la pression croissante des États-Unis d'Amérique, à travers leur ambassadeur en poste à Léopoldville qu'était Clare Hayes Timberlake, et du Royaume de Belgique, le président Joseph Kasa Vubu a évidemment maintenu sa décision concernant la révocation de Patrice Lumumba de ses prérogatives gouvernementales au profit du sénateur Joseph Ileo en tant qu'à la fois Premier ministre, ministre de la Défense nationale et ministre de la Justice (article 3). Ont aussi été démis de leurs fonctions respectivement des ministres de la Justice, de l'Intérieur, de l'Information, de secrétaire d'État à l'Information et secrétaire d'État près le Premier ministre MM. Rémy Mwamba, Christophe Gbenye, Anicet Kashamura, Antoine Bolamba et Jacques Lumbala (article 2). Mais du 5 au 14 septembre 1960, la rivalité a été très intense entre le président Joseph Kasa Vubu et le prédécesseur du tout nouveau Premier ministre Joseph Ileo[200]. Les dissensions entre les deux hommes ont atteint leur paroxysme. La mésentente au sommet de l'État congolais n'a cessé d'accroître et d'amplifier le dysfonctionnement des institutions idoines.

L'autorité, aussi bien présidentielle que gouvernementale, serait en pareille circonstance contestée par le chef d'état-major de l'armée Joseph-Désiré Mobutu à travers une parenthèse des institutions. Le pouvoir politique serait désormais assuré du 20 septembre 1960 au 9 janvier 1961 par un collège de Commissaires généraux composé de jeunes universitaires. Joseph Ileo s'est retrouvé, au sein de cette nouvelle équipe dirigeante, avec un portefeuille de la Communication. En attendant, Joseph Kasa Vubu étant complètement sous le contrôle de l'armée, il fallait en profiter pour régler une fois pour toutes le cas épineux de Patrice Lumumba. Avec l'assistance de l'ambassadeur Marcel Dupret affecté au Congo-Brazzaville, dans le sort qui serait réservé au très récalcitrant Premier ministre congolais, Harold d'Aspremont

---

[200] Joseph Ileo est devenu par voie de conséquence le Premier ministre. Mais, comme il n'avait pas été investi par le Parlement, il serait remplacé, du 20 septembre 1960 au 3 octobre 1960, par Albert Ndele et, du 4 octobre 1960 au 9 février 1961, par Justin-Marie Bomboko.

Lynden constituerait un rouage très important en sa qualité de ministre belge des Affaires étrangères.

> « Aristocrate, juriste et résistant pendant la Seconde Guerre mondiale, [Harold d'Aspremont Lynden était], le 30 juin 1960, le chef de cabinet-adjoint de Gaston Eyskens depuis déjà deux ans. En juillet, lors de la première crise entre Bruxelles et Léopoldville, c'[était] lui que Eyskens [a envoyé] à Élisabethville, à la tête d'une Mission technique belge, pour soutenir le sécessionniste katangais Moïse Tshombe. Dès le 3 septembre, à la demande expresse du roi Baudouin [Ier], il [était] de retour à Bruxelles pour prendre le ministère des Affaires africaines. Dans un télex du 6 octobre, il [a] écrit à la Mission technique belge d'Élisabethville : "L'objectif principal à poursuivre dans l'intérêt du Congo, du Katanga et de la Belgique est évidemment l'élimination définitive de Lumumba". En contact permanent avec le colonel [Louis] Marlière, le conseiller militaire belge de Mobutu, il [était] au cœur du projet de transférer le prisonnier Lumumba au Katanga. Le 16 janvier 1961, il [a télexé] à Élisabethville : "Minaf Aspremont insiste personnellement auprès [du] Président Tshombe pour que Lumumba soit transféré [au] Katanga dans les délais les plus brefs". Le lendemain, Lumumba [serait] transféré vers la mort. De la politique de Baudouin [Ier], d'Aspremont Lynden [était] tantôt l'habile concepteur, tantôt le froid exécutant. Dans ces années de décolonisation, d'Aspremont Lynden [était] le Jacques Foccart de la Belgique. »[201]

Contrairement à la fausse idée répandue à tort et par mauvaise foi selon laquelle le président Joseph Kasa Vubu avait baigné dans l'arrestation et l'assassinat de Patrice Lumumba, ces événements ont eu lieu durant le putsch et la présidence provisoire de Joseph-Désiré Mobutu. Vouloir systématiquement soutenir le contraire relèverait soit de l'ignorance, soit de la mauvaise foi. De plus, à l'initiative du collège des Commissaires généraux, le Premier ministre neutralisé serait arrêté et déporté au Katanga où on l'assassinerait le 17 janvier 1961, en même temps que ses collaborateurs Maurice Mpolo et Joseph Okito. Ses obsèques n'auraient effectivement lieu que le 30 juin 2022, la Belgique ayant rendu – après vérification de l'ADN ? – la dent de la victime qu'avait longtemps détenue l'ancien commissaire de police de l'époque coloniale nommé Gérard Soete.

---

[201] In *Patrice Lumumba : treize hommes pour un crime d'État, op. cit.*

3.2 - Le retour à l'ordre constitutionnel

Aussitôt les prérogatives étatiques rétablies et le pouvoir rendu aux civils en 1961, Joseph Ileo redeviendrait le 9 février 1961 chef du gouvernement sous le contrôle très étroit de l'armée instrumentalisée par l'officier Mobutu. Ce dernier était à la solde à la fois de la Belgique et des États-Unis. Incapable d'enrayer les rébellions lumumbistes, ainsi que de mettre un terme à la sécession des provinces du Haut-Katanga et du Sud-Kasaï, Joseph Ileo serait remplacé à la Primature par Cyrille Adoula en juillet 1961. En 1962, les forces onusiennes et les éléments armés congolais permettraient au gouvernement central de reconquérir les provinces sécessionnistes, à savoir celles du Katanga et du Sud-Kasaï. Ce serait le début de l'ascension fulgurante de l'officier de l'Armée nationale congolaise Joseph-Désiré Mobutu[202]. Quant à Joseph Ileo, il assumerait à l'avenir plusieurs charges officielles au sein du Mouvement populaire de la révolution (MPR), le parti unique d'obédience mobutiste (Parti-État). Son nom aurait à maintes reprises droit de cité à propos des arcanes bureaucratiques de la République du Zaïre, sans pour autant détenir un pouvoir réel. En prévention de la fin du parti unique et de l'avènement du multipartisme décrété le 24 mai 1990 par le président-maréchal, le prédécesseur de Cyrille Adoula comme chef du gouvernement créerait en avril 1990, avec Jean-Marie Kititwa Tumansi et André Boboliko Lokonga, le Parti démocrate et social-chrétien (PDSC).

Fondateur en 1958 du Mouvement national congolais (MNC) avec Patrice Lumumba et Joseph Ileo, Cyrille Adoula a tout d'abord été sénateur. Son mandat de Premier ministre s'est déroulé sous la menace de guerres civiles. Fidèle aux idéaux lumumbistes, il a préféré adopter une politique similaire et nommée un même vice-Premier ministre, en la personne d'Antoine Gizenga qui resterait en poste jusqu'en janvier 1962. Après avoir tenté de négocier sans aucun succès avec Moïse Antonin Kapenda Tshombe, président de l'État sécessionniste du Katanga, il a fait appel, comme rappelé plus haut, aux Nations Unies dans l'optique de la réintégration de l'ancienne province au sein de la République du Congo. Il obtiendrait la reddition de Moïse Tshombe le

---

[202] Lire *Et alors, mon maréchal ?*, Gaspard-Hubert Lonsi Koko, L'Atelier de l'Égrégore, Paris, 2021.

15 janvier 1963. Mais, la même année, Cyrille Adoula déposerait son cabinet ministériel en vue de la mise en place d'un gouvernement plus équilibré. Quelques mois plus tard, il soumettrait au Parlement une nouvelle constitution fédératrice. Mais plusieurs rébellions secoueraient le pays, occasionnant la démission du Premier ministre le 30 juin 1964 et son remplacement par Moïse Antonin Kapenda Tshombe le 10 juillet. Cyrille Adoula deviendrait ambassadeur du Congo aux États-Unis d'Amérique, ensuite au Royaume de Belgique. Il occuperait également le poste de ministre des Affaires étrangères de 1969 à 1970. Quant au nouveau Premier ministre, Moïse Tshombe, il n'était pas du tout étranger à l'assassinat de Patrice Lumumba. Ce colis bien ficelé lui avait été livré par quelques membres du gouvernement du putschiste Joseph-Désiré Mobutu.

> « Le décès de Patrice Lumumba, le 17 janvier 1961, a en effet eu lieu au Katanga de Moïse Antonin Kapenda Tshombe et de ses partisans Godefroid Munongo, Évariste Kimba, ainsi que Jean-Baptiste Kibwe sous l'assistance des officiers belges Julien Gat et Frans Verscheure. Le triste événement s'est déroulé loin de Kinshasa, où se trouvait l'officier soi-disant réserviste Joseph-Désiré Mobutu. »[203]

L'avenir clarifierait le mystère concernant l'assassinat de l'ancien Premier ministre congolais. À ce propos, au début du mois de janvier de l'année 1964, l'exilé politique qu'était Moïse Antonin Kapenda Tshombe avait contacté Pierre Davister, l'envoyé spécial de la revue belge *Pourquoi pas ?* à Madrid. Il comptait lui remettre la première partie du récit signé et paraphé à chaque page, pour confirmation, quant au meurtre ayant été commis sur Patrice Lumumba. Le numéro 2357 de cette publication était paru le 31 janvier, mais les exemplaires auraient été retirés dans la foulée des kiosques et des librairies à la suite de l'injonction faite par une juridiction belge pour cause d'affront à un président d'un pays ami. Ce rarissime numéro non expurgé avait mis en évidence en première de couverture le portrait de Patrice Lumumba en chemise blanche ouverte, les mains liées dans le dos. Ce cliché avait été pris par J. Rémy Ngono. La sortie d'un second article, intitulé *Que sont devenus les corps ?*, était prévue pour la semaine suivante.

---

[203] In *Et alors, mon maréchal ?*, *op. cit.*, pp. 25-26.

De retour au pays natal pour prendre la direction d'un nouveau gouvernement de coalition nationale en tant que Premier ministre, pourtant anciennement sécessionniste, Moïse Antonin Kapenda Tshombe a décidé d'expulser *manu militari* de la capitale, Léopoldville, au moins 200 000 résidents congolais de Brazzaville, maliens et burundais. Dans l'intérêt de l'État et pour mettre un terme aux ingérences étrangères, a rappelé le communiqué du gouvernement, leurs biens ont été placés sous séquestre. Cependant, il serait officiellement reçu à Paris par le président de la République Française, en l'occurrence Charles de Gaulle, en novembre 1964.[204] Ensuite, il a négocié avec le Royaume de Belgique la question relative à la répartition entre les deux pays de la charge des dettes publiques, ainsi qu'au sort des participations dans les compagnies minières et autres entreprises coloniales[205]. Mais le Premier ministre serait démis de ses fonctions, une année plus tard, par le président de la République Joseph Kasa Vubu.

Le successeur de Moïse Antonin Kapenda Tshombe à la Primature le 13 octobre 1965, son ancien partenaire de la sécession du Katanga en la personne d'Évariste Kimba, serait condamné à mort et exécuté en public par pendaison le 1er juin 1966 dans la capitale congolaise, avec les anciens ministres Jérôme Anany, Emmanuel Bamba et Alexandre Mahamba. Tous les quatre seraient à l'avenir élevés au rang des Martyrs de la Pentecôte.[206]

Sous la présidence de Joseph Kasa Vubu, en même temps que les sécessions des entités territoriales du Katanga et du Sud-Kasaï, le pays a aussi été ébranlé par les tentatives armées à l'initiative de Pierre Mulele. Ancien ministre de l'Éducation nationale dans le gouvernement de Patrice Lumumba, avec Antoine Gizenga comme vice-Premier ministre, Mulele a orchestré la dissidence armée de 1961 à 1964. Cette rébellion Simba, dont les idéaux ont été présentés le 6 juin 1963 dans un *Manifeste pour la révolution populaire* coécrit avec Théodore

---

[204] In *Jacques Foccart et les mauvais conseils de Félix Houphouët-Boigny*, Claude Wauthier, dans *Les Cahiers du Centre de Recherches Historiques*, n° 30, 30 octobre 2002. Archive consultée le 18 novembre 2021. Voir notamment le lien ci-contre : https://journals.openedition.org/ccrh/512.
[205] In *Les relations belgo-congolaises*, dans *Courrier hebdomadaire du CRISP*, 14/1966, n° 321-322, pp. 1-44.
[206] Le stade *Kamanyola* a été débaptisé stade des *Martyrs de la Pentecôte* en leur honneur.

Bengila, a parfois été appelée *muleliste* du fait du patronyme de son principal dirigeant. Ce dernier figurerait parmi les martyrs du régime mobutiste. En son honneur, en 2002, une des plus longues avenues de la ville de Kinshasa serait renommée avenue Pierre Mulele[207].

Le Congo anciennement belge ne cesserait d'être en proie à moult déstabilisations du territoire national de la part des rebelles armés au service de quelques acteurs politiques mus par la prise de pouvoir, à l'instar de Laurent-Désiré Kabila et, plus tard sous le régime zaïrois, de Nathanaël Mbumba.[208] L'instabilité en République du Congo a attiré, dans le passé, d'autres va-t-en-guerre non congolais comme Bob Denard, Jean Schramme, Roger Louis Faulques (alias René), Rolf Steiner, Che Guevara…

Tout justement, dans l'optique d'une action révolutionnaire de très grande envergure, une rencontre a eu effectivement lieu en toute discrétion le 3 février 1965 entre Laurent-Désiré Kabila et Ernesto Guevara pour la première fois à Dar es Salam en Tanzanie.

> « Ernesto Guevara, accompagné de 2 révolutionnaires cubains affirmés (Victor Dreke et José Martinez Tamayo) [étaient montés] dans un avion de la *Cubana* (lignes aériennes cubaines) en partance pour Moscou. Mais c'[était] plutôt à Dar es Salam que les trois hommes [ont atterri], *incognito*. Leur présence [était] tenue secrète car Che Guevara [avait] été grimé, maquillé par les services secrets cubains, et [voyagé] sous une fausse identité. Le Président tanzanien [Julius

---

[207] L'avenue Pierre Mulele est une artère de la ville de Kinshasa. Elle traverse la capitale congolaise du Nord au Sud, de la place Nelson-Mandela dans la commune de la Gombe, entre le camp militaire Lieutenant-colonel Kokolo – en l'honneur de l'ancien chef d'état-major de l'Armée nationale congolaise Justin Kokolo Longo – à Bandalungwa et le Palais du Peuple à Lingwala, par la place Joseph Ileo entre la commune de Kasa Vubu, par les communes de Ngiri-Ngiri, Bumbu et Selembao, jusqu'à la route de Matadi à Djelo Binza dans la commune de Ngaliema.
L'avenue s'est d'abord appelée avenue Joséphine-Charlotte à l'époque coloniale en souvenir de la grande-duchesse de Luxembourg, ensuite avenue des Victimes de la Rébellion après l'indépendance, puis avenue du 24 novembre en souvenir du jour du coup d'État de Joseph-Désiré Mobutu en 1965, puis encore avenue du 17 mai au regard de la prise du pouvoir par Laurent-Désiré Kabila en 1997 et, par la suite, avenue de la Libération.
[208] Le fondateur de la gendarmerie et le président des rebelles katangais du Front national de libération du Congo lors des conflits de la première et la deuxième guerre du Shaba, en marge de la guerre civile angolaise, à la fin des années 1970.

Kambarage] Nyerere avait donné son accord à une participation cubaine et à l'utilisation de son territoire par les Cubains pour aider la lutte en cours au Congo (acheminement des combattants, armes, vivres, matériels divers). »[209]

C'était donc dans ce contexte que, le 24 avril 1965, le guérillero argentin Ernesto Guevara et ses hommes ont rejoint le maquis de Hewa Bora à Fizi dans le Sud-Kivu.

« C'[était] une aventure ponctuée de malentendus. En [ayant débarqué] dans l'Est du Congo avec une poignée de révolutionnaires cubains, le jeune commandant Ernesto Che Guevara n'[avait] qu'une idée en tête : installer dans les montagnes congolaises son quartier général pour exporter en Afrique sa guerre révolutionnaire. Un idéal pas toujours partagé par ses interlocuteurs congolais. Le jeune État congolais n'[avait] pas encore cinq ans et n'[avait] connu qu'une succession de guerres civiles. Il [faisait] d'ailleurs face à une tentative de sécession de la riche province minière du Katanga. Des richesses convoitées par Moscou et Washington.

» [...] En ce mois d'avril 1965, la rébellion maoïste à laquelle [s'est] joint le Che ne [tenait] plus que deux poches dans le centre et l'Est du pays. Très vite après son arrivée, il [était] gagné par le doute. Le maquis [était] complètement désorganisé. Les hommes n'[avaient] jamais appris à tirer et [décampaient] rapidement au contact de l'ennemi. Ils [étaient] visiblement plus intéressés par l'alcool et les filles que par la victoire des masses.

» Dans le village de Baraka, sur les bords du lac Tanganyika dans le Sud-Kivu, le général-major à la retraite Lwendema Dunia [...] s'est battu aux côtés des combattants cubains : "J'étais simple soldat, quand les Cubains ont accosté. Che Guevara nous a appris comment faire une révolution. Il nous a formés militairement [...] Mais quand nous avons commencé à rançonner la population et fouler aux pieds les idéaux de la révolution, ils sont partis."

» André Shibunda [...] était présent quand le Che a plié bagage : "J'aidais à transporter les munitions. Quand Che Guevara est parti, il y avait une grande bataille, on était presque en débandade."

» Durant son séjour dans le maquis, le Che [attendrait] plus de deux mois avant de rencontrer le dirigeant de la rébellion Laurent-Désiré

<hr>

[209] In *Le 3 février 1965, Laurent-Désiré Kabila rencontre Ernesto Che Guevara pour la première fois à Dar es Salam*, Babunga. Article consulté le 7 novembre 2021. Voir le lien ci-contre : http://www.babunga.alobi.cd/2018/02/02/le-3-fevrier-1965-laurent-desire-kabila-rencontre-ernesto-che-guevara-pour-la-premiere-fois-a-dar-es-salaam.

Kabila. Arrivé de Tanzanie le 7 juillet 1965, il [repartirait] quatre jours plus tard laissant le Che dans le désarroi.
» Les positions du maquis [sont tombées] une à une sous l'offensive de l'armée de Mobutu et les bombardements aériens de mercenaires occidentaux. Che Guevara et son détachement [ont quitté] le pays le 21 novembre 1965. Trois jours plus tard, le général Mobutu [prendrait] le pouvoir à Kinshasa. »[210]

Le guérillero latino-américain quitterait enfin dans la précipitation le territoire congolais sept mois après son arrivée, sans avoir pu réaliser l'un de ses rêves.

Quant à Joseph Kasa Vubu, à la suite de son éviction du pouvoir à cause du coup d'État militaire fomenté par Joseph-Désiré Mobutu le 24 novembre 1965, il a été astreint à résidence. Il décéderait de maladie et de manque de soins le 24 mars 1969 dans sa résidence surveillée de Kisundi, située à Boma, dans l'actuelle province du Kongo Central. L'ancien Premier ministre zaïrois, Jean-de-Dieu Ngunza Karl-I-Bond s'expliquerait plus tard sur les circonstances du décès du père de la Nation congolaise.

« Après avoir lâché Bernardin Mungul Diaka, le président-maréchal avait joué en toute habileté la carte Ngunza Karl-I-Bond. Ce dernier, en sa qualité de Premier ministre, avait à dessein annoncé à l'attention des Bakongo que Tshisekedi wa Mulumba avait été à l'origine de la mort de Joseph Kasa Vubu, l'ancien président de la République originaire du Bas-Zaïre. Selon Jean de Dieu Ngunza, le ministre de l'Intérieur du gouvernement [Léonard] Mulamba Nyunyi wa Kadima, qu'avait été Étienne Tshisekedi, avait en effet refusé de signer un document administratif ayant autorisé le transfert du président Kasa Vubu vers Bruxelles pour des soins médicaux. Par le biais de cette révélation, le caméléon avait cherché à monter les Bakongo, peuple bantou d'Afrique centrale auquel appartenait sa seconde épouse Wivine Nzeza Nlandu Kavidi, la fille de l'abakiste Edmond Nzeza Nlandu, contre le nouveau dirigeant de l'USOR en la personne d'Étienne Tshisekedi [wa Mulumba]. Ainsi Mungul Diaka et Ngunza ont-ils fracturé l'"Union sacrée". »[211]

---

[210] In *RDC : Il y a 50 ans, Che Guevara débarquait en Afrique*, Martin Mateso, *France Télévisions*. Article publié le 22 avril 2015 et consulté le 20 novembre 2021. Voir le lien ci-dessous.
https://www.francetvinfo.fr/monde/afrique/republique-democratique-du-congo/rdc-il-y-a-50-ans-che-guevara-debarquait-en-afrique_3066931.html.

Le placide président Joseph Kasa Vubu laisserait en République Démocratique du Congo une image généralement positive et resterait dans la mémoire de la plus grande majorité de ses compatriotes comme un homme politique tout à fait intègre, un homme d'État hors pair épris d'honnêteté et de transparence dans la gestion de la chose publique[212]. N'en déplaise à ses fervents pourfendeurs, plus enclins au tribalisme plutôt stérile que constructif, il était et resterait toujours « le Président ! » dans la mémoire collective.

D'ailleurs, le 30 juin 2020, à l'occasion du 60ème anniversaire de l'accession de la République Démocratique du Congo à l'indépendance, le président Félix Antoine Tshisekedi Tshilombo a à juste titre élevé Joseph Kasa Vubu au rang de Héros national. Dans son discours à la Nation, il s'est exprimé en ces termes :

> « Nous gardons tous en mémoire la belle histoire du 30 juin ; celle de nos deux héros, aux tempéraments différents, mais tout aussi déterminés pour la cause de l'indépendance. À cet égard, il me paraît juste, 60 ans plus tard, de réconcilier ces deux approches et d'élever Joseph Kasa Vubu, longtemps oublié, au rang largement mérité de Héros National. »

Mais, très curieusement, cet acte n'a pas réparé l'injustice sur tous les plans. En effet, un communiqué de la ministre de l'Emploi, du Travail et de la Prévoyance sociale Claudine Ndusi M'Kembe daté du 11 janvier 2022 aux termes de l'ordonnance 14/010 fixant les jours fériés en République Démocratique du Congo justifierait les différents traitements réservés aux Héros Nationaux. Cette décision ministérielle décréterait chômées et payées sur toute l'étendue du territoire national, les journées du 16 et du 17 janvier officiellement dédiées à Laurent-Désiré Kabila et à Patrice Lumumba. Par voie de conséquence, pourtant l'un des initiateurs de l'indépendance, le père de la Nation congolaise Joseph Kasa Vubu deviendrait le seul Héros historiquement national non célébré. Par cet acte irréfléchi, le gouvernement a ins-

[211] In *Et alors, mon maréchal ?*, *op. cit.*, p. 158.
[212] In *Joseph Kasa Vubu, symbole de l'honnêteté et de la bonne gouvernance*, dans le site Internet de *Radio Okapi*, le 13 janvier 2016. Article publié le 13 janvier 2016, consulté le 18 novembre 2021. Voir le lien ci-dessous.
https://www.radiookapi.net/2016/01/13/emissions/point-de-vue-des-jeunes/joseph-kasavubu-symbole-de-lhonnetete-et-de-la-bonne.

titutionnalisé la distinction, voire la discrimination, entre les personnes ayant joué un rôle capital en vue de la souveraineté territoriale et de la paix. Il fallait dénoncer cette injustice flagrante susceptible de mettre à mal la cohésion sociale ou nationale. Par conséquent, une pétition serait congrûment mise en ligne sur le site Internet *change.org* en vue de la réhabilitation du très illustre personnage.[213] Cette action serait fortement relayée, dans la foulée, par un citoyen congolais de la diaspora de France. Un essayiste réformiste à tendance jaurésienne, qui plus est l'auteur de cet ouvrage.

---

[213] In *Congo-Kinshasa : Joseph Kasa Vubu, Héros national non célébré !* Article consulté le 19 janvier 2022. Voir le lien ci-dessous.
https://www.change.org/p/congo-kinshasa-joseph-kasa-vubu-h%C3%A9ros-national-non-c%C3%A9l%C3%A9br%C3%A9/u/30064678.

IV – De 1965 à 1997

Le 24 novembre 1965, presque cinq années et une dizaine de jours plus tard, le lieutenant-général Joseph-Désiré Mobutu a récidivé. Il a confisqué le pouvoir pour la seconde fois par un coup d'État au détriment du président démocratiquement élu Joseph Kasa Vubu. Hors du continent africain, la réticence de la Chine et de l'Union des républiques socialistes soviétiques (URSS) a laissé de marbre le Royaume de Belgique et les États-Unis d'Amérique. Évidemment, après avoir œuvré dans les coulisses, ces deux pays ont tout de suite reconnu la légitimité du nouveau président putschiste[214]. De toute façon, ont-ils prétexté, le programme n'avait pas varié d'un iota en dépit du changement de l'équipe dirigeante. Seul le chauffeur a été remplacé, et non le véhicule. Bref, il fallait juger l'usurpateur en fonction de sa conduite et non du fait de la prise non constitutionnelle du pouvoir ayant caractérisé la relève sans heurts, ni effusion de sang. Ainsi, avant toute critique ou condamnation, devait-on laisser à l'officier qui avait foulé aux pieds le processus démocratique le temps de faire ses preuves.

S'étant appuyé sur les solides acquis du gouvernement qui venait d'être démis sans aucun motif valable, qu'il a officieusement déstabilisé, Joseph-Désiré Mobutu n'a pas hésité de chausser les bottes de son prédécesseur Joseph Kasa Vubu dans les premières années de son régime. Les actions entreprises par le prédécesseur ont d'ailleurs été bien appréciées sur le plan international, compte tenu de leur cohé-

---

[214] In *Le 24 novembre 1965, l'armée prenait le pouvoir*, Charles Tshilombo Munyengayi, dans *Le Potentiel*, édition 3589 du 25 novembre 2005.

rence. De plus, ironie du sort, la sécurité à travers le pays a permis de mieux percevoir les vertus de la vision *kasavubienne*, dès lors que le projet politique est resté le même. Les investisseurs étrangers, qui affluaient nombreux en République Démocratique du Congo, n'ont cessé d'être attirés par les ressources naturelles et les opportunités d'affaires. Malheureusement, les diverses relations commerciales et économiques finiraient vite par mal évoluer en penchant du mauvais côté en matière de gestion de la chose publique. La mégalomanie, ayant pris en peu de temps le dessus sur la conscience étatique, déboucherait sur une gouvernance déplorable et une contreproductive approche de grands travaux : celle des « éléphants blancs »[215]. Les contrats en vue de ces constructions encourageraient une importante corruption des élites politiques et administratives. Ce serait le règne de la kleptocratie et de l'insouciance, sur fond incontestable d'autoritarisme.

4.1 - Les premiers jalons

L'officier de l'Armée nationale congolaise qui a accédé à la magistrature suprême à l'aide d'un *pronunciamiento* a tenu à tout prix à rester longtemps aux commandes du pays. À cet effet, il a fait le choix de renforcer son assise par le musellement des institutions républicaines. Par simple cynisme opportuniste, Joseph-Désiré Mobutu a tout d'abord élevé de manière unilatérale au rang de Héros National l'ancien Premier ministre Patrice Lumumba qu'il avait pourtant fait arrêter et livrer, poings et pieds liés, au sécessionniste katangais du nom de Moïse Antonin Kapenda Tshombe. Sur la base de cet avènement et des motivations personnelles, le militaire parvenu a ensuite nationalisé en 1966 toutes les puissantes entreprises minières belges. Dans la foulée, il a renforcé le partenariat entre la République Démocratique du Congo et les États-Unis d'Amérique, sous le couvert de la lutte contre la montée du communisme en Afrique centrale et australe.

S'est ensuite imposée la deuxième phase de la démarche autocratique ayant consisté à asseoir *ad vitam æternam* le pouvoir récemment confisqué. Le 1er juin 1966, six mois à peine après le coup d'État mili-

---

[215] Des réalisations prestigieuses d'envergure, lesquelles s'avéreraient en définitive plus coûteuses que bénéfiques et dont l'exploitation, ou l'entretien, deviendrait alors un fardeau financier.

taire, le régime mobutiste a cautionné en toute ignominie la pendaison sur la place publique des quatre anciens ministres, dont un ex-chef du gouvernement national. Il s'est agi comme rappelé dans le précédent chapitre de MM. Alexandre Mahamba, Jérôme Anany, Emmanuel Bamba et Évariste Kimba. Ces éminentes personnalités ont été accusées, vraisemblablement à tort, d'avoir comploté contre le président autoproclamé de la République. Aussi, dans un climat social non apaisé, cet acte abominable a-t-il posé le premier jalon d'un très long règne sur la base de la terreur et de la privatisation de la chose publique ? La peur ne rend-elle pas les gens moins audacieux ?

Même si la libération de la ville de Stanleyville a été une action glorieuse, les turpitudes des années de guerre se sont prolongées jusqu'en 1966, et toute la région du Nord-Est du Congo anciennement belge a connu des atrocités. Celles-ci ont fait au moins 500 000 morts civils et militaires. Il a fallu l'intervention des troupes étrangères pour mettre un terme à ce carnage. Entre-temps, le président de la République, Joseph-Désiré Mobutu, a accusé l'ancien Premier ministre Moïse Antonin Kapenda Tshombe de haute trahison. Ce dernier, contraint de veiller à sa sécurité, a fini par déserter *illico presto* le territoire congolais pour s'exiler en Europe occidentale. En effet, le magistrat suprême était tellement obsédé par l'éventualité d'être à son tour éjecté du pouvoir de la même façon qu'il y a accédé. Concernant Moïse Tshombe, le pire pouvait se produire à tout moment, à partir du moment où le président Mobutu a tenu à assurer ses arrières. Il était évident que, d'une manière ou d'une autre,

> « [...] un personnage [hantait] les mauvais rêves de Mobutu : Moïse Tshombe. Lumumba mort, Kasa Vubu confiné dans son village, le dernier des leaders de l'indépendance [demeurait] l'ultime rival du général-président. Il [était] même, à ses yeux, un homme à abattre. Déchu de tout mandat, exilé en Europe – à Bruxelles, puis à Madrid –, Tshombe [désirait] vivement rentrer au Congo : "Mon pays a besoin de moi. Je n'ai pas le droit de le décevoir." [Tissait-il] une conspiration pour parvenir à ses fins ? C'[était] ce que [croyaient] savoir les Américains, détails à l'appui. Ils en [ont informé] aussitôt Mobutu. Un coup d'État en faveur de Tshombe [était], selon eux, programmé pour le 21 juillet [1966]. Il impliquerait environ deux cents mercenaires sud-africains et rhodésiens.

» À la date prévue, rien ne [s'est passé]. Deux jours plus tard, le danger [prendrait] une autre forme. Quelque deux mille cinq cents gendarmes katangais du régiment Baka, en garnison à Kisangani (ex-Stanley-ville), [se sont révoltés]. Sous les ordres du colonel Ferdinand Tshipola, ces "Diabos", comme on les [a surnommés], [étaient] regroupés en trois bataillons homogènes, encadrés par des mercenaires. [Avaient-ils] partie liée avec Tshombe, comme l'[affirmerait] Mobutu en dénonçant un "complot impérialiste monté par des financiers étrangers"? Sans doute. Mais les mutins [avaient] leurs propres griefs : des soldes trop faibles, des promotions trop tardives, des missions trop périlleuses. Soudés par un esprit de corps, ils [craignaient] surtout qu'on ne les disperse d'une unité à l'autre et qu'ils ne soient ainsi exposés, vulnérables, à l'éventuelle vengeance des chefs militaires, pour la plupart originaires, comme Mobutu, de l'Équateur… »[216]

Le 13 mars 1967, lors du procès de Ferdinand Tshipola et ses soldats révoltés, le tribunal militaire de Kinshasa a enfin condamné à mort par contumace Moïse Antonin Kapenda Tshombe pour :

« avoir proclamé la sécession du Katanga ; avoir aliéné l'indépendance économique du pays lorsqu'il était Premier ministre en [ayant signé] les accords [qui avaient réglé] le contentieux belgo-congolais ; avoir constitué une armée de mercenaires ; avoir maintenu la subversion dans les unités katangaises de l'Armée nationale congolaise en vue de renverser le nouveau régime ».

Il fallait absolument neutraliser l'ancien sécessionniste, telle a été l'opération la plus urgente à mener avec efficacité. Cela a abouti à la date du 30 juin 1967 au détournement vers l'Algérie, par le Français Francis Bodenan, du jet *BAe 125* dans lequel voyageait Moïse Antonin Kapenda Tshombe. Cet Européen se trouvait à bord de l'appareil en compagnie de l'ancien Premier ministre congolais, dont il était l'une des relations d'affaires. Francis Bodenan, qui avait défrayé la chronique judiciaire française de 1955 à 1957 à l'occasion d'une ténébreuse affaire d'assassinat et d'escroquerie pour laquelle la cour d'assises de Seine-et-Oise l'avait condamné le 13 décembre 1957 à douze années de travaux forcés[217], essaierait de se dédouaner. Le citoyen français

____

[216] In *Mobutu*, Jean-Pierre Langellier, Perrin, Paris, 2017, pp. 153-160.
[217] In *Francis Bodenan, le seul condamné de l'affaire de Montfort-l'Amaury*. Article du quotidien *Le Monde* consulté le 15 décembre 2021. Voir le lien ci-contre :

déclarerait, dans un entretien accordé à la publication *Jeune Afrique* de Béchir Ben Yahmed, en guise de justification, avoir agi sur ordre de l'ancien dirigeant sécessionniste katangais.

> « Pour autant que l'on puisse faire la lumière sur ce genre d'affaires, l'opération, de toute évidence, [était] l'œuvre de Mobutu et ses services. Bernardin Mungul Diaka, ambassadeur à Bruxelles, [avait] sans doute reçu pour mission de l'organiser : quoique toujours à demi-mot, il l'[admettrait] plus tard[218]. »[219]

Considéré de toute manière comme l'un des principaux meurtriers de Patrice Lumumba, Moïse Antonin Kapenda Tshombe a été interpellé à l'atterrissage de l'avion sur le sol algérien et placé en résidence surveillée par le régime du colonel Mohamed Boukherouba (dit Houari Boumédiène) devenu à la suite d'un « réajustement révolutionnaire » président de la République algérienne démocratique et populaire au détriment d'Ahmed Ben Bella. Mais la demande d'extradition faite par le pouvoir mobutiste serait rejetée par Houari Boumédiène, au profit d'un procès international. Le 29 juin 1969, toujours privé de liberté, Moïse Tshombe mourrait à Alger, officiellement d'une crise cardiaque. Il serait inhumé le 5 juillet à Begraafplaats à Wezembeek-Oppem, dans la province du Brabant flamand en Belgique.

Même s'il était désormais le seul maître à bord après le décès du sournois politicien qu'avait sans conteste été le leader katangais, le président Joseph-Désiré Mobutu avait déjà révélé le 20 mai 1967 sa vraie nature. Il avait instauré un régime autoritaire à parti unique, le Mouvement populaire de la Révolution, par le biais de la doctrine imposée à l'aide du *Manifeste de la N'sele*. La rédaction de cette charte avait été bien entendu supervisée par le magistrat suprême, et ses acolytes Justin-Marie Bomboko, Étienne Tshisekedi wa Mulumba et Joseph N'singa Udjuu. Tout Congolais était d'office enrôlé dans le Parti-État, en tant que membres de droit. Telles étaient les recommandations dudit document. Les personnes qui incarneraient les futures

---

https://www.lemonde.fr/archives/article/1967/07/08/francis-bodenan-le-seul-condamne-de-l-affaire-de-montfort-l-amaury_2628615_1819218.html.

[218] In *L'Afrique et les relations franco-américaines des années soixante : Aux origines de l'obsession américaine*, Pierre-Michel Durand, coll. Études africaines, L'Harmattan, 2007.

[219] In *Jeune Afrique*, n° 772, 24 octobre 1975.

générations y deviendraient adhérentes dès leur naissance. La dictature s'était officiellement installée. Elle s'enracinerait très longtemps aux dépens de la démocratie.

En 1969, sans aucun état d'âme, le gouvernement congolais a neutralisé avec brutalité une manifestation estudiantine. À la suite de cette dramatique répression, des cadavres d'étudiants ont été jetés dans des fosses communes. Parmi les survivants, douze d'entre eux ont été condamnés à mort. Cela a entraîné la fermeture de l'université de Lovanium à Kinshasa, pendant une année, et l'enrôlement des deux mille manifestants dans l'armée. Il fallait leur apprendre à « obéir et à fermer [la] gueule »[220].

En guise de gage à ses soutiens occidentaux, à l'inverse de la plus grande majorité des États dits du tiers-monde, le gouvernement congolais adopterait la stratégie de la non-participation au mouvement des non-alignés[221]. D'ailleurs, les bâtiments des ambassades soviétique et tchécoslovaque à Kinshasa seraient fermés pendant les huit premières années sur les trente-deux du régime mobutiste tandis que le président congolais, plus tard zaïrois, n'effectuerait, au cours de son long règne, aucune visite diplomatique à Moscou. Le rapprochement de Joseph-Désiré Mobutu avec l'administration américaine le pousserait à héberger dans la capitale congolaise le gouvernement angolais en exil, lequel luttait par les armes pour l'indépendance du joug des colonialistes por-

---

[220] In *Mobutu Ses Seko, 1930-1997*. Article consulté le 15 décembre 2021. Voir le lien ci-dessous.
https://www.levif.be/actualite/histoire/mobutu-sese-seko-1930-1997/article-normal-1252079.html.

[221] Le mouvement des non-alignés, ou mouvement des pays non alignés, est une organisation internationale qui, en 2012, regroupait 120 États. Ceux-ci se définissent comme n'étant alignés sur les positions idéologiques d'aucune grande puissance mondiale. 17 États et 9 organisations internationales y ont en plus le statut d'observateur, dont la République Démocratique du Congo, depuis la chute du régime mobutiste. Mis sur pied durant la guerre froide, ce mouvement vise à regrouper les États qui, en principe, ne se considèrent comme alignés ni sur l'ancien bloc de l'Est ni sur celui de l'Ouest.
Parmi les quelques grandes figurent du Mouvement des non-alignés ont figuré Sukarno Sosrodihardjo, Jawaharlal Nehru, Zhou Enlai, Gamal Abdel Nasser, Hocine Aït Ahmed, Josip Broz Tito, Kwame Nkrumah, Ahmed Sékou Touré, Julius Kambarage Nyerere, Mehdi Ben Barka, Indira Priyadarshini Gandhi, Houari Boumédiène, Fidel Castro…

tugais. Par conséquent, l'aide américaine aux guérilleros angolais du Front national de libération de l'Angola (FLNA) de Holden Roberto, de surcroît l'un des pères de l'indépendance de son pays, et à ceux de l'Union nationale pour l'indépendance totale de l'Angola (UNITA) de l'intrépide Ovimbundu, en l'occurrence Jonas Malheiro Savimbi, inévitablement par Kinshasa durant la guerre civile angolaise et des multiples affrontements à travers la frontière de la Namibie sous administration sud-africaine. Joseph-Désiré Mobutu en serait l'unique canal de distribution de fonds. En vertu de la lutte contre le communisme, et cela ne l'empêcherait pas de déclarer *persona non grata* le 18 juin 1975 américain et officier de carrière Deane Roesch Hinton du 20 juin 1974 au 21 juin 1975, le régime mobutiste soutiendrait la politique ségrégationniste de l'Afrique du Sud en guise de démarcation par rapport à la plupart des gouvernements africains.[222]

4.2 - La politique de l'authenticité

Dès le début des années 1970, la République Démocratique du Congo a noué des relations diplomatiques avec la République populaire de Chine. Celles-ci ont été renforcées après le tournant non hostile à la vision chinoise du Grand Timonier et chef militaire Mao Tsé-Tung ayant impressionné au cours de l'année 1972 le président américain d'obédience républicaine Richard Nixon. Bien qu'enclin au nationalisme économique, la politique du gouvernement zaïrois s'est accommodée à merveille au libéralisme à tendance autocratique que perfectionnerait plus tard, avec beaucoup d'ingéniosité, Deng Xiaoping, « architecte en chef de la réforme et de l'ouverture » chinoise.

En effet, de plus en plus impopulaire à cause de la dureté des méthodes de son régime et du non-respect des droits fondamentaux de la personne, le président Joseph-Désiré Mobutu s'est déconsidéré vis-à-vis des démocraties planétaires[223]. En proie aux exigences relatives au respect des droits de l'Homme de la part de la France et démocratiques venant de la Belgique en contrepartie de leur soutien,

---

[222] In *Une histoire du panafricanisme*, Amzat Boukari-Yabara, La Découverte, coll. *Cahiers Livres*, Paris, 2014.
[223] In *Modern African Wars (4) : The Congo 1960-2002*, Peter Abbott, Osprey Publishing, 2014, p. 24.

le « Guide éclairé » a cherché d'autres issues de secours. Il s'est tourné vers des pays peu respectueux des valeurs humanistes comme la Chine communiste, la Corée du Nord et Israël[224]. Mais, à cause de la politique pro-arabe qu'a fini par adopter le président Mobutu Sese Seko, les instructeurs israéliens cesseraient dès l'année 1972 de former des éléments de la Division spéciale présidentielle (DSP)[225]. Toutefois, les relations zaïro-israéliennes repartiraient de plus belle quelques années plus tard.[226]

Le 27 octobre 1971, le président Mobutu a renommé le pays. Ce serait désormais « la République du Zaïre et l'avènement des 3 Z » : à la fois le pays, le fleuve et la monnaie sous la seule dénomination de Zaïre. La même année, il a imposé « l'abacost » (à bas le costume) comme tenue vestimentaire nationale pour les hommes et le pagne pour les femmes. Il a aussi obligé ses compatriotes, devenus d'office des citoyens, de supprimer des prénoms d'origine étrangère au profit des appellations africaines, plus précisément locales. L'interdiction *de facto* du port des prénoms chrétiens s'imposerait. Ainsi était-il devenu, lui-même, Mobutu Sese Seko Kuku Ngbendu Waza Banga, à savoir littéralement « Mobutu le guerrier qui [allait] de victoire en victoire sans que personne ne puisse l'arrêter ». Le recours à l'authenticité, marque personnelle, s'exporterait au Bénin de Mathieu Kérékou et au Togo d'Étienne Gnassingbé Eyadéma.

Le modèle d'une économie rentière, circonstancielle découverte que le président Mobutu Sese Seko avait imposé, a carrément fini par hypothéquer le développement de la République du Zaïre. Cela a été surtout visible lors de l'effondrement des cours du cuivre. Dans le but d'affronter cette crise sous les meilleurs auspices, le gouvernement zaïrois a décrété une politique de *zaïrianisation*, c'est-à-dire la nationalisation abrupte de l'économie[227]. Par l'attribution des entreprises étrangères à ses affidés, qui les géreraient comme des biens privés, Mobutu Sese

---

[224] *Ibidem*, p. 21.

[225] *Ibid*.

[226] In *Sharon, Mobutu Discuss Military Cooperation Between Israel, Zaire*, sur *Jewish Telegraphic Agency*, 20 janvier 1983. Article consulté le 19 novembre 2021. Voir le lien ci-contre : https://www.jta.org/archive/sharon-mobutu-discuss-military-cooperation-between-israel-zaire.

[227] Sur la politique de l'authenticité et la zaïrianisation, consulter *Et alors, mon maréchal ?*, *op. cit.*

Seko a acheté leurs consciences et s'est assuré de leur fidélité. Une corruption endémique, laquelle a donc consolidé la kleptocratie, dégraderait de manière dramatique la conjoncture socio-économique aux dépens de la plus grande majorité des citoyens zaïrois. En fin de compte, exposé à moult dysfonctionnements, le régime mobutiste finirait par s'essouffler. Il se désagrégerait, pan par pan, et, peu à peu, ouvrirait à partir de l'année 1996 une voie sans aucun obstacle aux forbans venus de l'Est.

4.3 - Les deux guerres du Shaba et de Moba

Lassé par le soutien du président Mobutu Sese Seko aux opposants angolais basés en République du Zaïre, notamment ceux du FNLA de Holden Roberto et de l'UNITA de Jonas Malheiro Savimbi, le président angolais a tenté de riposter de façon indirecte. Effectivement, pour déstabiliser le régime mobutiste, Agostinho Neto a lâché une première fois en 1977 les Tigres katangais dans la région du Shaba. Ces combattants congolais exilés en Angola ont par conséquent affronté sur le champ de bataille une armée zaïroise composée de quelque 45 000 hommes indisciplinés, sous-équipés et mal payés. Pour des raisons ethniques et par lassitude de la dictature zaïroise, les Shabiens ont soutenu les assaillants et œuvré contre le gouvernement central. Mais, dans le cadre de l'opération Mazurka[228], des soldats français débarqueraient le 3 avril 1977 en République du Zaïre pour appuyer les troupes zaïroises contre une force rebelle de 1 500 hommes venus de la partie orientale de l'Angola. Ils étaient commandés par le général Nathanaël Mbumba. Ces hommes armés ont envahi le 8 mars la riche région minière du Shaba. Et le 31 mars, le colonel Michel Franceschi, chef de corps du 1er régiment de parachutistes d'infanterie de marine (ou 1er RPIMa), a été dépêché sur place, avec un détachement de vingt officiers et sous-officiers pour « sauver Kolwezi ». Les soldats français seraient investis de tous les pouvoirs civils et militaires. Ils s'appuie-

---

[228] L'opération Mazurka est considérée comme une référence en son genre : elle a mis en évidence la nécessité d'intervention rapide en tant que facteur primordial de succès. Une vingtaine d'hommes seulement, ayant agi instantanément en guise d'« extincteur », ont permis d'éviter l'embrasement de la région du Sud-Est zaïrois. Parallèlement, cette opération militaire limitée a obtenu un retentissement politique international considérable.

raient sur un noyau de cadres zaïrois et européens demeurés à leur poste sous l'autorité du général de Division Alexandre Singa Boyende Mosambayi. Ils superviseraient tous les leviers de commandement : renseignement, opérations, logistique… Par l'engagement de la France, l'armée zaïroise se restructurerait et la défense de la ville de Kolwezi serait assurée au bout de quelques semaines de combat acharné. Les Tigres katangais seraient finalement repoussés en mai 1977 grâce, surtout, à l'opération Verveine mise sur pied par le Royaume du Maroc avec le soutien logistique de la France.

Une autre intervention militaire des forces françaises serait décidée par Valéry Giscard d'Estaing, le troisième président de la Vᵉ République Française. Les hommes de la Légion seraient parachutés sur la ville minière de Kolwezi dans le Lualaba dans le Shaba. Ce serait l'opération Léopard[229]. Pour la France,

> « cela [a donc valu] la peine de sauver, contre vents et marées, un régime pourri mais ami. Valéry Giscard d'Estaing évoquerait d'ailleurs, sans avoir consulté le Parlement français, l'urgence face à une agression extérieure et donnerait le feu vert au colonel commandant Philippe Érulin pour faire sauter la légion, à savoir le 2ᵉᵐᵉ REP[230], à Kolwezi. »[231]

---

[229] L'opération aéroportée (OAP) du 19 mai 1978 sur Kolwezi suggérée par le colonel Yves Gras, en tant que chef de mission d'assistance technique à Kinshasa, a été conçue, organisée et dirigée par des parachutistes des Troupes de Marine en service à la mission militaire française en République du Zaïre. Le 2ᵉᵐᵉ REP a perdu 5 éléments tués et 20 blessés, le 311ᵉᵐᵉ bataillon de paracommandos zaïrois (ou 311ᵉᵐᵉ BP), 14 tués et 8 blessés, et personne n'a jamais eu de nouvelles des six membres de la *Multinational Multi-Role Tanker Transport Fleet* (MMF.). Cette opération s'est surtout reposée sur les compétences du lieutenant-colonel Gilbert Ballade, du lieutenant-colonel Bardet, du lieutenant-colonel Alain Bernier, du colonel M. Bommier, du colonel Bouge, du lieutenant-colonel Brenot, du commandant Capelli, du capitaine Cochet, du consul de France à Lubumbashi M. Colombani, du capitaine Fartek, du capitaine Philippe Gouachon, du colonel Yves Gras, du colonel des Troupes de Marine Robert Larzul, de l'adjudant Leclere, du chef de bataillon Patrick Manificat, du commandant parachutiste Raguez, de l'ambassadeur de France André Ross, de la commandante et convoyeuse de l'Air Solange Roy, du colonel Thépin et de l'adjudant largueur Zingraff.
[230] Régiment étranger des parachutistes.
[231] In *Et alors, mon maréchal ?*, *op. cit.*, pp. 80-81.

En effet, le 19 mai 1978, 700 parachutistes du 2ème REP de la légion étrangère française sous le commandement du colonel Philippe Érulin, assistés des troupes belges, mettraient les Tigres katangais en débandade. La région serait complètement stabilisée, pour longtemps, et les troupes africaines pro-occidentales prendraient le relais dans le cadre de la dissuasion.

> « À la fin de la seconde guerre du Shaba en 1978, la France deviendrait l'un des pourvoyeurs d'aides de la République du Zaïre. La destitution du président Mobutu signifierait forcément dans un tel contexte, pour la France, la fin de ses investissements au Zaïre. Ceux-ci dépendaient, en réalité, du maintien à Kinshasa du régime mobutiste. Et les interventions militaires françaises au Shaba en 1977 et 1978 permettraient néanmoins à Paris de s'attribuer la place longtemps occupée par Bruxelles et, dorénavant, de paraître comme le véritable gendarme de l'Afrique. »[232]

Face à un régime autoritaire, les opérations soldatesques auraient constitué l'unique possibilité en vue de l'alternance politique. Dans cette optique, en 1984 et 1985, la République du Zaïre a fait l'objet d'attaques menées dans l'Est par une guérilla. Celle-ci était dirigée par un ancien lumumbiste, nommé Laurent-Désiré Kabila. Les deux guerres de Moba ayant en fin de compte consacré la victoire des Forces armées zaïroises (FAZ), Laurent-Désiré Kabila disparaîtrait de la scène mercenariale pendant au moins une dizaine d'années. Certaines sources ont affirmé qu'il aurait évolué dans l'entourage d'un autre rebelle de la région, l'homme politique et militaire John Garang de Mablor, chef du plus important maquis soudanais en Afrique orientale : l'Armée populaire de libération du Soudan (SPLA). Résidant principalement à Dar es Salam, on a souvent aperçu de temps à autre le révolutionnaire lumumbiste à Kampala, en Ouganda, où il entretenait des liens amicaux avec le président Yoweri Kaguta Museveni (dit le Bismarck des Grands Lacs). Laurent-Désiré Kabila ne s'est pas non plus manifesté durant la longue tentative de transition démocratique à la zaïroise de 1990 à 1996. D'ailleurs sa structure politique, le Parti de la révolution populaire (PRP) qu'il avait fondé en 1967 dans les maquis du Kivu, n'a pas daigné participer aux travaux de la Conférence nationale souveraine

---

[232] *Ibidem*, p. 81.

qui, en principe, devait conduire la République du Zaïre vers la IIIe République. De toute façon, le révolutionnaire n'a cessé de la considérer comme une institution « à la solde de Mobutu ». Mais l'insaisissable Laurent-Désiré Kabila réapparaîtrait triomphalement en 1997 sous les bagages des armées rwandaise, ougandaise et burundaise, lors de la Première Guerre du Congo[233]. Sacré et imprévisible Mzee !

4.4 - Les différentes crises

En 1986, une nouvelle crise économique a secoué la République du Zaïre. Elle a fragilisé encore plus la situation sociopolitique déjà chancelante, voire défaillante. Et les derniers mois de l'année 1989 ont vu la fin de la guerre froide. La chute du mur de Berlin en a été le véritable déclencheur. Bien évidemment, le régime du maréchal Mobutu Sese Seko n'a pas échappé aux effets de la *perestroïka* qu'avait auparavant entreprise avec détermination dans la continuité de la *glasnost* le réformateur, ainsi qu'homme d'État soviétique et russe nommé Mikhaïl Gorbatchev. Ce courant politique a été, à n'en pas douter, à l'origine du vent démocratique qui a soufflé dans l'Est européen et secoué les régimes communistes affidés de l'URSS.

> « Bien entendu, en cette période, le vent de la *perestroïka*, la politique des réformes économiques et sociales qu'a menée le président de l'URSS Mikhaïl Sergueïevitch Gorbatchev, planait déjà dans l'air dans la plupart des pays orientaux d'Europe. Par conséquent, aux dires du président de la République Française, "l'Afrique [devait] avancer vers de véritables démocraties avec multipartisme…"
>
> » Dans un entretien qu'il [avait] accordé au quotidien *Le Monde*, dont la date de publication coïncidait avec la tenue du sommet franco-africain de La Baule, le président François Mitterrand n'[avait] pas mâché ses mots. L'homme à la rose rouge [avait] défini la politique française au regard de l'Afrique subsaharienne. Pour la première fois, on l'[avait] entendu parler du parti unique comme d'une "tare", et certifier que la France ne cachait pas "son attente pour que s'affirment de

---

[233] La Première Guerre du Congo est un conflit intervenu de la fin 1996 à 1997, au terme de laquelle le président zaïrois Mobutu Sese Seko serait chassé du pouvoir par des rebelles. Ces derniers, qui ont agi sous la bannière de l'Alliance des forces démocratique pour la libération du Congo (AFDL), ont été soutenus par des États étrangers, notamment le Rwanda, l'Angola, le Burundi et l'Ouganda.

véritables démocraties avec multipartisme, élections libres, respect des droits de l'Homme".

» Ainsi la France encouragerait-elle, d'après la déclaration du président Mitterrand, "les évolutions qui y [conduiraient]". L'éminence rose [avait] conclu, en ayant précisé d'autre part, qu'il serait "logique" que les accords de coopération militaire entre la République Française et les pays africains ne prévoient plus de missions de maintien de l'ordre. Malheureusement, les pesanteurs *françafricaines* s'imposeraient sur ces vœux pieux. »[234]

Les dégâts collatéraux relatifs à l'historique *perestroïka* n'ont donc pas épargné les pays d'Afrique subsaharienne. Le fameux discours de La Baule[235] en a ainsi fait écho. Les propos du président François Mitterrand ont marqué une étape cruciale dans les ténébreuses et tumultueuses relations entre la France et la plus grande majorité des États du continent africain. Presque privé d'un grand nombre de ses soutiens occidentaux, lesquels n'avaient plus du tout besoin, du point de vue géopolitique, de « rempart contre le communisme », le vieillissant président-maréchal zaïrois s'est retrouvé seul face à ses populations. Il était également exposé aux vindicatives offensives de l'opposition politique, davantage radicalisée. Les spécialistes, aussi bien régionaux qu'internationaux, se sont mis soudain à lire les signes des temps. Les glas commençaient à sonner, et les carottes cuisaient.

4.5 - L'impasse politique

À la suite du mouvement démocratique ayant radicalement sévi en Europe de l'Est, quelques États d'Afrique subsaharienne, où le mécontentement populaire a fini par prendre de l'ampleur, n'ont pas hésité d'emboîter le pas. Après les travaux de la Conférence nationale au Bénin sous l'impulsion de Mathieu Kérékou (dit le caméléon), au

---

[234] *Et alors, mon maréchal ?, op. cit.*, p. 113.
[235] Sur la forme, le discours de La Baule a été écrit par Éric Arnoult (dit Érik Orsenna) et prononcé par le président de la République Française François Mitterrand, le 20 juin 1990, dans le cadre de la 16ème conférence des chefs d'État d'Afrique et de France auquel étaient invités 37 pays africains. Celle-ci s'est déroulée dans la commune française de La Baule-Escoublac en Loire-Atlantique.
Lire aussi *Mitterrand l'Africain ?*, Gaspard-Hubert Lonsi Koko, L'Atelier de l'Égrégore, 2ème édition, Paris, 2017.

Congo-Kinshasa, le maréchal Mobutu Sese Seko a pris en marche le 24 avril 1990 le train de la démocratie. Il a enfin autorisé le multipartisme limité dans un premier temps à trois entités politiques, le Mouvement populaire de la révolution n'étant plus le Parti-État. Par conséquent, la politique de l'authenticité n'aurait plus court. Les titres distinctifs et dénominations internationales seraient dorénavant autorisés, ainsi que le port des prénoms chrétiens et du costume européen quand bien même l'abacost resterait la tenue vestimentaire nationale que le président-maréchal a choisie de porter par fierté zaïroise, ou alors par orgueil tout à fait assumé.

Pour s'adapter à la nouvelle configuration, à l'échelle planétaire, l'équipe de transition politique mise en place le 4 mai 1990 a été en partie remaniée. Le chef de l'État zaïrois a aussi réfléchi à propos de la réorganisation des services de la présidence de la République dans l'esprit du discours du 24 avril 1990. Il espérait, fallait-il croire, mieux faire face à la nouvelle donnée.

> « Le directeur du cabinet du chef de l'État, Florentin Mokonda Bonza, a conservé son poste. Toutefois, d'après l'ordonnance présidentielle, il occuperait désormais le rang de Vice-Premier ministre.
> » Quant à maître Phanzu Nianga, directeur adjoint, il a gardé ses fonctions mais sans dimension ministérielle. Ces décisions ont visé à renforcer le rôle du cabinet présidentiel, lequel aurait pour principales tâches de suivre les questions économiques, financières et monétaires. L'amiral Isidore Lomponda wa Botende – ancien ministre de l'Environnement et de la Conservation de la nature, ainsi qu'ex-secrétaire d'État à la Défense intérieure, dans les précédents gouvernements –, a été nommé aux commandes du secrétariat général de la présidence. L'ancien conseiller spécial du chef de l'État, Pie Roger Nkema Liloo, remplacé quelques mois auparavant par Mᵉ José Patrick Nimy Mayidika Ngimbi, ancien ministre chargé des Droits et des Libertés du citoyen, a dans cette circonstance été nommé ambassadeur du Zaïre en Grande Bretagne. »[236]

Le premier cabinet du professeur Vincent de Paul Lunda Bululu composé de quarante ministres serait enrichi de 14 secrétaires d'État par rapport au gouvernement précédent. Celui-ci, fort de quarante-deux membres dont treize secrétaires d'État, était constitué le 4 mars 1989.

---

[236] In *Et alors, mon maréchal ?*, *op. cit.*, p. 141.

« Ces changements, intervenus un mois après la mise en place du nouveau gouvernement, ont touché les départements de la Santé et de l'Éducation. De plus, ces deux secteurs étaient en crise. Le responsable de la cellule des Postes et des Télécommunications, un autre secteur en souffrance, a aussi subi le remaniement. Le Zaïre a connu, depuis le 23 mai 1990, de grosses difficultés de mise en relation par téléphone ou d'autres moyens de transmission des informations ou de différentes sortes d'échanges avec l'étranger, en particulier avec l'Europe. De plus, à Kinshasa, les appels téléphoniques et télex ont été interrompus durant près de trois semaines à cause de la panne due à la vétusté des équipements de télécommunications.

» Pour pallier ces dysfonctionnements, le chef de l'État zaïrois a décrété le 9 juin 1990 un remaniement ministériel technique. Par conséquent, le "Zaïre de la pensée" a nommé deux nouveaux ministres tandis que six autres membres du gouvernement ont permuté leurs fonctions. Le peuple zaïrois a qualifié cette initiative de "roumaniement", en référence à la fin tragique du dictateur roumain Nicolae Ceaușescu qui était qualifié de "Danube de la pensée". »[237]

Ces modifications techniques ont également concerné l'équipe qui assurait la décentralisation territoriale. Cinq gouverneurs de région ont donc été mutés le 12 juin 1990, dont celui qui était en poste au Shaba au moment du macabre événement qui s'était déroulé dans la nuit du 11 au 12 mai dans le campus universitaire.

« Louis Alphonse Koyagialo Ngbase Te Gerengbo (alias le Boucher de Lubumbashi), gouverneur du Shaba, a ainsi été muté à la tête de la région du Nord-Kivu où il a remplacé Désiré-Bonaventure Konde Vila Ki Kanda, appelé au gouvernorat de Lubumbashi. L'ancien gouverneur du Shaba a toutefois démenti, dans un entretien télévisé, les informations diffusées par des médias étrangers concernant un prétendu massacre des étudiants sur les locaux du campus de Lubumbashi.

» Ce mouvement gubernatorial a également touché les dirigeants des régions de l'Équateur, de Kinshasa et du Bas-Zaïre. Dans ces trois entités administratives, l'agitation estudiantine avait été importante. Elle avait provoqué de sérieux troubles durant le mois de mai. »[238]

La Conférence nationale souveraine (CNS) a ressemblé, compte tenu de la violence ayant animé les partisans de toutes les composantes

---

[237] *Ibidem*, p. 59.
[238] *ibid.*, p. 60.

politiques, à une foire d'empoigne. Comme dans un tribunal populaire, les représentants de l'Union sacrée de l'opposition radicale (USOR) ne se sont pas privés de dénoncer avec ferveur les dérives flagrantes du système mobutiste. Anathématisé à Kinshasa, le maréchal Mobutu Sese Seko a préféré se retirer dans son somptueux palais situé à Gbadolite, au cœur de la jungle tropicale à Kawele à proximité de son village natal Lisala. Il séjournerait de temps à autre dans son bateau, le *Kamanyola*, amarré à une quarantaine de kilomètres de la capitale zaïroise. Fallait-il se faire discret, afin d'éviter le danger ? Devait-il se mettre à l'abri des vagues et attendre moins témérairement la marée basse ?

L'ignominieux massacre des étudiants survenu dans le campus universitaire de Lubumbashi en mai 1990, l'assassinat le 28 février 1993 de l'ambassadeur de France, Philippe Bernard, les tueries lors des manifestations pacifiques… ont eu un effet désastreux sur les relations internationales. Ces actes ont convaincu les conseillers militaires français, belges, israéliens et chinois de quitter la République du Zaïre à partir de septembre 1991 et poussé les partenaires occidentaux à revoir leurs rapports avec le régime mobutiste.

> « Depuis que le roi belge Léopold II (1835-1909) en [avait fait] une colonie privative saignée à blanc, les habitants du Congo [ont paru] voués à servir d'autres intérêts que les leurs. De Léopoldville à Kinshasa, leur histoire [avait bégayé] dans les intrigues nouées sans relâche dans des officines occidentales ou africaines qu'[agitaient] des appétits économiques insatiables. De leur côté, qu'ils se [soient revendiqués] Zaïrois ou Congolais, ou même qu'ils soient suspectés de "nationalité douteuse" parce que rwandophones, ceux qui [peuplaient] ce vaste territoire en forme de corne d'abondance, villageois et citadins n'ont cessé de s'entre-déchirer, leurs idéaux d'indépendance [s'étant fracassés] sur des querelles de clôtures animées par les tenants du pouvoir centralisé dans la lointaine capitale. Trahisons, meurtres, sécession, rébellions, répressions, massacres, mercenaires, casques bleus… déjà, de la "Table ronde" organisée à Bruxelles à l'heure de la décolonisation en 1960, jusqu'à la Conférence nationale de 1990-1993, le peuple congolais a vu lui échapper la souveraineté confisquée par Joseph-Désiré Mobutu Sese Seko, trois décennies durant. »[239]

---

[239] In *1885-1995 : De la colonisation à la dictature, le Congo-Zaïre en coupe réglée*, Monique Mas, dans *Savoirs*. Article mis en ligne le 7 juillet 2006, consulté le 8 novembre 2021. Voir le lien ci-contre : https://savoirs.rfi.fr/fr/comprendre-enrichir/histoire/1885-1995-de-la-colonisation-a-la-dictature-le-congo-zaire-en-

En 1994, la Conférence nationale souveraine n'ayant plus droit au chapitre, le pays s'est enfoncé davantage dans une crise sans précédent. Celle-ci a été due à l'arrivée massive de réfugiés hutus qui fuyaient la répression au Rwanda après la victoire du Front patriotique rwandais (FPR) de Paul Kagamé. Ensuite, à partir de 1996, on a constaté la progression de l'Alliance des forces démocratiques pour la libération du Congo, bras armé congolais du FPR et de l'*Uganda People's Defence Force* (UPDF). Le succès de cette armée, laquelle était encadrée par le général rwandais James Kabarebe et placée sous la coordination politique du sulfureux Laurent-Désiré Kabila, finirait par sonner les glas du régime mobutiste. L'échec de la tentative de négociation le 4 mai 1997 sur le navire sud-africain *Outeniqua*, sous la supervision du président Nelson Mandela assisté de son homologue congolais Pascal Lissouba, déboucherait sur la fuite déshonorante du président-maréchal Mobutu le 16 mai 1997 et l'entrée triomphale à Kinshasa, le 17 mai 1997, des *kadogos*. Ces enfants soldats étaient officieusement à la solde de l'ancien maquisard devenu trafiquant de pierres précieuses.

> « *Et alors, mon maréchal ?* Vilipendé à tort ou à raison par les Kinois, vous vous étiez barricadé tantôt dans votre somptueux palais, au cœur de la jungle tropicale à Kawele à proximité de votre village natal, Lisala – le chef-lieu de la province de la Mongala dans la région de l'Équateur au Nord-Est de la République du Zaïre ; tantôt, vous passiez vos journées et nuits dans votre bateau, le *Kamanyola*, maintenu à l'ancre loin de Kinshasa. En proie à la solitude, la maladie vous avait affaibli au point d'avoir incité vos opposants internes et vos ennemis étrangers, composés d'Occidentaux et d'Africains limitrophes du territoire national, à intensifier leurs actions dans l'espoir de vous chasser du pouvoir et de faire main basse sur les minerais rares pour les uns, et, pour les autres, de s'approprier un jour les terres de la région du Kivu et de l'Ituri. Ainsi les immigrés et les réfugiés Banyarwanda deviendraient-ils un beau matin, par opération du Saint-Esprit, des Banyamulenge que l'on finirait par transformer en "Tutsis congolais". Bref, le sempiternel syndrome du Rwanda et du Burundi, lequel a toujours opposé les Tutsis et les Hutus, serait transféré dans la partie orientale du territoire zaïrois à cause, entre autres, des effets néfastes de l'opération Turquoise que vous aviez égoïstement cautionnée en vue de votre réhabilitation sur la scène internationale. »[240]

coupe-reglee.
[240] In *Et alors, mon maréchal ?*, *op. cit.*, pp. 239-240.

La démocratisation à la mode Mobutu Sese Seko avait déjà hypothéqué le déroulement des travaux de la Conférence nationale souveraine à travers une série de jeux des chaises musicales à la Primature et le limogeage du président de ladite institution de transition, Monseigneur Laurent Monsengwo Pasinya. L'échec des négociations avec le conquérant Laurent-Désiré Kabila, déjà maître de la partie orientale du pays, avait conduit le président-maréchal à nommer dans l'urgence un gouvernement de salut national avec comme Premier ministre le général Norbert Likulia Bolongo. Mais cela n'empêcherait pas du tout l'avancée fulgurante des *kadogos* de l'AFDL.

> « Mon maréchal, en ayant sans altruisme désarmé et fragilisé l'armée nationale au profit de la Division spéciale présidentielle, vous aviez permis l'avènement et le triomphe, à l'intérieur de l'antre ancestral, des forces étrangères. Par conséquent, depuis le 17 mai 1997, vos compatriotes n'avaient cessé de subir le diktat des puissances non continentales ; on leur avait imposé, par votre faute, des dieux venus d'ailleurs. »[241]

Bien évidemment, le départ précipité de l'ancien dictateur confirmerait la fin de la IIe République et du mobutisme. La République du Zaïre redeviendrait la République Démocratique du Congo, et l'énigmatique Laurent-Désiré Kabila savourerait sa victoire s'apparentant à la jouissive revanche sur le vieux Léopard. Le résistant s'autoproclamerait, depuis la ville de Lubumbashi dans le Sud-Est du pays, président de la IIIe République.

Durant le très long règne de Mobutu Sese Seko, la plus grande majorité de gens a gardé le désagréable souvenir d'un régime dictatorial à parti unique, gouverné par le Mouvement populaire de la Révolution (MPR), et la promotion du culte de la personnalité. D'aucuns ont encore à l'esprit une violation généralisée des droits fondamentaux de la personne et l'hyperinflation qu'a connue le pays. Les Forces armées zaïroises ont été orientées vers la protection d'un seul individu et de ses proches, et non entretenue dans l'intérêt du service national. Cette armée presque privatisée, laquelle était moins encline au patriotisme et à la défense du territoire national, a été dirigée par des généraux en plus grande partie affairistes et peu consciencieux. D'ailleurs, selon quel-

---

[241] *Ibidem*, p. 249.

ques sources, les femmes tutsies au service du régime de Paul Kagamé ont facilité l'ascendant du Rwanda sur la République du Zaïre puisque les officiers des FAZ avaient des maîtresses rwandaises. La confession de l'oreiller a permis, mine de rien, plus de fuites d'informations qu'on ne l'a imaginé. Elle a facilité la progression des *kadogos* en bottes en caoutchouc vers Kinshasa. S'il fallait craindre les Grecs et leurs offrandes aux dires du poète latin Virgile (alias le Cygne de Mantoue), dans l'ouvrage de l'*Énéide*, faudrait-il à l'avenir éviter les Rwandaises surtout quand elles sont amoureuses des Congolais ? « Quand on a été mordu par le serpent, on a même peur du mille-pattes », rappelle en toute sagesse un vieux proverbe bantou. À bon entendeur…

Enfin, le maréchal zaïrois a traîné une réputation de kleptocrate pour sa pratique à outrance de la corruption, ses extravagances et sa fortune personnelle indûment amassée. Mais, après la longue présidence du président-maréchal Mobutu Sese Seko Kuku Ngbendu Waza Banga et à cause du manque de convictions idéologiques et de la faiblesse étatique, ce ne serait plus le chaos organisé. On assisterait plutôt au règne impitoyable des prédateurs d'une témérité sans pareille, très longtemps frustrés et pauvres, qui agiraient aux dépens de la chose publique et de la déliquescence du pays.

V – De 1997 à 2001

5.1 - L'avènement du vieux maquisard

Comme par enchantement, tel un mystificateur en provenance de nulle part ailleurs, Laurent-Désiré Kabila a tout à coup surgi en septembre 1996 de l'ombre ayant caractérisé la longue existence d'un trafiquant de matières premières sur la base du mercenariat. Dans la ville de Gisenyi au Rwanda, avec trois autres individus[242], l'ancien militant maoïste[243] a commencé par signer un protocole d'accord en vue de la création de l'Alliance des forces démocratiques pour la libération du Congo-Zaïre (AFDL). Ces quatre participants se sont engagés à œuvrer en toute efficacité pour faire main basse sur les ressources naturelles et, *de facto*, permettre la partition du pays. L'idée de chasser le président-maréchal Mobutu Sese Seko du pouvoir ne germerait que plus tard, après avoir constaté la quasi-incompétence des éléments des Forces armées zaïroises. Comme un seul des signataires, en l'occurrence Déogratias Bugera, disposait de combattants pour atteindre l'objectif fixé, les membres du conglomérat d'opportunistes ne pouvaient pas du tout se passer dès le départ de l'indispensable apport des troupes et de la logistique militaire des armées rwandaise et burundaise,

---

[242] André Kisase Ngandu du Conseil national de la résistance pour la démocratie (CNRD), Anselme Masusu Nindaga du Mouvement révolutionnaire pour la Libération du Zaïre et Déogratias Bugera (dit Douglass) de l'Alliance démocratique des Peuples.

[243] In *RDC : Il y a 50 ans, Che Guevara débarquait en Afrique, op. cit.*

ainsi que du financement ougandais. Des troupes régulières de l'armée angolaise apporteraient leur appui aux rebelles pour faire sauter le verrou de la région du Bandundu, lors de la Bataille de Kenge du 4 mai 1997 au 12 mai de la même année, dans l'espoir de défaire la guérilla de l'UNITA de Jonas Malheiro Savimbi qui soutenait les FAZ. Le général Donatien Mahele Lieko Bokungu, ayant perçu la défaite inéluctable des mobutistes, aurait-il donné le 7 mai 1997 aux rebelles, d'après le journaliste français François Soudan, le plan des positions de la Division spéciale présidentielle (DSP)? Par ce geste, aurait-il voulu éviter le bain de sang aux populations kinoises?

En tout cas, au moment où le Rwanda et l'Ouganda avaient projeté la mise en place et le parrainage de l'AFDL, Laurent-Désiré Kabila n'était pas encore concerné par ce qui se tramait. Il ne rejoindrait que plus tard comme porte-parole, pour sa fougue et sa renommée, le trio composé au départ d'activistes André Kisase Ngandu, Anselme Masasu Nindaga et Déogratias Bugera.

Il a été rappelé que le projet initial avait prévu seulement l'occupation de la région orientale, à savoir le Kivu et le Maniema, dans l'optique de la partition du territoire congolais au profit du Rwanda et de l'Ouganda, ainsi que, dans une moindre mesure, du Burundi. Mais la fulgurante avancée des éléments armés, sous l'étiquette de l'AFDL et de ses partenaires, s'est faite au plus grand étonnement de Laurent-Désiré Kabila. L'ancien maoïste, ayant enfin senti la possibilité d'une prise de pouvoir à Kinshasa, s'est très vite attelé à la constitution tant bien que mal d'un semblant d'armée nationale, grossie essentiellement par des jeunes recrues – des *kadogos* ou enfants-soldats –, ainsi que des déserteurs des Forces armées zaïroises (FAZ). Par la suite, sur le plan politique, le vieux briscard prendrait peu à peu le dessus sur les trois cofondateurs de l'AFDL. Cette « anabase »[244] militaire et politique conduirait en quelques mois les hommes en armes de ladite alliance militaro-politique, dont Laurent-Désiré Kabila continuerait à assurer le porte-parolat, de la région du Kivu à la ville de Kinshasa via Kisangani et la province du Bandundu. La capitale tomberait sans effusion de sang le 17 mai 1997, au lendemain de la fuite précipitée d'un Léopard devenu tout à coup craintif à l'instar d'un chat échaudé.

---

[244] In *Laurent-Désiré Kabila : les origines d'une anabase*, Jean-Claude Willame, dans *Politique africaine*, n° 72, décembre 1998, pp. 68-80.

C'était le monde à l'envers.

S'étant autoproclamé président de la République Démocratique du Congo depuis la ville de Lubumbashi dès la discrète entrée dans la ville de Kinshasa des *kadogos* armés et chaussés de bottes en caoutchouc, Laurent-Désiré Kabila a surpris plus d'un observateur. Il a su déjouer tout projet qui a consisté à se servir de sa notoriété et à l'utiliser en guise de marionnette dans le seul but de mettre au pouvoir Déogratias Bugera, le poulain du président rwandais Paul Kagamé. La sauvagerie de l'expérimenté maquisard a donc été bénéfique, quant aux arrière-pensées des pays voisins à l'égard du Congo-Kinshasa, comme le démontrerait l'avenir proche. Cet état d'esprit a sauvé *in extremis*, en quelque sorte, l'unité du territoire national et retardé pour quelque temps les expansionnistes velléités rwandaises, burundaises et ougandaises. « Emmené un cheval à l'abreuvoir est une chose, le faire boire en est une autre », déclarerait à juste titre un Laurent-Désiré Kabila soudainement redevenu patriote et conscient de l'appartenance à une nation aussi fragilisée ait-elle été. L'ancien révolutionnaire a révélé sa vraie nature, au grand désespoir de ses sournois alliés d'hier. On pouvait mieux cerner la quintessence des relations à venir entre les différents associés, ainsi que, malheureusement, le sort qui serait réservé aux populations congolaises.

5.2 - La fragilité du gouvernement de l'AFDL

Le 26 mai 1997, Laurent-Désiré Kabila a suspendu toute activité politique en République Démocratique du Congo. Par conséquent, le gouvernement s'est montré intransigeant en ayant :
- rappelé que l'interdiction de toutes les activités des partis politiques restait en vigueur ; le pays se trouvait en plein régime d'exception, tous ceux qui enfreindraient cette interdiction seraient traduits devant les tribunaux militaires ;
- dénoncé les manœuvres de tous ceux qui créaient des partis politiques sous forme des ONG ou associations diverses et même recouru à une mise en garde à l'encontre des personnes qui se réclamaient du soi-disant PRP en sigle (comme le parti fondé par Laurent-Désiré Kabila), lequel, en réalité, s'appelait Perspectives révolutionnaires pro-Kabila – structure constituée par des confusionnistes et anarchistes, – ainsi

que ceux qui se réclamaient de Patrice Lumumba, et qui croyaient qu'ils pouvaient faire l'exception ;
- réaffirmé que seule l'AFDL, creuset et mouvement de toutes les forces patriotiques congolaises ayant décidé de reconstruire le pays, était habilitée à conduire la République Démocratique du Congo vers des échéances démocratiques.

Le gouvernement congolais a donc refusé d'entrée de jeu de se laisser distraire dans l'exécution de son programme de reconstruction nationale, par crainte de la prolongation inutilement de la durée de la transition de deux années prévue de manière initiale. Mais la légitimité du gouvernement de salut public (voir l'annexe), qu'a mis en place en juin 1997 le nouvel homme fort qu'était devenu Laurent-Désiré Kabila, s'est avérée fragile à cause de l'absence de cohésion organisationnelle et politique, ou alors idéologique. Celle-ci était due, pour l'essentiel, à l'impréparation aux responsabilités gouvernementales et à la surprise d'une victoire très rapidement acquise. De plus, le nouveau pouvoir a été très vite perçu, notamment par les populations de Kinshasa, comme le « Cheval de Troie » des forces étrangères qu'ont dans l'absolu incarné les régimes rwandais, burundais et ougandais.

Sous l'influence de plus en plus grandissante et pressante des caciques originaires de la province du Katanga, moins d'une année après l'inattendue accession à la magistrature suprême, Laurent-Désiré Kabila a enfin décidé le 27 juillet 1998 de se séparer de ses encombrants alliés. Il a donc pris la résolution de renvoyer dans leurs pays, en vingt-quatre heures, les officiers et soldats rwandais, ainsi qu'ougandais, qui ont encadré ses troupes. Ces militaires étrangers lui ont pourtant facilité l'accès au pouvoir et aux ressources naturelles. La décision du président congolais a occasionné dans l'immédiat une tentative de coup d'État. Certes, cette opération a avorté. Toutefois, en moins de temps, se mettrait en place une nouvelle rébellion dans l'Est du territoire national à l'initiative des officiers et des soldats des armées rwandaise et ougandaise. Le Zimbabwe, la Namibie, l'Angola et le Tchad soutiendraient le régime de Laurent-Désiré Kabila, mais la seconde guerre s'éterniserait sur tous les fronts et son issue resterait incertaine. La partie orientale du territoire congolais se transformerait complètement en un immense champ de bataille.

En effet, officiellement fini le 30 juin 2003, le conflit armé, lequel s'est en réalité déroulé de 1998 à 2002, se prolongerait en revanche *ad vitam æternam* de manière officieuse. Les hostilités impliqueraient une totalité de neuf pays africains, et une trentaine de groupes armés. Plus grand affrontement militaire entre États dans l'histoire de l'Afrique contemporaine, elles seraient aussi nommées la « grande guerre africaine » ou alors la « (première) guerre mondiale africaine », ou encore la « deuxième guerre de libération nationale ».

Ce conflit armé occasionnerait de nombreux viols sur le sol congolais. Il provoquerait des massacres et entraînerait, selon quelques sources dont ceux des démographes européens, le décès de plusieurs milliers d'individus. De 183 000 personnes à environ 4 à 4,5 millions de personnes mortes spécialement de famine et de maladies, chiffrerait un rapport de l'*International Rescue Committee*. Des millions d'autres individus seraient déplacés sciemment, constaterait-on plus tard, de leurs terres ou trouveraient refuge, comme exilés involontaires, dans les pays limitrophes. Bien entendu,

> « l'organisation non gouvernementale américaine *International Rescue Committee* (IRC) avait à l'époque estimé que cette guerre avait fait "quatre millions de morts" au Congo. Si l'ONG précisait qu'il s'agissait principalement de victimes indirectes du conflit, elle [n'a pas comparé] ce nombre avec celui des morts avant la guerre. Le chiffre de "quatre millions" a été repris par Kinshasa et, propagande de guerre [ayant obligé], [s'est transformé] en "nombre de tués" par l'Ouganda et le Rwanda, [a souligné] *La Libre Belgique*, qui [l'a comparé] au million de morts lors du génocide de 1994 au Rwanda (selon Kigali, l'ONU [ayant évoqué] plutôt 800 000 victimes). »[245]

Les événements malencontreusement en cours – au moment de l'écriture de cet ouvrage – dans l'Est du territoire congolais relèveraient en règle générale du crime contre l'Humanité. Leurs actes reste-

---

[245] Lire la traduction établie par le Greffe de la Cour internationale de justice (CIJ) le 19 décembre 2020, à des fins internes, intitulé *Affaire des activités sur le territoire du Congo (RDC c. Ouganda) : Rapport d'expertise sur les réparation*s. Texte consulté le 21 novembre 2021. Voir également le lien ci-contre : chrome-extension ://efaidnbmnnnibpcajpcglclefindmkaj/viewer.html?pdfurl=https%3A%2F%2Fww w.icj-cij.org%2Fpublic%2Ffiles%2Fcase-related%2F116%2F116-20201219-OTH-01-00-FR.pdf&clen=2497012&chunk=true.

raient donc imprescriptibles. Par conséquent, un bon nombre d'institutions officielles et de personnalités politiques – notamment locales, provinciales, nationales, régionales, africaines et extérieures au continent – ont essayé de se protéger, par tous les moyens, d'éventuelles poursuites judiciaires. Dans la page 49 du *Projet « Mapping »* concernant les violations des droits de l'Homme entre 1993 et 2003 en République Démocratique du Congo, il est tout à fait mentionné noir sur blanc que :

> « ces dix années ont, en effet, été marquées par une série de crises politiques majeures, des guerres ainsi que de nombreux conflits ethniques et régionaux qui ont provoqué la mort de centaines de milliers, voire de millions de personnes [renvoie à la note n° 87].
> » Note n° 87 : L'*International Rescue Committee* (IRC) a mené quatre études sur la mortalité en [République Démocratique du Congo] entre 1998 et 2004. Selon l'*IRC*, depuis le début de la deuxième guerre en août 1998 jusqu'à la fin du mois d'avril 2004, environ 3,8 millions de personnes auraient péri, victimes directes ou indirectes de la guerre et des conflits armés. Il est à noter cependant que la méthodologie retenue par l'*IRC* pour déterminer le nombre de morts indirects repose sur des études épidémiologiques et des estimations de croissance démographique qui ont pu être contestées. Compte tenu de son mandat, il ne revenait pas au *Projet Mapping* de se prononcer sur le nombre total de personnes mortes ou tuées du fait de la situation en [République Démocratique du Congo] au cours de la période considérée. »[246]

---

[246] Le *Projet Mapping*, sous la gouverne du Haut-Commissariat aux droits de l'Homme (HCDH) avait trois objectifs. Ceux-ci ont consisté à :
- dresser l'inventaire des violations les plus graves des droits de l'Homme et du droit international humanitaire commises dans le territoire congolais entre mars 1993 et juin 2003 ;
- évaluer les moyens dont disposait le système national de justice pour donner la suite voulue aux violations des droits de l'Homme qui seraient ainsi découvertes ;
- élaborer, compte tenu des efforts que continuaient de déployer les autorités de la République Démocratique du Congo, ainsi que du soutien de la communauté internationale, une série de formules envisageables pour aider le gouvernement congolais à identifier les mécanismes appropriés de justice transitionnelle pouvant permettre de traiter les suites de ces violations en matière de vérité, de justice, de réparations et de réforme.

Le rapport du *Projet Mapping* de plus de 550 pages comprend une description de

Le régime du président de la République a été indirectement menacé à partir de 1998 par les pays frontaliers de l'Est du Congo-Kinshasa qui n'ont cessé de bénéficier des complicités internes, juste après la rupture officielle des relations avec le Rwanda et l'Ouganda. Laurent-Désiré Kabila a par voie de conséquence commencé à personnaliser à outrance la pratique de l'exercice politique. Ainsi a-t-il fait procéder à des arrestations arbitraires et des emprisonnements des opposants poli-tiques – comme Étienne Tshisekedi wa Mulumba, Arthur Z'ahidi Ngoma, Joseph Olenghankoy… –, ainsi que des journalistes étrangers ou nationaux. En 1999, l'homme spécialement auréolé de toute fausse modestie qui se considérait comme le « soldat du peuple » a mis en définitive un terme à l'existence de l'AFDL au profit du Comité du pouvoir populaire (CPP). Il aurait recours, en 2000, à un nouveau Par-lement qui serait composé de 300 députés nationaux nommés par ses soins et choisis dans les différents courants politiques.

En début de l'après-midi du 16 janvier 2001, soit quarante années et un jour après l'assassinat de l'ancien Premier ministre Lumumba, le président Laurent-Désiré Kabila a été atteint à bout portant de quelques balles dans sa résidence du palais de Marbre à Kinshasa. Cet acte meur-trier aurait été l'œuvre d'un ancien enfant-soldat devenu membre de la garde personnelle du magistrat suprême. Les circonstances de cette opération ne seraient pas élucidées. Le supposé auteur de ladite tenta-tive d'assassinat, Rashidi Mizele, aurait été abattu sur-le-champ par l'aide de camp Eddy Kapend[247]. Ce dernier, qui était aussi un cousin du défunt Chef de l'État, a été désigné d'office comme le meneur des groupes à l'origine de la meurtrière intervention. Vingt-cinq autres per-sonnes seraient arrêtées et condamnées à mort en janvier 2003, sans que les peines prononcées soient exécutées.

À la suite de l'effort *in extremis* en vue de la réanimation du pré-sident de la République par le docteur Léonard Mashako Mamba, aucun progrès ne serait constaté. Mais, après la déclaration du gou-

---

617 incidents violents survenus sur le territoire de la République Démocratique du Congo entre mars 1993 et juin 2003.

[247] In *Meurtre à Kinshasa, qui a tué Laurent-Désiré Kabila ?* La réalisation de Mar-lène Rabaud et Arnaud Zajtman, les commentaires d'Hippolyte Girardot, avec la participation de Joseph Kabila Kabange, Antoine Vumilia, Émile Mota, Roger Cishugi, Jeannot Mwenze Kongolo, Abdoulaye Yerodia Ndombasi, Antoine Ngala, Nkere Ntanda Nkingi, Vital Malekera et Georges Mirindi. Sortie le 1er février 2011.

vernement congolais selon laquelle le président Laurent-Désiré Kabila était encore vivant, son corps serait transporté d'urgence vers un hôpital à Harare au Zimbabwe. Ce « temps mort » aurait-il permis l'organisation d'une succession pacifique et servi à apaiser le climat très tendu après l'initiative préméditée ?

> « Derrière les barreaux depuis 2001, Eddy Kapend, ancien chef d'état-major de l'armée, Nono Lutula, ex-conseiller spécial à la sécurité du "Mzee", Georges Leta, ex-patron de l'Agence nationale de renseignement, ainsi que les autres condamnés [qui étaient toujours retenus allaient] cependant bientôt quitter les murs de la Makala, la prison centrale de Kinshasa, et recouvrer la liberté.
> » Jeudi 31 décembre [2020], le président Félix Tshisekedi [Tshilombo] [accorderait] en effet une remise totale de la peine restant à exécuter à toute personne condamnée dans ce dossier par la cour d'ordre militaire, dans son arrêt du 7 janvier 2003.
> Le colonel Eddy Kapend et ses coaccusés, qui [nieraient] toujours leur implication dans l'assassinat de l'ancien président congolais, père de Joseph Kabila [Kabange], seraient initialement condamnés à la peine de mort. Peine capitale qui [serait], par la suite, commuée en peine de prison à perpétuité.
> » Considérés comme des prisonniers politiques par plusieurs ONG, dont la *Fondation Bill Clinton pour la paix*, Kapend et ses coaccusés [se retrouveraient], selon leurs familles, dans une situation difficile depuis plusieurs années. Physiquement diminués, ils [peineraient] aussi sur le plan financier, alors que, dans la prison de Makala, les détenus [devraient] subvenir eux-mêmes à leurs besoins, qu'il s'agisse de la nourriture ou des soins. »[248]

Eddy Kapend serait donc gracié, à l'occasion de la nouvelle année 2021, par le président Félix Antoine Tshisekedi Tshilombo.

5.3 - Le comité de crise

Aussitôt après l'assassinat de Laurent-Désiré Kabila, un « comité de crise » a réuni les ministres d'État et de l'Intérieur Gaëtan Kakudji,

---

[248] In *Assassinat de Laurent-Désiré Kabila : Félix Tshisekedi gracie tous les condamnés*, Stanis Bujakera Tshiamala, *Jeune Afrique*, le 1er janvier 2021. Article consulté le 21 novembre 2021. Voir le lien ci-dessous.
https://www.jeuneafrique.com/1098490/societe/assassinat-de-laurent-desire-kabila-felix-tshisekedi-gracie-tous-les-condamnes.

des Affaires étrangères, Abdoulaye Yerodia Ndombasi, et de la Justice, Jeannot Mwenze Kongolo. Celui-ci a en fin de compte désigné Joseph Kabila, le futur Kabange, alors « numéro deux » des Forces armées de la République Démocratique du Congo (FARDC), comme le successeur du défunt magistrat suprême. C'était, paraît-il, la volonté du très illustre disparu, selon Mwenze Kongolo, affirmation ayant été confirmée par l'aide de camp en la personne du colonel Eddy Kapend. Le jour de la tentative d'assassinat, le numéro deux du gouvernement, à savoir Gaëtan Kakudji, a décrété *illico presto* un couvre-feu sur toute l'étendue du territoire national. Après quarante-huit heures d'incertitude, alors que le corps présidentiel se trouvait dans un hôpital à Harare au Zimbabwe, le gouvernement congolais annoncerait le décès de Laurent-Désiré Kabila à la suite des blessures occasionnées par balles. La dépouille mortelle serait d'abord rapatriée à Lubumbashi, puis à Kinshasa. Entre-temps, le 26 janvier 2001, Joseph Kabila Kabange, âgé d'à peine 31 ans, serait investi président de la République Démocratique du Congo. Par la suite, le militaire, qui contrôlait les généraux fidèles à Laurent-Désiré Kabila pendant le processus de succession, serait bizarrement accusé d'avoir tenté de s'approprier le pouvoir. Il en serait de même à propos du conseiller spécial du président défunt, à savoir l'ancien ambassadeur en Afrique du Sud Emmanuel Dungia. Ce dernier ferait l'objet d'une accusation de participation à un complot en vue du renversement du président Joseph Kabila Kabange.

Dans le documentaire[249] du réalisateur Patrick Forestier intitulé *Trafic d'uranium*, ayant été cofinancé par la *Télévision Suisse Romande* (TSR), on apprendrait notamment que le président Laurent-Désiré Kabila a été tué le jour même où une délégation iranienne venait négocier une vente secrète d'uranium. Cela lèverait le voile sur le mystère ayant environné la missive découverte au palais de Marbre, le jour de l'assassinat du Mzee, signée de l'attachée militaire de l'ambassade américaine avec la mystérieuse mention « en cas de problème, contactez ce numéro ». Du moins, le soir même du meurtre, onze ressortis-

---

[249] Ce documentaire a conduit au Katanga, dans la province minière de la République Démocratique du Congo, plus précisément dans la mine interdite de Shinkolobwe. Celle-ci a fourni, pendant la Seconde Guerre mondiale, l'uranium ayant servi à la fabrication des bombes atomiques utilisées à Hiroshima et à Nagasaki au Japon. Cette enquête a mis à jour des trafics d'uranium jusqu'en Iran. Documentaire réalisé par Patrick Forestier, montage de Bruno Bosc pour *Spécial Investigation, Canal +*.

sants libanais connus dans le milieu du diamant ont fait l'objet d'une opération punitive. Ils ont été enlevés *manu militari*, un beau jour, dans la capitale congolaise et exécutés sommairement.[250]

À première vue, la présidence de Laurent-Désiré Kabila était celle d'un mercenaire trafiquant de matières premières. On avait affaire à un homme d'un temps révolu, peu habitué aux notions modernes de la diplomatie et de la gouvernance. Quand il nouait des alliances, cela portait préjudice à très moyen terme aux populations congolaises. Tous ces alliés se sont servis, sans aucune exception, sur les ressources naturelles. Sans conteste, le Mzee a évolué dans un assemblage informe de pilleurs. À sa mort, le pays était surendetté à hauteur de 150 %.

---

[250] In *Les fantômes des présidents africains assassinés*, Jean Philippe Rémy, *Le Monde Afrique* du 12 décembre 2018. Article consulté le 21 novembre 2021. Voir le lien ci-contre : https://www.lemonde.fr/afrique/article/2018/12/12/les-fantomes-des-presidents-africains-assassines_5396077_3212.html.

VI – De 2001 à 2018

Pour mieux asseoir son pouvoir dans des circonstances particulières, Joseph Kabila Kabange a commencé par créer le 31 mars 2002 le Parti du peuple pour la reconstruction et la démocratie (PPRD)[253]. Cette initiative lui faciliterait d'ailleurs le maintien à la présidence de la République après la signature de l'Accord global et inclusif de Pretoria[254]. Ce dispositif mettrait formellement fin en 2003 à la guerre entre les différentes forces militaires de la région sur le sol congolais sans pour autant parvenir à enrayer les conflits armés, fonciers et civils.

6.1 - Le gouvernement de transition

Grâce à l'Accord global et inclusif de Pretoria, obtenu à la suite du dialogue intercongolais, un terme a donc été mis de manière officielle

---

[253] 253 membres cofondateurs ont signé l'acte de création de ce parti politique qui s'est réclamé du centre gauche et a adopté, du point de vue théorique, la social-démocratie comme idéologie. Parmi les anciens secrétaires généraux du PPRD figuraient Ghislain Chikez Diemu (2002), Vital Kamerhe (2004), Évariste Boshab (2007), Henri Mova Sakanyi (2015) et Emmanuel Ramazani Shadary comme secrétaire permanent en 2018.

[254] Accord signé le 16 décembre 2002 à Pretoria, en Afrique du Sud, entre le Rwanda et la République Démocratique du Congo, dans le but de mettre fin à la deuxième guerre du Congo. Cet accommodement a été précédé en juillet 1999 par l'accord de cessez-le-feu de Lusaka, lequel avait abouti, le 30 juin 2003, à la constitution de la transition et à l'installation du gouvernement de transition ou « gouvernement 1 + 4 ».

à la deuxième guerre du Congo. Cela a surtout dégagé l'ouverture d'une voie, certes étroite et incertaine, en vue de la formation d'un gouvernement de transition. Cette troupe gouvernementale aurait comme acteurs principaux : Joseph Kabila Kabange, comme président de la République pour le PPRD ; Abdoulaye Yerodia Ndombasi, vice-président pour le PPRD ; Azarias Ruberwa Manywa, vice-président pour le Rassemblement congolais pour la démocratie (RCD) ; Jean-Pierre Bemba Gombo, vice-président pour le Mouvement de libération du Congo (MLC) ; Arthur Z'ahidi Ngoma, vice-président pour les Forces du futur. Le gouvernement d'union nationale avait pour principaux objectifs la restauration de la paix dans l'Est du pays et l'organisation des élections législatives prévues au plus tard à la date du 30 juin 2005. Il devrait établir une transition démocratique sur la totalité du territoire national. Mais ces échéances électorales seraient reportées une première fois au 30 juin 2006. Elles se dérouleraient, finalement, le 30 juillet de la même année. Les trois principales tendances politiques à l'échelle nationale se sont en effet retrouvées à la direction de l'État. Elles l'ont gouverné à travers les différents postes ministériels, en partage avec les nombreuses factions politiques issues du conflit auxquelles il fallait ajouter la société civile. Mais l'Union pour la démocratie et le progrès social (UDPS) d'Étienne Tshisekedi wa Mulumba n'a pas participé à ce gouvernement. Celui-ci était d'une hybridité inhabituelle. En tout cas, cet ubuesque attelage resterait dans les annales de l'histoire de la République Démocratique du Congo comme l'une des théâtrales représentations politiques.

6.2 - Les scrutins de 2006

Les scrutins législatifs et présidentiel de 2006, auxquels l'UDPS a refusé de prendre part, ont abouti au second tour à l'élection de Joseph Kabila Kabange à la présidence de la République, face à Jean-Pierre Bemba Gombo. Mais le malheureux candidat du MLC contesterait les résultats proclamés au milieu des chars de l'armée nationale congolaise par l'abbé Apollinaire Malu Malu, en sa qualité de président de la Commission électorale indépendante (CEI). Des combats à l'arme lourde auraient lieu à Kinshasa, opposant les milices à la solde des deux candidats au scrutin présidentiel. Cela finirait à l'avantage des éléments armés au service de Joseph Kabila Kabange, épaulés et sauvés *in extremis* par les forces onusiennes. Ainsi assisterait-on à la fin de cet affrontement au terme du gouvernement de transition au Congo démocratique, et à l'adoption d'une nouvelle Constitution le 18 février 2006. La toute récente équipe gouvernementale se consacrerait dans la foulée au redécoupage territorial, tandis que le sénateur Jean-Pierre Bemba Gombo serait arrêté et extradé, sans même procéder à la levée de son immunité parlementaire, afin d'être jugé à La Haye par la Cour pénale internationale (CPI). La juridiction internationale acquitterait, après plusieurs années, le « Mobutu miniature » du fait de son absence de Bangui au moment des actes qui lui étaient reprochés. La CPI déclarerait néanmoins le 19 octobre 2016 l'ancien vice-président de la République, en vertu du principe de « la responsabilité du commandant », coupable de subornation de témoins dans le procès relatif aux crimes de guerre et crimes contre l'Humanité.

Confronté aux très puissantes pesanteurs de la *realpolitik*, le successeur de Laurent-Désiré Kabila a commencé par faire une entorse au nationalisme lumumbiste en guise de gage à quelques officines et gouvernements occidentaux. En effet, dans son allocution prononcée le 10 février 2004 au Sénat belge, Joseph Kabila Kabange a expliqué que :

> « l'histoire de la République Démocratique du Congo, c'[était] aussi celle des Belges, missionnaires, fonctionnaires et entrepreneurs qui crurent au rêve du roi Léopold II de bâtir, au centre de l'Afrique, un État. »

Un État prospère qui assurerait certes les finances des institutions étatiques du Royaume de Belgique, d'une manière ou d'une autre, pour très longtemps. Par voie de conséquence, au-delà de sa volonté, le président Joseph Kabila Kabange a été évidemment contraint de rendre hommage à la mémoire de tous les pionniers du système dominant belge. Il s'est plié au schéma postcolonial ayant consisté en la suprématie de l'ancienne puissance coloniale dans ses relations avec le Congo-Kinshasa. Cela a suscité *a fortiori* une indignation générale et des critiques acerbes à Kinshasa. N'ayant pas eu le réflexe de penser aux faits similaires survenus quelques années plus tôt, son successeur Félix Antoine Tshisekedi Tshilombo commettrait la même erreur le 8 juin

2022 à l'occasion de la visite du roi Philippe de Belgique. Lors d'un échange circonstanciel avec la presse congolaise sur le parvis du Palais du Peuple, le président de la République congolaise affirmerait, en toute naïveté, que :

> « [...] la porte d'entrée en Europe, parlant de l'Europe diplomatique, politique et des affaires, c'[était] la Belgique. Si la Belgique [grondait], ou si elle [était] fiévreuse par rapport à la RDC, toute l'Europe la [suivrait]. Voilà pourquoi c'[était] important pour [les Congolais] de redorer ces relations, de les améliorer et pourquoi pas aussi de projeter vers l'avenir. »

Au-delà de l'affirmation du président Félix Antoine Tshisekedi Tshilombo sur le fond, la manière de son annonce relèverait tout simplement de l'amateurisme. Dans ce cas précis, la connaissance des codes diplomatiques ferait grandement défaut.

Comme sous les régimes de ses trois prédécesseurs à la magistrature suprême, la présidence de Joseph Kabila Kabange n'a pas non plus été à l'abri de différentes tentatives armées en vue de la déstabilisation du territoire national.

> « [...] "Fini le cessez-le-feu. Les combats ont à nouveau repris ce samedi matin 8 novembre [2008] dans l'Est de la République Démocratique du Congo entre l'armée officielle et les troupes du général rebelle Laurent [Nkundabatware, dit Nkunda...].
> » Le chef de la diplomatie française Bernard Kouchner et son homologue britannique David Miliband ont souligné dimanche 2 novembre l'urgence de la situation dans l'Est de la République Démocratique du Congo (RDC), alors que des dizaines de milliers de réfugiés se trouvaient sur les routes du Nord-Kivu, [ayant tenté] de rejoindre les zones contrôlées par l'armée gouvernementale.
> » Après s'être successivement entretenus les 1er et 2 novembre avec les présidents congolais Joseph Kabila [Kabange], rwandais Paul Kagamé et tanzanien Jakaya [Mrisho] Kikwete, les deux ministres [européens ont insisté] dans un communiqué commun sur la nécessité d'une coordination "locale et internationale" pour parvenir à régler la crise. "Toutes les parties au conflit [ont reconnu] que les accords signés à Nairobi [le 9 novembre 2007][255] et à Goma (janvier 2008)

---

[255] Signature par les gouvernements de la République Démocratique du Congo et du Rwanda sur une approche commune afin d'enrayer la menace contre la paix,

[offraient] une bonne base pour reprendre le chemin de la paix", [ont-ils avancé] en [ayant considéré] que le cessez-le-feu du 29 octobre [devait] être "consolidé".
» Les deux ministres [présenteraient] un "rapport commun" de leur déplacement en [République Démocratique du Congo], au Rwanda et en Tanzanie à leurs collègues européens lors d'une réunion informelle à Marseille. L'envoi d'une force de l'Union européenne n'[était] pas vraiment à l'ordre du jour. "Rien n'[était pourtant] exclu, cela [restait] un point essentiel", a déclaré David Miliband aux journalistes, "mais nous [avions] les 17 000 hommes de la MONUC, et c'[était] évidemment le premier recours pour contribuer à la sécurité au Congo". Un chiffre repris par Bernard Kouchner qui a réaffirmé l'engagement du gouvernement français en matière humanitaire. »[256]

Comme rappelé plus haut, les dix premières années de la présidence de Joseph Kabila Kabange ont été émaillées de guerres à répétition dans l'Est de la République Démocratique du Congo. Des forces rebelles internes et externes, appuyées par des gouvernements voisins – notamment rwandais, burundais et ougandais –, n'ont cessé pendant très longtemps de déstabiliser le territoire congolais par la violence armée, les crimes de guerre et crimes contre l'Humanité, le pillage des ressources naturelles, les violences sexuelles sous le regard tacitement complice d'une prétendue communauté internationale représentée par un contingent onusien composé de plus de 20 000 hommes…

6.3 - Les scrutins de 2011

Joseph Kabila Kabange a été réélu en 2011 par à peu près 49 % des suffrages, contre, cette fois-ci, l'éternel opposant Étienne Tshisekedi wa Mulumba (32 %) et Vital Kamerhe (7,7 %), à l'issue d'un scrutin à un tour. Celui-ci était émaillé d'incidents dus à un processus électoral entiché de nombreuses irrégularités. Beaucoup d'organisations non gouvernementales, dont le *Carter Center* et la *Mission d'observation des élections de l'Union européenne*, recon-

---

ainsi que de parvenir à la stabilité des deux pays et de la région des Grands Lacs.
[256] In *RDC-Congo : retour sur « la première guerre mondiale africaine »*, Blandine Flipo, *Mediapart*, le 16 octobre 2008. Article consulté le 21 novembre 2021. Voir le lien ci-dessous : https://www.médiapart.fr/journal/international/101008/rdc-congo-retour-sur-la-premiere-guerre-mondiale-africaine.

naîtraient d'ailleurs la non-crédibilité dudit scrutin.

> « Les observateurs du *Centre Carter* ont indiqué que la qualité et l'intégrité du processus de compilation ont varié à travers le pays, [étant allée] de la bonne application des procédures à des irrégularités graves, y compris la perte de près de 2 000 plis [ayant contenu] des résultats de bureaux de vote à Kinshasa. Basé sur les résultats détaillés publiés par la CENI, il [était] également observé que dans différents endroits, notamment plusieurs circonscriptions de la province du Katanga, là où ont été constatés les taux de participation très élevés de 99 %, voire 100 %, les résultats étaient favorables au Président sortant Joseph Kabila [Kabange]. Ces observations, ainsi que la mauvaise gestion du processus de ramassage et de compilation des résultats, [ont compromis] l'intégrité de l'élection présidentielle. Les candidats et les partis politiques [ont eu] un temps limité pour soumettre leurs plaintes à la cour suprême et la compilation des élections législatives [était] toujours en cours.
> » Les problèmes observés durant la phase de compilation et les chiffres annoncés [étaient] aggravés par les difficultés d'accès des observateurs aux centres de compilation à travers le pays et l'absence d'accès officiel au centre national des résultats à Kinshasa. Le *Centre Carter* [était] donc dans l'incapacité de fournir une vérification indépendante de l'exactitude de l'ensemble des résultats ou du degré dans lequel ils [ont reflété] la volonté du peuple congolais.
> » Les défis rencontrés par la CENI ont été d'autant plus évidents qu'ils l'ont conduite à reporter de deux jours l'annonce des résultats prévue le 6 décembre pour ne les annoncer que le 9 décembre après-midi au siège de la CENI à Kinshasa. »[257]

Pourtant en février 2007, la *Mission d'observation des élections de l'Union européenne* s'était déjà projetée dans le futur. Pour cette mission européenne. En effet,

> « parmi les garde-fous nécessaires à la transparence et à l'intégrité des scrutins, il [était] apparu essentiel d'encadrer plus strictement le recours aux listes supplétives destinées à autoriser le vote d'électeurs légitimement inscrits mais ne figurant pas sur les listes électorales. L'expérience de ces élections pourrait amener à une réflexion

---

[257] In *Déclaration post-électorale de la compilation et annonce des résultats provisoires de l'élection présidentielle*, dans *News* du 10 décembre 2011. *Mission d'observation internationale du Centre Carter en RDC*, Élection présidentielle du 28 novembre 2011. Document consulté le 23 novembre 2021.

sur un système électoral et la définition de circonscriptions susceptibles d'assurer une meilleure représentativité des assemblées
élues. Enfin, l'adoption d'une législation encadrant le financement
des partis politiques et la mise en place d'une instance de régulation de l'audiovisuel et de la communication dotée de pouvoirs de
contrôle et de sanction renforcés devraient contribuer à un plus
grand pluralisme lors des consultations à venir. »[258]

Au vu des résultats du scrutin présidentiel de l'année 2011, force est
de constater que, d'une part, Joseph Kabila Kabange a été réélu par
moins de 50 % des votants. D'autre part, si l'opposition avait présenté
un seul candidat à ce scrutin à tour unique, le président sortant n'aurait
pas été reconduit. À ce propos, une question a longtemps nourri les
analyses de plus d'un observateur avisé. Pourquoi Vital Kamerhe avait-
il à tout prix maintenu sa candidature ? Seule une réflexion approfondie
sur le passé de différents antagonistes et protagonistes pourrait éclairer
la curiosité des lecteurs avertis. C'était donc un magistrat suprême très
affaibli politiquement qui a été réinvesti, après la contestation des résultats annoncés par la CENI. Cela augurait sans l'ombre d'un doute un
avenir difficile pour la République Démocratique du Congo sur les
plans interne, régional et extra-continental.

La réélection de Joseph Kabila Kabange à la présidence de la République Démocratique du Congo était rejetée par une opposition repré-
sentative de plus de 50 % des électeurs. De plus, les appréciations de
la communauté internationale n'ont fait que conforter le caractère illégitime du magistrat suprême en réalité minoritaire sur l'échiquier politique, ayant ainsi laissé la possibilité aux populations congolaises
d'orienter autrement leur destin commun. Encore fallait-il que les
Congolais de l'intérieur aient eu la lucidité et le courage d'emboîter le
pas à leurs compatriotes de l'extérieur. Ces derniers n'ont cessé de
dénoncer, à cor et à cri, ladite mascarade qu'ils ont considérée, depuis
le début du processus, comme un hold-up électoral.[259] Pourrait-on faire
le bonheur d'un peuple, sans qu'il en soit lui-même l'acteur principal

---

[258] In *Élections présidentiel, législatives et provinciales 2006*, par la *Mission électorale de l'Union européenne en République Démocratique du Congo*, dans
Rapport final, le 23 février 2007, Kinshasa, p. 4.
[259] In *Cinq questions à Gaspard-Hubert Lonsi Koko*, interview accordée au journal
Le Potentiel en décembre 2011.

ou, dans la moindre mesure, le promoteur ? Les populations congolaises auraient dû imposer, en tant que vecteur du changement, leur volonté à la classe politique.

Au cours de l'année 2016, ne pouvant se maintenir pour un troisième mandat conformément à la Constitution congolaise, Joseph Kabila Kabange et ses affidés ont décidé de repousser à une date ultérieure l'élection présidentielle. Pourtant favorable en 2011 au président sortant faute de l'union de l'opposition, le scrutin à un seul tour contribuerait à coup sûr à la défaite de son dauphin. L'outrecuidance du camp présidentiel a provoqué une crise politique, laquelle aboutirait à la non-représentation du président en fin de mandat.

6.4 - L'impossibilité d'un troisième mandat

Les multiples pressions, tant internationales que nationales, ainsi que politiques, religieuses et socio-économiques, ont obligé Joseph Kabila Kabange à ne pas modifier la Constitution en vue d'un troisième mandat. Une initiative dans l'optique du maintien à la magistrature suprême aurait été insensée de sa part. Les réticences se sont manifestées, entre autres, sous la forme des sanctions onusiennes, européennes et américaines contre des dignitaires du régime et sur leurs avoirs financiers[260]. En conséquence, en tant que garant moral de la majorité gouvernementale, la marge de manœuvre du président en fin de mandat était très infime. Tout compte fait, il s'est résolu le 8 août 2018 à soutenir la candidature d'Emmanuel Ramazani Shadary en tant que représentant de la coalition présidentielle au scrutin prévu le 23 décembre de la même année. Effectivement, impuissant et acculé dos au mur,

> « après avoir dépassé la durée légale de son mandat d'un an et demi, le président de la République Démocratique du Congo a décidé de ne pas se présenter à l'élection de décembre prochain et a désigné un dauphin qui lui [a offert] toutes les garanties d'impunité. »[261]

---

[260] In *Joseph Kabila, fin de règne forcée*, Jean-Marc Gonin, *Le Figaro,* le 17 août 2018. Article consulté le 23 novembre 2021. Voir le lien ci-dessous. https://www.lefigaro.fr/international/2018/08/17/01003-20180817ARTFIG00059-joseph-kabila-fin-de-regne-forcee.php.
[261] *Ibidem.*

Contre sa volonté, Joseph Kabila Kabange était mis devant le fait accompli. Il n'a pas osé franchir la ligne rouge qui aurait provoqué l'explosion du pays et généré des règlements de comptes, ainsi que des contentieux à l'échelle nationale. Il s'est à contrecœur conformé au dispositif constitutionnel interdisant de se représenter après deux mandats. Il se contenterait, s'est-il enfin imaginé, de tirer les ficelles de la marionnette qui lui succéderait.[262] Il fallait, pour mieux assurer ses intérêts personnels et la protection de ses proches, maîtriser complètement le processus électoral. La suite des événements était, à n'en pas douter, très prévisible. N'était pas Vladimir Poutine qui l'aurait tant souhait.

Des soupçons de fraude électorale ont finalement suscité moult hypothèses et controverses par rapport à la crédibilité du scrutin présidentiel ayant été organisé par des institutions encore à la solde de Joseph Kabila Kabange. Le candidat malheureux à ce processus, Martin Fayulu Madidi, a contesté les résultats, dès leur annonce, à l'instar de Jean-Pierre Bemba Gombo et d'Étienne Tshisekedi wa Mulumba dans le passé. Dans cette ambiance, la Conférence épiscopale du Congo a annoncé la non-conformité desdits résultats collectés par ses 40 000 observateurs présents sur le terrain. Coup de théâtre, le 15 janvier 2019, une fuite de documents de la Commission électorale nationale indépendante (CENI) a confirmé ces affirmations.

> « Des milliers de documents qui ont fuité le 15 janvier vers des médias étrangers [auraient prouvé] que Martin Fayulu [était] le véritable vainqueur de la présidentielle du 30 décembre. Le candidat de la coalition Lamuka aurait obtenu près de 60 % des voix selon ces données.
>
> » Alors que la Cour constitutionnelle avait commencé à examiner le recours déposé par Martin Fayulu, afin de contester les résultats de la présidentielle du 30 décembre 2018 qui le donnaient deuxième, derrière Félix Tshisekedi [Tshilombo], des milliers de documents [qui] ont fuité […] prouveraient que le candidat de la coalition Lamuka [était] le véritable vainqueur de la présidentielle.
>
> » Ces données, qui ont fuité vers le *Financial Times*, *TV5 Monde* et

---

262 In *Au Congo, un cardinal face à la dictature*, Jérémy André, *Le Figaro*. Article mis en ligne le 13 décembre 2018, consulté le 23 novembre 2021. Voir le lien ci-dessous.
https://www.lefigaro.fr/international/2018/12/13/01003-20181213ARTFIG00352-au-congo-un-cardinal-face-a-la-dictature.php.

Radio France internationale (RFI), [étaient] de deux origines différentes. Une partie, attribuée à la Commission électorale nationale indépendante (CENI), par l'intermédiaire d'un lanceur d'alerte, [aurait montré] que Martin Fayulu a obtenu 59,4 % des voix et [aurait concerné] 86 % des suffrages exprimés. L'autre partie [a émané] de l'Église catholique et [l'a donné] gagnant à 62,8 % des voix, ceci sur 43 % des suffrages [à départager entre Félix Antoine Tshisekedi Tshilombo et Emmanuel Ramazani Shadary].

» Les médias concernés [ont insisté] sur la corrélation étroite entre ces résultats, mais [n'ont pas caché non plus] que les données présentées comme provenant de la CENI [étaient] aussi passées par les mains de proches de Martin Fayulu. »[263]

Pour *La Libre Afrique*, laquelle a cité une dépêche de l'*Agence France Presse*,

« avec environ 60 % des voix, Martin Fayulu serait le gagnant incontesté de l'élection présidentielle en République Démocratique du Congo, [est-il ressorti] mardi de deux ensembles différents de données auxquels le *Financial Times* a pu avoir accès. La Commission électorale (CENI) a proclamé vainqueur son adversaire Félix Tshisekedi [Tshilombo] la semaine passée, alors qu'il n'aurait même pas recueilli 20 % des votes d'après ces données. Le quotidien britannique [a basé] son analyse sur des données de la CENI qui ont fuité et sur celles de l'Église catholique, qui [a affirmé] avoir déployé 40 000 observateurs le jour du scrutin. Les chiffres de la CENI [a attribué] 59,4 % des voix à Martin Fayulu. Félix Tshisekedi [Tshilombo] arriverait deuxième avec 19 % des votes. D'après les données de l'Église catholique, M. Fayulu [aurait même obtenu] 62,8 %. »[264]

Voilà la vérité sur l'officialisation des résultats des urnes ! Entre-temps, la proclamation en toute précipitation des données des élections

---

[263] In *Une fuite de documents révèle que Martin Fayulu serait le vainqueur de la présidentielle*, dans une dépêche de l'*Agence France Presse* reprise par *Jeune Afrique*. Article mis en ligne le 15 janvier 2019, consulté le 25 novembre 2021. Voir le lien ci-dessous.
https://www.jeuneafrique.com/706401/politique/rdc-une-fuite-de-documents-revele-que-martin-fayulu-serait-le-vainqueur-de-la-presidentielle.
[264] In *Une fuite de données désigne Fayulu comme gagnant des élections avec une large avance*. Article mis en ligne le 15 janvier 2019, consulté le 25 novembre 2021. Voir le lien ci-contre : https://afrique.lalibre.be/30868/rdc-une-fuite-de-donnees-designe-fayulu-comme-gagnant-des-elections-avec-une-large-avance.

législatives a attribué la majorité des deux tiers à la coalition du gouvernement sortant, le Front commun pour le Congo (FCC). N'en déplaise à quelques flatteurs en quête de postes ministériels, les conséquences de la vérité falsifiée des urnes étaient vraisemblablement connues dès lors que le vainqueur proclamé était minoritaire à l'issue des élections législatives. Cette annonce a auguré une cohabitation ayant d'emblée hypothéqué l'éventualité d'une alternance crédible et cautionné le schéma d'une coexistence conflictuelle, voire contre-productive au regard du fonctionnement des institutions étatiques.

L'accord politique a été conclu en *catimini* entre le Cap pour le changement (CACH) de Félix Antoine Tshisekedi Tshilombo et le Front commun pour le Congo de Joseph Kabila Kabange. Ainsi a-t-il attribué au premier la présidence de la République, tandis qu'au second le contrôle du gouvernement et de plusieurs secteurs régaliens par une mainmise sur l'Assemblée nationale, sans oublier les Assemblées et gouvernements provinciaux. La maîtrise de ces institutions permettrait par conséquent au président sortant d'exercer également le contrôle sur le Sénat, et de conserver au final les pouvoirs législatif et gouvernemental. En ayant accepté l'accord imposé par son prédécesseur, Félix Antoine Tshisekedi Tshilombo a d'office entériné un scénario qui lui était défavorable sur le papier. Dans l'euphorie et l'impatience de devenir à tout prix magistrat suprême, peu importait le fait d'apparaître comme un pantin et d'être minoritaire dans les deux chambres du Parlement, le fils du « lider maximo » a oublié un fait important. Évidemment, dans *Satires* de Juvénal, ce poète satirique romain de la fin du Ier et du début du IIe siècle, on apprend que « la couche nuptiale est l'asile des soucis ; c'est le lit où l'on dort le moins ». Laurent-Désiré Kabila avait commis cette erreur fatale, en ayant accédé à la présidence de la République sous la protection des armées étrangères. *De facto*, conscient ou non, il avait compromis l'unité territoriale. Par malheur, en n'ayant pas du tout retenu les conséquences de quelques actes d'un passé pourtant si proche, Félix Antoine Tshisekedi Tshilombo a pris le risque d'un conflit institutionnel que son prédécesseur Joseph Kabila Kabange avait supposé à son avantage. Les acteurs politiques congolais auraient-ils la mémoire courte ? Seraient-ils frappés d'amnésie ? À moins qu'ils aient négligé la vertu et la chose étatique au profit de l'intérêt personnel. Un piètre acteur ne tourne-t-il pas, en principe, dans le sens du vent ? De toute évidence, le politicien incompétent n'a aucun scrupule. Toutefois, l'incompatibilité systémique aurait raison de l'alliance entre le FCC et le CACH. Elle provoquerait un changement de dispositif en vue d'une nouvelle majorité.

6.5 - Un bilan moins glorieux

À l'exception du surendettement du pays qui est passé de 150 % du PIB à son arrivée au pouvoir en janvier 2001 à 17 % à la fin de son second mandat en décembre 2018, le bilan de Joseph Kabila Kabange n'a pas du tout été glorieux. Le PIB n'a augmenté que de 6 milliards USD (beaucoup moins que les sommes dilapidées au Trésor public), la croissance a négativement fluctué d'une année à l'autre et la République Démocratique du Congo a connu la récession à partir de 2016. Même si le chômage a évolué en baisse de 16 % à 11 % en 2001, le gouvernement congolais n'est pas parvenu à juguler le déficit qui s'est toujours fixé à plus de 5 %. En 2011, le Fonds monétaire international (FMI) et la Banque mondiale ont quasiment mis un terme à leurs opérations au regard de la politique économique du gouvernement.

Le Congo-Kinshasa n'a pas non plus brillé, sous la présidence de Joseph Kabila Kabange, en matière des droits fondamentaux de la personne. En novembre 2008, l'organisation non gouvernementale *Human Rights Watch* (HRW) a dénoncé dans un rapport la répression politique qui s'est amplifiée depuis les élections de 2006. Plus de 500 personnes ont été tuées, tandis que 1 000 arrêtées et torturées.[265] Le recours à la violence a systématiquement permis, depuis 2011, de réprimer les étudiants ou les manifestations publiques, ainsi que de dissuader certains opposants politiques et activistes de la société civile. Pour Kenneth Roth, à l'époque directeur exécutif de *Human Rights Watch*,

> « les forces de sécurité congolaises ont utilisé des méthodes brutales afin de réduire au silence des personnes qui critiquaient de manière pacifique le gouvernement »[266].

---

[265] In *RD Congo : Le Président réprime brutalement l'opposition*, rapport de *Human Rights Watch*, 25 novembre 2008. Article consulté le 23 novembre 2021. Voir le lien ci-contre : https://www.hrw.org/fr/news/2008/11/25/rd-congo-le-president-reprime-brutalement-lopposition.

[266] In *RD Congo : La répression contre la dissidence est la principale source d'inquié-*

Plutôt que de s'obstiner dans la défense de leurs propres intérêts aux dépens du confort social des populations congolaises,

> « les autorités [auraient dû] mettre fin à la répression, libérer de toute urgence toute personne détenue à tort et sanctionner de manière appropriée toutes les personnes responsables de meurtres et d'autres exactions »[267].

Kenneth Roth s'est ainsi montré très critique le 22 juillet 2015, à l'occasion d'une conférence de presse à Kinshasa, contre le système répressif instauré par le régime du président Joseph Kabila Kabange à l'encontre de la moindre dissidence indépendamment de sa catégorie ou classification. Ont été notamment mises en cause, la Garde républicaine (GR), la Légion nationale d'intervention (LENI) – anciennement nommée Police d'intervention rapide (PIR) –, ainsi que l'Agence nationale de renseignements (ANR).

> « Déjà sous sanctions américaines depuis décembre 2016 et régulièrement visé par des organisations de défense des droits humains, Kalev Mutond [était], selon le document du parquet transmis à [Justin] Inzun Kakiak, mis en cause pour "tortures physiques et morales, arrestations arbitraires, détention illégale, menaces de mort, et tentative d'assassinat" sur [la personne de] Jean-Claude Muyambo Kyassa, ancien bâtonnier de Lubumbashi arrêté en 2015 et gracié début 2019, [ainsi que] Cyrille Dowe Mupampa, deux farouches opposants à Joseph Kabila [Kabange] depuis 2015. »[268]

Sous la présidence de Félix Antoine Tshisekedi Tshilombo, l'ancien puissant patron de l'ANR, en l'occurrence Kalev Mutond, serait donc poursuivi pour arrestations arbitraires, traitements cruels, inhumains

---

tude relative aux droits humains, dans *Human Rights Watch*. Article consulté le 23 novembre 2021. Voir le lien ci-dessous.
https://www.hrw.org/fr/news/2015/07/22/rd-congo-la-repression-contre-la-dissidence-est-la-principale-source-dinquietude.
[267] *Ibidem*.
[268] In *RDC : Kalev Mutond, l'ex-patron de l'ANR, de nouveau dans le viseur de la justice*, Stanis Bujakera Tshiamala, *Jeune Afrique*. Article mis en ligne le 19 février 2021, consulté le 23 novembre 2021. Voir le lien ci-dessous.
https://www.jeuneafrique.com/1124416/societe/rdc-kalev-mutond-lex-patron-de-lanr-de-nouveau-dans-le-viseur-de-la-justice.

et dégradants… Cette mise en cause concernerait des faits et actes commis quand il était le chef des services de renseignements généraux. Après un départ en tapinois vers une destination inconnue, alors qu'une vidéo sur les réseaux sociaux le montrerait attablé dans une maison à Kinshasa, un mandat d'amener et un avis de recherche seraient établis contre sa personne. Des perquisitions seraient entre-temps réalisées dans ses résidences.

Kalev Mutond était l'homme le plus redouté du régime de Joseph Kabila Kabange, comme l'avait également été le très cynique André-Honoré Ngbanda Nzambo Ko Atumba sous le règne de triste mémoire du maréchal Mobutu. Si pour quelques observateurs de la chose politique zaïroise, Ngbanda Nzambo avait été le *Terminator*, d'aucuns ont pensé que Mutond aurait mérité le surnom d'*Exterminator*.

> « Kalev Mutond, qui [figurait] également sur la liste des personnalités congolaises ciblées par les sanctions européennes depuis 2017 pour avoir notamment "contribué – en les [ayant planifiés, dirigés ou commis] – à des actes [ayant constitué] de graves violations des droits de l'Homme", a été interdit en février 2021 de quitter le pays après une brève interpellation pour "détention illégale" d'un passeport diplomatique. Ses proches [ont assuré] qu'il [était resté] "serein", et [dénoncé] la fuite, sur les réseaux sociaux, de la convocation de l'ex-patron des renseignements par le parquet jeudi 18 février [de la même année]. Ce dernier ne s'y [était] pas rendu, mais ses avocats étaient en contact avec le parquet général. »[269]

Kalev Mutond n'a pas été le seul baron de la *kabilie kabanguiste* à avoir eu maille avec la justice. Le général John Numbi, ancien chef de la Police nationale congolaise (PNC), déserterait précipitamment le territoire congolais le 22 mars 2021 pour se réfugier au Zimbabwe. Il serait soupçonné d'avoir commandité en 2010 l'assassinat du militant des droits humains Floribert Chebeya et son conducteur Fidel Bazana. En effet,

> « en février [2021], deux policiers congolais en "exil", Hergil Ilunga et Alain Kayeye Longwa, [avaient] affirmé à *Radio France internationale* (RFI) avoir participé à l'assassinat de M. Chebeya et accusé le général Numbi de l'avoir commandité.
> » Figure de l'ONG la *Voix des sans-voix* (VSV), M. Chebeya avait été

---

[269] *Ibidem.*

convoqué le 1er juin 2010 dans les locaux de la police à Kinshasa pour y rencontrer le général Numbi, qui la dirigeait à l'époque, lequel [a nié] avoir fixé ce rendez-vous. Le corps de Chebeya [serait] retrouvé le lendemain dans sa voiture à la périphérie de Kinshasa. Son chauffeur, Fidèle Bazana, qui l'avait accompagné à ce rendez-vous, a depuis disparu et son corps n'a jamais été retrouvé.

» [...] Après les témoignages des deux policiers à *RFI*, de nombreuses voix se sont élevées pour réclamer la réouverture du procès et des poursuites contre le général Numbi. »[270]

À l'initiative de l'association *Union du Congo* (UDC), un collectif congolais de soutien à la lutte pour le changement démocratique au Congo régi par la loi française du 1er juillet 1901, plusieurs personnes avaient participé le 2 juin 2011 sur le parvis des Droits de l'Homme à la place du Trocadéro à Paris à un rassemblement public. Ils avaient surtout manifesté dans le but d'exiger « une justice équitable et juste pour le prononcé du jugement sur l'assassinat de défenseurs des droits humains, Floribert Chebeya et de son chauffeur Fidèle Bazana »[271].

À l'instar des activistes des Droits de l'Homme qui s'étaient recueillis sur la tombe de Floribert Chebeya au cimetière de Mbenseke dans le cadre de la commémoration du premier anniversaire de son assassinat, les Congolais de France s'étaient volontiers insurgés contre la Haute Cour militaire de la ville de Kinshasa. Ils avaient souhaité que cette institution se prononce enfin en fonction des faits réels.

« Sous sanctions américaines et de l'Union européenne pour des atteintes aux droits humains entre 2016 et 2018 sous la présidence de Joseph Kabila [Kabange], dont il était l'un des principaux sécurocrates, le général Numbi [avait été] démis en juillet 2020 de ses fonctions d'inspecteur général de la police par le président Félix Tshisekedi [Tshilombo], élu fin 2018. »[272]

---

[270] In *L'ancien chef de la police John Numbi a fui au Zimbabwe*, dans *Le Monde* avec l'*Agence France Presse*. Article mis en ligne 23 mars 2021, consulté le 23 novembre 2021. Voir le lien ci-dessous.
https://www.lemonde.fr/afrique/article/2021/03/23/rdc-l-ancien-chef-de-la-police-john-numbi-a-fui-au-zimbabwe_6074135_3212.html.
[271] In *Procès Chebeya et Bazana : Les Congolais de France réclament justice*, Robert Kongo, *Le Potentiel* repris en juin 2011 par *All Africa*, consulté le 20 décembre 2021. Voir le lien ci-contre : https://fr.allafrica.com/stories/201106061617.html.

Lors du procès en appel de l'affaire Floribert Chebeya qui s'était déroulé dans les locaux de la police à Kinshasa, un policier, l'officier Paul Mwilambwe, se démarquerait. Il n'hésiterait pas du tout à citer les noms de plusieurs personnalités impliquées selon ses déclarations dans cet assassinat, y compris l'ancien président de la République Joseph Kabila Kabange.

> « Dans leur communiqué, les ONG signataires [exigeraient] "la comparution et l'audition de toutes les personnalités citées par le major Paul Mwilambwe, afin de les confronter à ce dernier avant les plaidoiries", [écriraient] ces organisations, après "des révélations accablantes" des policiers "exécutants" [ayant] décidé "de délier leurs langues". »[273]

Mais la Haute Cour militaire rejetterait le 19 janvier 2022 ladite demande de comparution du sénateur à vie et d'autres personnes citées dans ce dossier. Cette juridiction a fait prévaloir son pouvoir discrétionnaire, et un vice de procédure dans la démarche des parties civiles.

La justice congolaise s'intéresserait également au cas de Barnabé Kikaya bin Karubi, ancien secrétaire particulier et conseiller diplomatique de l'ex-magistrat suprême Joseph Kabila Kabange. Kikaya Bin Karubi quitterait le territoire congolais en *catimini* dans la nuit du 23 au 24 juin 2021. Il prendrait en effet le bateau à destination d'un pays d'Afrique australe, après une citation dans une affaire d'utilisation tout à fait abusive des cartes bancaires directement liées au compte général du Trésor public.[274]

Des activistes et des journalistes ont très souvent été torturés et tués par les agents des services secrets, sous la présidence *kabiliste kaban-*

---

[272] In *L'ancien chef de la police John Numbi a fui au Zimbabwe, op. cit.*

[273] In *Procès Chebeya en RDC : la justice rejette la demande de comparution de Joseph Kabila*. Article de *Radio France internationale* mis en ligne le 19 janvier 2020, consulté le 20 janvier 2021. Voir le lien ci-contre : https://www.rfi.fr/fr/en-bref/20220119-proc%C3%A8s-chebeya-en-rdc-la-justice-rejette-la-demande-d-audition-de-l-ex-pr%C3%A9sident-joseph-kabila.

[274] In *Dans le viseur de la justice, Kikaya bin Karubi a « fui en bateau »*, Stéphie Mukinzi, dans *politico.cd*. Article mis en ligne le 12 août 2021, consulté le 23 novembre 2021. Voir le lien ci-dessous. https://www.politico.cd/encontinu/2021/08/12/dans-le-viseur-de-la-justice-kikaya-bin-karubi-fui-en-bateau.html/90233.

guiste. En novembre de l'année 2018, une enquête de *RFI* et du quotidien français *Le Monde* ont d'ailleurs fait des révélations sur la probabilité de l'implication du régime congolais dans l'assassinat de deux experts des Nations Unies en mars 2017. Cet acte criminel a été attribué aux adeptes de la rébellion Kamuina Nsapu contre les forces de sécurité, du 8 août 2016 à l'année 2019, dans le Grand Kasaï regroupant les anciennes provinces du Kasaï-Occidental et du Kasaï-Oriental.

> « Enlevés depuis le 12 mars 2017, les deux Experts, Michael Sharp de nationalité américaine et Zaida Catalan de nationalité suédoise, en compagnie de quatre Congolais dont l'interprète Betu Tshintela alors qu'ils étaient en plein exercice de leurs fonctions, les corps sans vie de trois précités ont été découverts parmi lesquels celui de madame Zaida décapité. »[275]

Non respectueux des droits fondamentaux de la personne, à la fin du dernier mandat présidentiel de Joseph Kabila Kabange, la République Démocratique du Congo était classée 176ème pays sur 200 à propos de l'indice de développement humain. La misère y était inimaginable, au regard des ressources naturelles et minérales dont ont toujours regorgé depuis la nuit des temps le sol et sous-sol congolais.

6.6 - Les détournements des fonds publics

Selon le professeur Emmanuel-Janvier Luzolo Bambi Lessa, l'ancien conseiller spécial de l'ex-chef de l'État Joseph Kabila Kabange en matière de bonne gouvernance, de lutte contre la corruption et financement du terrorisme, la République Démocratique du Congo était défaillante en matière de budget et de recettes. Le pays perdait chaque année au moins 15 milliards USD du fait de la corruption et du détournement des fonds publics, avant la présidence *tshisekediste*.

> « Il [était] un secret de polichinelle que d'affirmer que la corruption [existait] et qu'elle [gangrenait] gravement les institutions. J'[avais]

____

[275] In *Mort de deux experts de l'ONU, la VSV exige une enquête et des sanctions sévères contre les auteurs*. Article mis en ligne le 29 mars 2017, consulté le 23 novembre 2021. Voir le lien ci-contre : https://www.sautiyacongo.org/rdc-mort-de-deux-experts-de-lonu-la-vsv-exige-une-enquete-et-des-sanctions-severes-contre-les-auteurs.

toujours engagé un débat sur le paradoxe congolais entre la taille de notre budget et le coulage des recettes. C'est-à-dire, nous [avions] un budget de 5 milliards de dollars et j'[avais] toujours affirmé haut que nous [perdions] chaque année au moins 15 milliards.

» Lorsque vous [sillonniez] les 200 prisons à peu près que nous [avions] au pays, j'[avais] bien peur que vous ne trouviez des personnes condamnées pour corruption ou détournement des deniers publics sur les cinq mille détenus à peu près que nous [avions]. Donc, la quasi-inexistence de sanctions en matière de corruption. »

Ainsi s'est exprimé le professeur Luzolo Bambi Lessa le 20 juin 2018 à l'ouverture de la rencontre régionale concernant l'Afrique qui s'est tenue à Kinshasa jusqu'au 22 juin 2018, ayant été organisée par *Transparency International*. Ce constat a confirmé que les différents gouvernements n'ont donc pas brillé, sous la présidence de Joseph Kabila Kabange, dans la lutte contre la corruption, ni dans les actions contre le détournement des deniers publics.

6.6.1 - Les *Panama Papers*

En référence aux *Pentagon Papers* sur la guerre du Viêt Nam relatifs au dossier secret de 7 000 pages ayant été révélé au public en 1971 par le *New York Times* et une quinzaine d'autres journaux américains, les *Panama Papers* ont concerné la divulgation des données de plus de 11,5 millions de documents confidentiels. Ceux-ci étaient détenus par le cabinet d'avocats panaméen *Mossack-Fonseca*[276]. Ces registres ont détaillé des informations sur plus de 214 000 sociétés offshore et les noms de leurs actionnaires. Parmi les bénéficiaires des prestations dudit cabinet figuraient des femmes et des hommes politiques, des milliardaires, des sportifs de haut niveau ou des célébrités.

---

[276] Cabinet de conseil spécialisé dans la domiciliation de sociétés offshore. Il a été fondé en 1977 par deux avocats fiscalistes, le Panaméen d'origine allemande Jurgen Mossack, fils d'un *Waffen-SS*, et le Panaméen de souche Ramon Fonseca.
Pour rappel, la *Waffen-SS* signifie littéralement en allemand « escadron de protection en armes ». Il s'est agi de la branche militaire de la *Schutzstaffel* (SS), dont elle a constitué l'une des composantes les plus importantes avec la *SS générale* (*Allgemeine SS*), le service de sécurité (*Sicherheitsdienst*) et les unités à tête de mort (*SS-Totenkopfverbände*).

« En Suisse, plusieurs avocats [ont été] pointés du doigt, notamment le "ténor du barreau" Marc Bonnant qui "[est apparu] comme […] ayant été directeur d'au moins 176 sociétés offshore enregistrées par le cabinet *Mossack-Fonseca* un peu partout dans les juridictions exotiques". Il aurait eu recours à "*Bigland Entreprises,* une boîte aux lettres établie à l'adresse du siège de *Mossack-Fonseca* à Panama City qui permettait de garder secrète l'identité des bénéficiaires des sociétés qu'il dirigeait". Plusieurs montages financiers complexes y [mettaient] en lumière des noms considérés comme "sulfureux" tels que Dan Gertler, homme d'affaires, proche du président congolais Joseph Kabila [Kabange], accusé par la presse et des ONG d'avoir trafiqué des pierres en provenance de régions en guerre – les fameux diamants du sang. » [277]

Augustin Katumba Mwanke avait la haute main sur la gestion des matières premières congolaises. Cet homme, qui était considéré comme « le vice-président de la République », murmurait en toute efficacité à l'oreille du magistrat suprême. Il avait remis à Dan Gertler au début des années 2000 les clés du Katanga, cette province qualifiée de coffre de la République Démocratique du Congo.

« […] "Dan Gertler [a] fait partie des gens qui [ont paralysé] l'économie congolaise", [a constaté] un diplomate occidental à Kinshasa. "Les autorités congolaises n'ont pas la capacité d'enquêter sur les circuits financiers offshore", [a déploré] de son côté le député congolais Samy Badibanga. "La RDC est devenue une plateforme importante de blanchiment d'argent, de fraude fiscale et d'évasion illégale de capitaux". Une fois encore, le groupe *Fleurette* [a contesté]. "Nous employons 30 000 personnes (en RDC) nous sommes la plus grande source privée de recettes fiscales pour le gouvernement congolais", [a martelé] Pieter Deboutte, le bras droit de Dan Gertler à Kinshasa. »[278]

---

[277] In *Comment des avocats genevois exploitent les failles de l'offshore*, Titus Plattner, Catherine Boss, Christian Brönnimann et Pascale Burnier, *La Tribune de Genève*. Article mis en ligne le 6 avril 2016, consulté le 25 novembre 2021. Voir le lien ci-dessous.
https://www.tdg.ch/news/standard/avocats-genevois-exploitent-failles-offshore/story/18863799.
[278] In « *Panama papers* » : *Dan Gertler, roi du Congo et de l'offshore*, Joan Tilouine, *Le Monde*. Article mis en ligne le 24 mars 2016, consulté le 25 novembre 2021. Voir le lien ci-contre : https://www.lemonde.fr/afrique/article/2016/04/07/panama-papers-dan-gertler-roi-du-congo-et-de-l-offshore_4898097_3212.html.

Mais le richissime et affairiste israélien Daniel Gertler (dit Dan) était aussi une très proche relation de l'ancien gouverneur du Katanga, en l'occurrence le milliardaire Moïse Katumbi Chapwe.

> « Des circuits offshore qui [commençaient] à inquiéter Kinshasa. Pour des raisons politiques, Moïse Katumbi [Chapwe], l'ancien gouverneur du Katanga, a rallié la principale coalition de l'opposition qui l'a désigné, le 30 mars 2016, comme candidat [du G7[279]] à la présidence [de la République]. Il [est apparu] comme la menace la plus sérieuse pour le chef de l'État, Joseph Kabila [Kabange], qui se [méfiait] désormais de son "ami" Dan Gertler. "Le président n'[avait] pas d'amis, [a tranché] un de ses conseillers. Dan [Gertler était] beaucoup trop proche de Moïse [Katumbi Chapwe]. Le président [savait] bien qu'il [pouvait] trahir et [le tenait] à distance." Ce qui [a] fait sourire l'entourage de M. Katumbi [Chapwe], qui [a oublié] tout lien financier avec Dan Gertler : "Dan [devait] tout à Kabila [Kabange], qui lui [devait] une bonne partie de sa fortune".
> » De fait, le chef de l'État [redoutait] désormais que la fortune qu'il [avait] autorisé Dan Gertler à accumuler s'en aille financer la campagne d'un adversaire pour l'élection présidentielle, prévue fin 2016. »[280]

Parmi ces personnalités congolaises figuraient notamment la députée nationale Jaynet Désirée Kabila, la future Kyungu, sœur jumelle de Joseph Kabila Kabange. Elle a été enregistrée en tant que codirectrice de *Keratsu Holding Limited*, une entreprise créée en juin 2001 et enregistrée à Niue dans la petite île du Pacifique Sud, tout juste quelques jours après la désignation de son frère à la magistrature suprême. Elle aurait été associée à Kalume Nyembwe Feruzi, un proche du défunt président Laurent-Désiré Kabila.[281]

D'après l'agence de presse *Bloomberg* appartenant à un groupe financier américain, Jaynet Désirée Kabila Kyungu possédait indirectement une partie du capital de la filiale congolaise détenue par la société sud-africaine *Vodacom* par le biais de *Keratsu Holding Limited*, l'un des principaux opérateurs de téléphonie nationale, moyennant

---

[279] Structure composée de sept partis frondeurs de la Majorité présidentielle (MP).
[280] In « *Panama papers* » : *Dan Gertler, roi du Congo et de l'offshore*, op. cit.
[281] In *Panama Papers : Jaynet Kabila a-t-elle brisé la loi, le scandale expliqué*, Erick Bukula. Article mis en ligne le 5 avril 2016, consulté le 25 novembre 2021. Voir le lien ci-contre : http://voiceofcongo.net/panama-paper-jaynet-kabila-a-t-elle-brise-la-loi-le-scandale-explique.

19,6 %. Cela lui aurait permis d'accumuler une fortune colossale. D'après certaines déclarations, dont celles de Jason Stearns, spécialiste du Congo-Kinshasa à l'université de New York, faites par le truchement de l'agence *Bloomberg*,

> « les parts de Jaynet Kabila [Kyungu] dans *Vodacom* [donnaient] un petit aperçu de ce que beaucoup [présumaient] être une série d'actifs diversifiés très importante, détenue par la famille [de l'ancien] Président »[282].

En effet, d'après les révélations du *Congo Hold-up*, le fameux clan Kabila Kabange aurait amassé une véritable fortune depuis la prise de pouvoir en mai 1997 par Laurent-Désiré Kabila.

6.6.2 - *Congo Hold-up*

Une enquête a révélé en novembre 2021 qu'« au moins 138 millions de dollars » de deniers publics ont été détournés par l'entremise de la *BGFI Bank* au profit du clan de Joseph Kabila Kabange. Cette investigation a mis en lumière les révélations sur le « mode d'emploi d'une kleptocratie » organisée et constituée autour de l'ancien président de la République Démocratique du Congo. Dans un communiqué commun du quotidien français *Mediapart* et de la *Plateforme de protection des lanceurs d'alerte en Afrique* (PPLAAF)[283], Gabriel Bourdon-Fattal a rapporté que, au moment des faits à propos de la *BGFI Bank RDC*, la filiale de la *Banque gabono-française internationale* (*BGFI Bank*), un établissement bancaire gabonais, était concernée par quelques dossiers litigieux. Ce juriste et ancien élève du *Centre européen des droits constitutionnels et des droits de l'Homme* de Berlin a noté que :

---

[282] In *Scandale des Panama Papers, le clan Kabila éclaboussé*, Adrien Seyes, *Afrik.com*. Article mis en ligne le 6 avril 2016, consulté le 25 novembre 2021. Voir le lien ci-contre : https://www.afrik.com/rdc-scandale-des-panama-papers-le-clan-kabila-eclabousse.

[283] Cette enquête a été réalisée par dix-neuf médias, dont *Radio France internationale* (RFI) et *Le Soir*, coordonnés par *European Investigative Collaborations* (EIC), et cinq ONG internationales (PPLAAF, *The Sentry*, *Groupe d'Étude sur le Congo* (GEC), *Resource Matters*, *Public Eye*).

« cette banque en [République Démocratique du Congo] et ailleurs, depuis des années, [a été] le sujet de nombreuses enquêtes. Au moment des faits, on [a parlé] d'une banque qui [a appartenu] à 40 % à la sœur de Joseph Kabila [Kabange en la personne de Gloria Mteyu] et qui [était] dirigée directement par son frère adoptif [Francis Selemani Mtwale]. Le groupe bancaire *BGFI*, qui [était] connu pour son histoire trouble, marquée par des affaires de corruption [ayant impliqué] des autocrates et des entreprises européennes, a facilité des stratagèmes frauduleux pour des hommes d'affaires, des politiciens, des financiers présumés du Hezbollah et d'autres. »[284]

L'enquête intitulée *Congo Hold-up* a en effet ciblé, parmi les principaux responsables présumés de ces détournements de fonds publics, des membres de la famille de l'ancien président Kabila Kabange, ainsi que certains de ses associés et collaborateurs les plus proches. Les actes concernés se sont déroulés entre 2001 et 2013. Pis encore, selon ladite investigation, entre 2013 et 2018, tout ce beau monde aurait fait main basse, avec la complicité de la *BGFI Bank* à travers quelques entreprises comme *Sud Oil*, sur l'équivalent de 250 000 années de salaire moyen en République Démocratique du Congo.[285]

> « *Sud Oil* a été créée en 2008 par Pascal Kinduelo, un homme d'affaires proche de la famille Kabila [Kabange], qui [deviendrait] président du conseil d'administration de la *BGFI Bank RDC* deux ans plus tard. M. Kinduelo possédait 60 % de ses parts. Les 40 autres pour cent étaient détenus par ses filles Mina et Lyvie Kinduelo.
> » Au départ, *Sud Oil* [était] une véritable société de distribution de pétrole : elle [possédait] un petit réseau de sept stations-service. Mais en 2011, elle [a vendu] ces stations et [a semblé] entrer en sommeil.

[284] In « *Congo Hold-up* » *ou les révélations sur le* « *mode d'emploi d'une kleptocratie* » *bâtie autour de l'ancien président Joseph Kabila*, Falila Gbadamassi, *France Info*. Article mis en ligne le 22 novembre 2021, consulté le 23 novembre 2021. Voir le lien ci-contre : https://www.francetvinfo.fr/monde/afrique/republique-democratique-du-congo/rdc-congo-hold-up-ou-les-revelations-sur-le-mode-demploi-d-une-kleptocratie-batie-autour-de-l-ancien-president-joseph-kabila_4854 635.html.
[285] In *Congo Hold-up : la plus importante fuite de documents bancaires d'Afrique*, Sonia Rolley, *Radio France Internationale*. Article mis en ligne le 19 novembre 2021, consulté le 23 novembre 2021. Voir le lien dessous. https://www.rfi.fr/fr/afrique/20211119-congo-hold-up-la-plus-importante-fuite-de-documents-bancaires-d-afrique.

Mais elle [a connu] ensuite une deuxième vie, quand la famille Kabila en [a pris] le contrôle.

» Officiellement, selon un procès-verbal, le 4 octobre 2013, [s'est tenue] une assemblée générale extraordinaire de *Sud Oil*. Les actionnaires déclarés à cette occasion [étaient] Aneth Lutale, femme de Francis Selemani Mtwale (80 %) et Gloria Mteyu (20 %). Au début de la séance, les gérants [étaient] encore Pascal Kinduelo et l'une de ses filles. Mais quand l'assemblée [s'est terminée], ils ont démissionné et [ont été] remplacés par un certain David Ezekiel. »[286]

Les proches du président Joseph Kabila Kabange se seraient servis de la structure dénommée *Sud Oil* pour spolier les populations congolaises du bénéfice de leurs richesses. D'après les sources de l'enquête menée par l'*European Investigative Collaboration*, cette société aurait encaissé, avec ses entreprises satellites, plus de 150 millions de dollars, dont 28 millions de cashs et 92 millions d'argent public sur leurs comptes à la *BGFI Bank*.[287] Rien d'étonnant dès lors que les membres de la famille de l'ancien président Joseph Kabila Kabange, devenu sénateur à vie[288], notamment sa sœur jumelle Jaynet Désirée Kabila Kyungu et son épouse Olive Lembe di Sita, auraient été propriétaires ou gérants de plus de 70 entreprises congolaises. Impliquées dans de nombreux secteurs économiques nationaux, dont les banques et les exploitations minières, elles auraient rapporté, paraît-il, plusieurs centaines de millions de dollars.[289] Beaucoup d'allégations de corruption étaient encore

---

[286] In *Congo Hold-up : Sud Oil, la siphonneuse du premier cercle de Joseph Kabila*, Sonia Rolley, *Radio France Internationale*. Article mis en ligne 19 novembre 2021, consulté le 23 novembre 2021. Voir le lien ci-dessous.
https://www.rfi.fr/fr/afrique/20211119-congo-hold-up-sud-oil-la-siphonneuse-du-premier-cercle-de-joseph-kabila.
[287] *Ibidem.*
[288] Dont les émoluments s'élèveraient, d'après l'ONG *Lutte pour le changement* (Lucha), à 680 000 USD par mois en violation des articles 56, 57 et 58 de la Constitution de la République Démocratique du Congo relatifs à « la répartition équitable des richesses du pays ». Selon l'article 58, « tous les Congolais ont le droit de jouir des richesses nationales. L'État a le devoir de les redistribuer équitablement et de garantir le droit au développement ». Voir aussi le lien ci-contre : https://www.rfi.fr/fr/afrique/20201123-les-%C3%A9moluments-de-joseph-kabila-suscitent-toujours-la-pol%C3%A9mique.
[289] In *RDC : Bloomberg révèle l'empire économique bâti par la famille Kabila*. Article mis en ligne sur le site Internet de *Radio France Internationale* le 16 décembre 2016, consulté le 23 novembre 2021. Voir le lien ci-dessous.

d'actualité dès le début du premier mandat du président sorti.

Il est difficile d'estimer, a-t-il semblé, le montant exact qu'aurait illicitement rapporté cette activité économique. Cela pourrait atteindre les 350 millions de dollars sur quatre années pour l'une de ces sociétés, ont avancé les enquêteurs de *Bloomberg* en s'étant appuyés sur des documents de différentes entreprises.[290]

Dans une interview accordée à la journaliste Léa-Lisa Westerhoff diffusée sur les ondes de *Radio France Internationale*, le journaliste d'investigation Franz Wild a précisé que :

> « dans le secteur du cuivre et cobalt, on a pu avoir une estimation des recettes et [...] on a trouvé des centaines de millions de dollars. C'[était] une société qui [appartenait] à la sœur jumelle de Joseph Kabila [Kabange], Jaynet [Désirée] Kabila [Kyungu], à la fille du président, au frère et à l'assistant financier du chef de l'État. »[291]

Rien de tout à fait surprenant au regard de l'article 96 de la Constitution congolaise. Celle-ci interdit au chef de l'État toute activité professionnelle, mais non aux membres les plus proches de sa famille. Joseph Kabila Kabange, son épouse, ses deux enfants mineurs à l'époque des faits, ainsi que huit de ses frères et sœurs, auraient détenu plus de 120 permis d'extraction d'or, de diamants, de cuivre ou de cobalt. Les enquêteurs de *Bloomberg* ont d'ailleurs mentionné deux entreprises familiales qui, à elles seules, posséderaient les permis d'exploitation des mines de diamant sur au moins 700 kilomètres, le long de la frontière avec l'Angola.[292]

Toujours dans le cadre de cette enquête internationale, des révélations ont confirmé que *Port de Fisher* a figuré sur la liste de plusieurs sociétés auxquelles l'ancien président de la République Démocratique

---

https://www.rfi.fr/fr/afrique/20161216-rdc-agence-bloomberg-revele-empire-economique-bati-famille-kabila-president.

[290] In *With His Family's Fortune at Stake, President Kabila Digs*, Michael J. Kavanagh, Thomas Wilson et Franz Wild, *Bloomberg*. Article mis en ligne le 15 décembre 2016, consulté le 23 novembre 2021. Voir le lien ci-dessous.

https://www.bloomberg.com/news/features/2016-12-15/with-his-family-fortune-at-stake-congo-president-kabila-digs-in.

[291] In *RDC : Bloomberg révèle l'empire économique bâti par la famille Kabila*, *op. cit.*

[292] *Ibidem.*

du Congo aurait été directement ou indirectement concerné. D'après l'article de l'agence américaine *Bloomberg*,

> « *Port de Fisher* a vu le jour [...] le 20 août 2012, à en croire le registre congolais des sociétés. Selon des statuts de cette société datés du 28 septembre 2013 et obtenus par […] l'ONG *The Sentry*, ses activités [avaient] des allures de fourre-tout : commerce général des produits agricoles, exploitation portuaire, prestations de services de toute nature, manutention, entreposage, transport fluvial, lacustre, maritime et terrestre.
>
> » Le nom de Joseph Kabila [Kabange] ne [figurait] *a priori* pas parmi les actionnaires de départ. [C'étaient] deux sociétés d'un duo d'hommes d'affaires membres du premier cercle de l'ancien président, déjà au cœur [des] révélations *Congo Hold-up* : le Belgo-Congolais Alain Wan et le Belge Marc Piedboeuf.
>
> » La société *African Research Maintenance and Development Limited* (Aremad), une société gérée par la famille Wan, [détenait] 65 % des parts. Elle [était] basée aux îles Vierges britanniques, paradis fiscal parmi les plus opaques du monde. »

Bien évidemment, et personne ne pourrait en principe ignorer ce fait véridique, le *Port de Fisher* n'a plus existé depuis au moins un siècle. Mais, de façon inexplicable, il est devenu comme par enchantement le nom d'une entreprise congolaise dûment immatriculée et enregistrée sur le registre du commerce. Celle-ci s'est retrouvée, à partir du mois de novembre de l'année 2015, avec un actionnaire majoritaire : le futur sénateur à vie Joseph Kabila Kabange[293]. Cette entreprise aurait comme par hasard bénéficié, à la suite de sa prise de contrôle par le très illustre acquéreur, de 3,3 millions USD d'argent public supplémentaires de la part de la Banque centrale congolaise, la Commission nationale électorale indépendante, l'Assemblée nationale et de l'*Entreprise générale d'alimentation* (Egal). Selon toute vraisemblance,

> « […] au moment où Jules Alingete [le "monsieur anticorruption" du nouveau président de la République, N.D.L.R.] [ouvrirait] son

---

[293] In *Congo Hold-up : sur les traces de Port de Fisher, la mystérieuse société de Joseph Kabila*, Sonia Rolley, *Radio France Internationale*. Article mis en ligne le 23 novembre 2021, consulté le même jour. Voir le lien ci-dessous.
https://www.rfi.fr/fr/afrique/20211123-congo-hold-up-sur-les-traces-de-port-de-fisher-la-myst%C3%A9rieuse-soci%C3%A9t%C3%A9-de-joseph-kabila.

enquête, en janvier 2021, rien [n'allait] plus entre les alliés de 2018. Félix Tshisekedi [Tshilombo aurait] déjà pris le contrôle du Parlement et [cherché] à faire tomber le gouvernement issu de tractations avec le camp Kabila [Kabange]. Il [aurait souhaité] aussi reprendre le contrôle de la Banque centrale du Congo (BCC), toujours sous le contrôle de son prédécesseur et de deux de ses proches qui [siégeaient] au conseil d'administration. »[294]

Cette entreprise d'importation de viandes et de poissons, laquelle appartenait à des personnalités du premier cercle de l'ancien chef de l'État, aurait été au cœur d'un détournement de 43 millions USD de la Banque centrale, avec la complicité de la *BGFI Bank*. D'ailleurs, en janvier 2021, une société proche de la famille de l'ancien président Joseph Kabila Kabange a entrepris des démarches judiciaires contre le lanceur d'alerte Jean-Jacques Lumumba pour dénonciation des irrégularités lors de la constitution de la société *EGAL SARL*. L'ex-candidat à l'élection présidentiel Noël Tshiani Muadiamvita a fait l'objet, lui aussi, de la même menace. Ce dernier avait eu le tort de demander dans deux twits, à cette firme, de rembourser au Trésor public les fonds qui étaient détournés. En guise d'intimidation, il a été poursuivi devant le parquet près la cour d'appel de Kinshasa de Gombe.[295]

Mais la position de Jules Alingete évoluerait progressivement, dès lors que les noms de quelques collaborateurs du président de la République, à savoir Félix Antoine Tshisekedi Tshilombo, seraient révélés en tant que maillons à part entière de ce système illégal ayant encouragé l'usage privé des deniers publics. Par conséquent, le Monsieur Propre du chef de l'État ne serait plus du tout d'accord avec les conclusions des enquêtes du consortium des médias internationaux. Celles-ci auraient conduit à la société *EGAL SARL*, *a fortiori* à l'ancien président Joseph Kabila Kabange, comme principal bénéficiaire de la somme de 43 millions de dollars américains détournés par la *BGFI Bank*.[296]

---

[294] In *Congo Hold-up : Egal, l'autopsie d'un scandale*, Sonia Rolley. Article mis en ligne le 22 novembre 2021, consulté le même jour. Voir le lien ci-dessous. https://www.rfi.fr/fr/afrique/20211122-congo-hold-up-egal-l-autopsie-d-un-scandale.
[295] In *La société Egal contre-attaque après des accusations de Jean-Jacques Lumumba*, Kamanda wa Kamanda Muzembe, *Radio France Internationale*. Article mis en ligne le 8 janvier 2021, consulté le 24 novembre 2021. Voir le lien ci-contre : https://www.rfi.fr/fr/afrique/20210108-rdc-la-soci%C3%A9t%C3%A9-egal-contre-attaque-apr%C3%A8s-des-accusations-de-jean-jacques-lumumba.

La société *EGAL SARL* fermerait ses portes au début de l'année 2022 à cause de nombreuses difficultés d'exploitation depuis plusieurs mois. Ainsi la direction prendrait-elle la résolution de suspendre « à dater du 1er février 2022 jusqu'à nouvel ordre, les ventes des produits à la clientèle ».

Dans un contexte d'affairisme étatique, le parti politique Ensemble pour la République de Moïse Katumbi Chapwe deviendrait l'un des premiers alliés de Félix Antoine Tshisekedi Tshilombo en tant que membre de l'Union sacrée de la Nation (USN). L'ancien gouverneur de la province minière du Katanga de 2007 à 2015, de surcroît richissime homme d'affaires, aurait poursuivi son business minier, alimenté en partie par des contrats publics, en ayant pensé à domicilier ses activités dans de discrètes sociétés offshore. Selon une enquête à l'initiative respectivement de *Radio France internationale*, de *Mediapart*, de la *PPLAAF* et du réseau *EIC*, sous la plume de Yann Philippin,

> « quand le groupe *Necotrans* [a déposé] le bilan en juin 2017, c'[était] un empire qui s'[effondrait]. Ce groupe français de logistique portuaire et minière comptait 6 000 employés, 90 filiales dans 40 pays et générait un milliard d'euros de chiffre d'affaires. La majorité de ses actifs ont été récupérés pour moins de 20 millions d'euros par un consortium mené par le rival de toujours, Vincent Bolloré.
> » Avant de sombrer, *Necotrans* a tenté de se refaire en République Démocratique du Congo et a racheté l'entreprise du gouverneur de la province minière du Katanga, la plus riche du pays.
> » Pendant plus de dix ans, Moïse Katumbi [Chapwe] a incarné les liens étroits qui [liaient] dans ce pays business et politique, au mépris des conflits d'intérêts. Entrepreneur actif dans le secteur des mines, Moïse Katumbi [Chapwe] a continué à développer ses affaires alors qu'il était en même temps gouverneur de la province minière du Katanga. Il [a démenti] avoir retiré le moindre bénéfice de cette double casquette. »[297]

---

[296] In *Congo Hold-Up/Détournement de 43 millions USD : « ce qui est dit sur Kabila est faux » (Jules Alingete)*. Article mis en ligne le 30 novembre 2021, consulté le 8 décembre 2021. Voir le lien ci-dessous.
https://www.politico.cd/la-rdc-a-la-une/2021/11/30/congo-hold-up-detournement-de-43-millions-usd-ce-qui-est-dit-sur-kabila-est-faux-jules-alingete.html/98667.
[297] In *Congo Hold-up : les affaires offshore de l'ancien gouverneur Moïse Katumbi*, Sonia Rolley, *Radio France Internationale*. Article mis en ligne le 8 décembre 2021, consulté le même jour. Voir le lien ci-contre : https://www.rfi.fr/fr/afrique/20211208-

Créée par Moïse Katumbi Chapwe en 1997 dans la capitale de la province du Katanga, l'année de la prise de la ville de Lubumbashi par les éléments armés de l'Alliance des forces démocratiques pour la libération du Congo (AFDL) de Laurent-Désiré Kabila, la société *Mining Company Katanga* (MCK) s'est associée en 2004 à l'entreprise canadienne *Anvil Mining* pour mettre sur pied *AMCK Mining*. La société enregistrée au Canada a été accusée, cette même année, par des organisations non gouvernementales d'avoir soutenu une opération de l'Armée nationale congolaise contre des rebelles qui occupaient la ville de Kilwa, non loin d'une de ses mines, et menaçaient ses investissements. Les Nations Unies ont effectivement documenté le décès d'au moins 70 civils, dont des cas d'exécutions sommaires.[298]

Pendant ce temps, *MCK* a vendu 15 % des parts qu'elle détenait dans *AMCK Mining* à son partenaire *Anvil Mining* moyennant 45 millions de dollars, dont deux tranches de 10 et 26 millions au bénéfice de sa société *MCK*, et 9 millions pour Moïse Katumbi Chapwe à titre personnel. Après cette opération financière, le tout nouveau gouverneur du Katanga a créé le 18 janvier 2007 dans le territoire congolais une nouvelle entreprise, *Mining Company Katanga Trucks* (*MCK Trucks*), dont il détiendrait 70 % des parts. Le reste des parts est revenu à son associé britannique Kenneth Macleod. Ce dernier transférerait ses 30 % de *MCK Trucks* à *Seven Seas Investments Limited*, entreprise enregistrée en Île Maurice, tandis que Moïse Katumbi Chapwe exporterait les 70 % de ses parts dans deux autres sociétés : 50 % à *Virginika International*, immatriculée dans le même pays insulaire, et les 20 % restants à la société congolaise *Virginika Mining*. Ces deux entreprises étaient dirigées par son épouse Carine Katumbi, née Nahayo.[299]

> « L'arrivée de Katumbi [Chapwe] à la tête de la province [a coïncidé] avec un boom dans ses affaires. Selon un rapport d'audit confidentiel, le chiffre d'affaires de *MCK Trucks* a plus que doublé en seulement trois ans, [étant passé] de 84,5 millions de dollars en 2010 à près de 190 millions en 2013. »[300]

---

congo-hold-up-les-affaires-offshore-de-l-ancien-gouverneur-mo%C3%AFse-katumbi?ref=tw.
[298] *Ibidem*.
[299] *Ibid*.
[300] *Ibid*.

Trois autres entreprises ayant appartenu à Moïse Katumbi Chapwe ont été hébergées dans des paradis fiscaux.

« L'une d'elles, immatriculée aux Seychelles et dirigée par un cadre de *MCK Trucks*, [a semblé être] liée à Katumbi [Chapwe]. Tandis qu'une autre, *Seven Seas Investments Limited*, domiciliée aux Bermudes, [était] liée à *Glencore*, le géant suisse de l'extraction et du négoce minier, selon les documents révélés par l'enquête *Paradise Papers* de l'*ICIJ*[301].

» *Glencore* [a] fait l'objet d'une enquête en Suisse pour des soupçons de corruption, dont l'histoire [a démarré] en 2007, année de l'élection de Katumbi [Chapwe] à la tête du Katanga. *Glencore*, qui [disait] "coopérer pleinement avec les différentes autorités", [était] soupçonnée d'avoir obtenu des droits miniers à bas prix dans la province, grâce au pouvoir de persuasion de l'homme d'affaires israélien Dan Gertler. Ce très proche du président Kabila [Kabange serait] sous sanctions américaines pour corruption, qui [seraient] élargies […] suite aux révélations [d'une] ONG partenaire *PPLAAF*. »[302]

Un mois après avoir quitté le parti de Joseph Kabila Kabange à la suite des divergences officiellement politiques, mais officieusement économiques, Moïse Katumbi a décidé de vendre le 24 octobre 2015 sa société *MCK Trucks* à *Necotrans*, un groupe familial français de logistique portuaire, pétrolière et minière. Mais *Necotrans* s'empêtrerait dans les différends politiques entre Moïse Katumbi Chapwe et le président en exercice Kabila Kabange, sur fond de manœuvres dans le très lucratif secteur de la sous-traitance minière, noyauté par les politiciens et les généraux congolais, dont un certain François Olenga.

« Selon un procès-verbal d'assemblée générale de *NB Mining* obtenu par *RFI*, le 19 mai 2016, la veille du départ de Moïse Katumbi [Chapwe], les actionnaires de la société [ont nommé] un nouveau membre du conseil d'administration : le général François Olenga, chef de la maison militaire de Joseph Kabila [Kabange]. Son mandat [était] d'une durée "illimitée" et "les frais engagés dans l'intérêt de la société lui [seraient] remboursés sur justificatifs".

---

[301] Le *Consortium international des journalistes d'investigation* (ICIJ), *International Consortium of Investigative Journalists* en anglais, est une organisation à but non lucratif basée à Washington dans le District de Columbia.
[302] In *Congo Hold-up : les affaires offshore de l'ancien gouverneur Moïse Katumbi*, *op. cit.*

» Ce procès-verbal ne [portait] pas le tampon du registre du commerce congolais. A-t-il été enregistré ? Selon un proche du dossier, ce n'[était] pas sûr parce que ce document servait probablement de "garantie". "[Pascal] Beveraggi utilisait souvent Olenga et d'autres généraux congolais pour l'appuyer dans ses affaires, il était généreux avec eux et réglait leurs factures, il disait que c'était comme ça que ça marchait avec les Congolais […]". »[303]

D'ailleurs, l'ancien gouverneur du Katanga déposerait plainte à Paris contre l'homme d'affaires français Pascal Beveraggi. Moïse Katumbi Chapwe espérerait obtenir les 99 millions USD dont il s'est estimé lésé. Effectivement,

« le 7 décembre [2020], Antoine Vey, l'avocat de l'ex-gouverneur du Katanga [avait] déposé une plainte pour abus de confiance, faux et usage de faux et blanchiment. Cette requête, que *Jeune Afrique* [avait] pu consulter, [pointait] aussi des "soupçons d'escroquerie" et de "forts soupçons de corruption". Comme le [voulait] la procédure, elle [avait] été déposée contre X, mais [était] expressément dirigée contre Pascal Beveraggi qualifié "d'homme d'affaires à la réputation sulfureuse et proche de Joseph Kabila [Kabange]", alors au pouvoir au moment du litige. Elle [avait] été déposée au nom de Bertrand Kirszbaum, l'administrateur de la société *Astalia*, détenue majoritairement par Carine Katumbi, l'épouse de l'ancien opposant. »[304]

Moins de deux semaines après la rencontre survenue le 7 novembre 2020 entre le président Tshisekedi Tshilombo et l'ancien gouverneur Katumbi Chapwe pour évoquer l'implication de l'Ensemble pour la République dans l'Union sacrée de la Nation, un accord serait scellé. Par conséquent, un paiement de 2,1 millions USD de la *Gécamines* à la société mauricienne de Moïse Katumbi Chapwe, *Astalia Investment*, serait tout de suite honoré de manière incompréhensible.

Nombreux étaient donc des interactions entre le monde politique et le milieu des affaires. Sous la présidence de Joseph Kabila Kabange, la CENI n'a pas été qu'une instance électorale. Elle a surtout servi, entre autres, de vache à lait s'étant apparentée aux abus

---

[303] *Ibidem.*
[304] In *Affaire MCK : Moïse Katumbi relance l'offensive.* Article consulté le 25 janvier 2022. Voir le lien ci-contre : https://www.jeuneafrique.com/1301461/economie/rdc-affaire-mck-moise-katumbi-relance-loffensive.

sociaux au profit d'un groupe très restreint.

> « Sur les 250 millions de dollars alloués par l'État congolais à la CENI entre 2016 et 2019 et versés sur ses comptes à la *BGFI Bank*, un réseau d'entreprises liées à la famille Kabila [Kabange] en [a reçu] ainsi 3,8 millions.
> » Ainsi, le 11 juillet 2016, *Sud Oil* [a perçu] 299 998 dollars de plus d'un des comptes de la CENI à la *BGFI* sous le libellé "FRAIS/VIR.RECU RPT 00008578". Ce compte intitulé "CENI INVESTISSEMENTS" avait reçu peu avant un virement de près de 30 millions de dollars depuis un compte de la CENI dans une autre banque sous le libellé "RPT 00008578". Le virement vers *Sud Oil* [était] donc présenté de manière inexplicable comme des frais liés à ce rapatriement d'argent entre deux comptes de la centrale électorale. »[305]

Des fonds ont donc disparu à plusieurs reprises, et des entreprises étrangères auraient vraisemblablement gagné des appels d'offres moyennant rétrocommissions.

> « Pour l'enrôlement des électeurs, *Gemalto SA*, à l'époque société de droit néerlandais (elle a été ensuite rachetée en 2019 par l'entreprise française *Thalès*), [a remporté] le gros lot : un contrat de 46 millions d'euros pour la fourniture de 20 220 kits biométriques d'identification et d'enrôlement des électeurs, ainsi qu'une assistance technique lors de ce processus. Ce marché a été octroyé par appel d'offres. Il [était] 15 millions de dollars plus cher que celui qui devait être signé de gré à gré avec *Zétès*.
> » Comment *Gemalto* a-t-elle obtenu ce marché ? Selon les informations recueillies par *The Sentry* et *Public Eye*, deux des ONG partenaires de *Congo Hold-up*, *Gemalto* et notamment sa filiale suisse, *Trüb AG*, ont en fait effectué une véritable campagne de lobbying auprès des autorités congolaises et de responsables de la majorité. Ils [ont pointé] notamment le sénateur et proche de Joseph Kabila [Kabange], Léonard She Okitundu. Cet ancien ministre aurait même rencontré plusieurs mois avant la signature du contrat des représentants de *Gemalto SA* et ce, dans différents pays. […] »[306]

---

[305] In *Congo Hold-up : comment se servir dans le budget des élections ?*, Sonia Rolley, *Radio France Internationale*. Article mis en ligne le 24 novembre 2021, consulté le même jour. Voir le lien ci-contre : https://www.rfi.fr/fr/afrique/20211123-congo-hold-up-comment-se-servir-dans-le-budget-des-%C3%A9lections.
[306] *Ibidem.*

Pourtant, dès sa nomination en 2015 à la présidence de la CENI, Corneille Nangaa n'avait cessé de mettre en garde le gouvernement, y compris le Premier ministre de l'époque Augustin Matata Ponyo et son cabinet, sur les délais constitutionnels à tenir. Ainsi avait-il insisté pour signer un contrat de gré à gré dans les plus brefs délais avec la société belge *Zétès* en vue de la fourniture des kits d'enrôlement des électeurs. L'avis de non-objection lui était même accordé le 30 juin 2015, pourtant journée fériée au Congo-Kinshasa, par la direction générale de contrôle des marchés publics pour un montant d'à peu près 31,4 millions USD dont 3,6 millions USD pour les services connexes de maintenance et de formation. Mais, sans aucune explication, le projet serait abandonné le 10 février 2016, et la facture de la fourniture de kits d'enrôlement et de l'accompagnement technique grimperait à 46 millions de dollars, alors que le contrat précédemment envisagé avec *Zétès* dépassait « à peine » les 31 millions.[307]

À l'issue de l'accord de la Saint Sylvestre[308], ratifié le 31 décembre 2016, Bruno Tshibala a été nommé Premier ministre au titre du Rassemblement. Cela a amplifié davantage l'unité de l'opposition, mais renforcé à outrance des dissensions au sein de l'UDPS auquel appartenait l'heureux élu. Ce dernier était l'un des opposants internes, eu égard à la mouvance de Félix Antoine Tshisekedi Tshilombo.

> « La nomination de M. Tshibala [a découlé] d'un accord conclu le 31 décembre entre l'opposition et la majorité pour tenter de sortir la République Démocratique du Congo de la crise provoquée par le maintien au pouvoir de M. Kabila [Kabange] après le 20 décembre [2016], date à laquelle a expiré son deuxième et dernier mandat constitutionnel.
>
> » Porte-parole du "Rassemblement" constitué autour de la figure historique de l'opposition congolaise, Étienne Tshisekedi [wa Mulumba], M. Tshibala a contesté la légitimité du fils de Tshisekedi, Félix, à la tête de l'opposition après la mort de son père le 1er février [2017] et a été exclu fin février du "Rassemblement" et de l'UDPS, le parti fondé par [Étienne] Tshisekedi [wa Mulumba], dont il était

---

[307] *Ibid.*

[308] Cet accord a prévu le maintien au pouvoir du président Joseph Kabila Kabange, en dépit de la fin de son mandat le 17 décembre 2016. Cela s'est fait en contrepartie de l'organisation des élections en 2017 et de la nomination d'un Premier ministre issu du Rassemblement, principale organisation de l'opposition.

l'un des principaux dirigeants.

» La mise en œuvre de l'accord de la Saint Sylvestre a été beaucoup plus longue que ne l'espéraient les évêques catholiques congolais ayant permis son accouchement : la nomination d'un Premier ministre issu de l'opposition aurait en effet dû intervenir dans le courant du mois de janvier, selon le programme d'application de l'accord proposé par les prélats.

» Entre-temps, des disputes entre le pouvoir et l'opposition sur le partage des postes au sein du nouvel exécutif et les modalités d'application de l'accord, compliquées par de profondes dissensions au sein du "Rassemblement", ont retardé les choses [ayant provoqué] le courroux de l'Église qui a dénoncé à plusieurs reprises "la mauvaise foi" des hommes politiques congolais, toutes tendances confondues, leur [ayant reproché] de privilégier leurs intérêts particuliers et non l'intérêt général. »[309]

À l'issue des accords secrets signés entre Joseph Kabila Kabange et le nouveau président Félix Antoine Tshisekedi Tshilombo, le Trésor américain mettrait sous sanctions Corneille Nangaa et deux autres officiels de la Commission nationale électorale indépendante. Le 21 mars 2019, dans un communiqué, Sigal Mandelker, sous-secrétaire au Trésor américain chargé du terrorisme et du renseignement financier, indiquerait que cette mise sous sanctions « [faisait] suite à la corruption persistante de hauts responsables au sein de la Commission »[310]. Il les accuserait, tout comme le gouvernement sortant, d'avoir « entravé et retardé les préparatifs d'élections crédibles et inclusives ». En effet,

« à l'aide d'un processus électoral défectueux dans lequel, à la suite de l'élection présidentielle, la CENI a continué à faire obstruction au processus démocratique et n'a pas réussi à garantir que le vote [ait reflété] la volonté du peuple congolais »[311].

En fin de compte, sur la problématique électorale, quelque 24,6 millions d'euros ont été payés directement à *Gemalto SA*, laquelle a reçu

---

[309] In *Joseph Kabila nomme l'opposant Bruno Tshibala Premier ministre*, Tanguy Berthemet, *Jeune Afrique* et l'*Agence France Presse*. Article mis en ligne le 7 avril 2017, consulté le 25 novembre 2021. Voir le lien ci-dessous.
https://www.jeuneafrique.com/depeches/426498/politique/rdc-joseph-kabila-nomme-lopposant-bruno-tshibala-premier-ministre.
[310] *Ibidem*.
[311] *Ibid*.

en réalité moins de 20 millions d'euros – 953 390 USD ayant été subtilisés lors des transactions internes. Cette somme a été versée depuis un compte de la *BGFI Bank* sur celui de la société *Port de Fisher* dont l'actionnaire majoritaire était Joseph Kabila Kabange, en personne, depuis le mois de novembre de l'année 2015.[312] Pour simple rappel, le prédécesseur et ancien partenaire politique de Félix Antoine Tshisekedi Tshilombo était encore le président de la République au moment des faits, considéré comme l'autorité morale du Front commun pour le Congo. Les arrangements, faut-il déduire, y allaient bon train.

Le secteur de l'immobilier n'a pas non plus été en reste, dans ce système de détournement de fonds publics aux multiples ramifications. Sans le moindre doute, même en pleines tourmentes et déboussolé par la complexité des affaires congolaises,

> « de nuit, impossible de rater *Kiyo Ya Sita*. Plantée sur le bouillonnant boulevard du 30 juin, en plein cœur de Kinshasa, capitale de la République Démocratique du Congo (RDC), cette tour de 16 étages devient multicolore et s'affiche à tout point de vue : son nom, 364, son numéro sur le boulevard, les numéros de ses promoteurs…
>
> » À l'origine, c'[était] un projet du banquier [...] Pascal Kinduelo, qui [était] aussi le président du conseil d'administration de la *BGFI Bank* et d'autres sociétés liées au clan de l'ancien président Joseph Kabila [Kabange]. En pleine année électorale, en 2011, M. Kinduelo s'[est associé] à un jeune entrepreneur indien, Harish Jagtani, pour créer *Industrie financière et immobilière* (IFI). Cet homme d'affaires, à l'époque implanté depuis moins d'une quinzaine d'années au Congo, était surtout connu pour sa société de fret aérien *Services Air* et pour ses liens d'amitié avec l'ancienne première dame Olive Lembe di Sita. Plusieurs de leurs proches [ont assuré] que cette tour, littéralement appelée le "reflet de Sita", [était] dédiée à l'ancienne première dame. De la rue à Kinshasa aux milieux huppés de la capitale congolaise, on [a même attribué] volontiers à "Maman Olive" tout ou partie de la propriété de ce luxueux immeuble. »[313]

---

[312] *Ibid.*

[313] In *Congo Hold-up : comment sont financées les plus belles tours de Kinshasa ?*, Sonia Rolley, *Radio France Internationale*. Article mis en ligne le 25 novembre 2021, consulté le même jour. Voir le lien ci-contre : https://www.rfi.fr/fr/afrique/20211125-congo-hold-up-comment-sont-financ%C3%A9es-les-plus-belles-tours-de-kinshasa.

Ces entreprises liées à M. Jagtani ont ouvert des comptes à la *BGFI Bank* en 2011. Selon l'enquête sur le *Congo Hold-up*, une partie des fonds consacrés aux scrutins de 2011 avait « directement ou indirectement » bénéficié à l'*Industrie financière et immobilière* (IFI) et à *Modern Construction*, dont Harish Jagtani était actionnaires.

> « Sur le compte de *Modern Construction* en dollars, un total de 32 millions [ont été] crédités entre janvier 2011 et avril 2015. Plus de 2 millions [étaient] des erreurs d'écriture. 1,9 million y [était] versé en liquide. On y [a retrouvé] aussi les virements de *Services Air* et de *Serve Air Limited*, qui [provenaient] indirectement de la centrale électorale congolaise. Il y [avait] enfin des fonds virés depuis des comptes logés à la *Clariden Leu*. Cette banque reprise depuis 2012 par le *Crédit suisse* avait été épinglée par *Public Eye*, l'une des ONG partenaires de *Congo Hold-up*, dans une sombre affaire de commissions versées au Congo-Brazzaville voisin.
> » Depuis cette banque suisse, un compte intitulé "KAMAL NAND-LAL RAWTANI AND RHEA" [a viré] à *Modern Construction* près de 840 000 dollars. Kamal Nandlal Rawtani [était] le véritable nom de "Kenny" Rawtani, le beau-frère de Harish Jagtani. Entre mars et juin 2017, avant l'arrivée des fonds de la centrale électorale, cet apport familial [était] la principale source de financement du compte en dollars de *Modern Construction*. »[314]

Les révélations faites à l'issue de l'enquête sur le *Congo Hold-up* ne mettraient pas seulement en cause l'ancien magistrat suprême, à savoir Joseph Kabila Kabange. Ces documents démontreraient aussi l'implication de quelques collaborateurs de son successeur, Félix Antoine Tshisekedi Tshilombo, notamment Jean-Claude Kabongo et Luc-Gérard Nyafe. Ces derniers auraient continué de participer de manière active à ces affaires illicites, même après leur prise de fonction à la présidence de la République. Les lanceurs d'alerte de la société civile risqueraient leur vie du fait d'avoir essayé d'attirer l'attention de l'opinion nationale sur l'usage abusif des deniers publics. Après tout, a bien expliqué le poète romain Juvénal, « la censure épargne les corbeaux et s'acharne sur les colombes ». Des conseillers du cinquième président seraient concernés par la corruption, Vidiye Tshimanga Tshipanda, ou visés par des sanctions américaines, André Wameso, voire

---

[314] *Ibidem.*

mis en cause pour viol sur mineure à propos d'Antoine Ababifuanina.

Tout compte fait, dans un courrier adressé au procureur général près la Cour de cassation en date du 20 novembre 2021, la ministre de la Justice Rose Mutombo Kiese, membre du gouvernement du Premier ministre Sama Lukonde Kyenge, demanderait l'ouverture d'une instruction au plus vite. Cette action ne serait-elle entreprise que pour la forme, notamment dans l'espoir de calmer le jeu ? Il aurait néanmoins fallu faire en toute impartialité la lumière sur les accusations contre Joseph Kabila Kabange et son entourage le plus proche. Sauf que selon les déclarations de Mᵉ Georges Kapiamba, le président de l'ONG *Association congolaise pour l'accès à la justice* (ACAJ), sous la présidence de Félix Antoine Tshisekedi Tshilombo,

> « sur 147 dossiers ouverts pour corruption, détournements des deniers publics et blanchiment des capitaux, entre janvier 2020 et novembre 2021, il n'y [aurait eu] que dix décisions de condamnations, mais sans aucune récupération des biens détournés ni amendes […]. Trois condamnés définitifs [auraient été] libérés en application de mesures de grâce présidentielle sans avoir restitué les biens détournés et/ou ni payé les amendes et frais de justice [qui leur auraient pourtant été] infligés. La cour de Cassation [aurait accordé] la liberté provisoire à un condamné après avoir organisé une audience en violation de l'article 25 de son règlement intérieur et sa jurisprudence constante ; et après avoir fixé un cautionnement de complaisance dans un dossier qui [aurait déjà été] en état d'être discuté en plénière. Le tribunal de grande instance de Kinshasa / Gombe [aurait accordé] la liberté provisoire à un de trois cadres de l'administration du ministère des Finances alors que leur procès [aurait déjà été] fixé le 20 décembre 2021. »[315]

Dans cet ordre d'idées, le cas de Vital Kamerhe a été le plus flagrant. Cela a démontré l'impunité en faveur d'une bande de politiciens dont le but principal n'a sans cesse consisté qu'à se servir des deniers publics pour les intérêts particuliers. L'ex-directeur du cabinet du président Félix Antoine Tshisekedi Tshilombo était pourtant accusé de détournement de fonds destinés à la construction des maisons préfa-

---

[315] In *La justice est moins engagée dans la lutte contre la corruption et les faits assimilés*. Article mis en ligne par *La Tribune Plus* le 15 décembre 2021, consulté 16 décembre 2021. Voir le lien ci-contre : https://latribuneplus.net/2021/12/15/la-justice-est-moins-engagee-dans-la-lutte-contre-la-corruption-et-les-fais-assimiles-acaj.

briquées. Bénéficiaire d'une liberté provisoire, l'ancien prisonnier aurait été notifié très tard la nuit avant de quitter le *Centre Nganda*, lieu de son admission pour les soins de santé, et non la prison centrale de Makala[316]. Finirait-il comme Bruno Tshibala, qui était devenu Premier ministre après avoir séjourné à la prison centrale de Makala ?

Pour Georges Kapiamba,

> « en [ayant accordé] la liberté provisoire à Vital Kamerhe, pourtant saisie comme juridiction de contrôle de conformité de la décision d'appel à la loi, la Cour de Cassation a créé un scandale judiciaire »[317].

En tout cas, s'agissant de la gouvernance juste avant l'accession de Félix Antoine Tshisekedi Tshilombo à la magistrature suprême, le président honoraire et sénateur à vie a vu son bilan écorné par des scandales financiers à hauteur de plusieurs millions de dollars américains. Cette dénonciation a aussi concerné les appropriations illégales des terres agricoles et des terrains miniers.

À propos de l'enquête sur *Congo Hold-up*, la diffusion à la fin du mois de novembre de l'année 2021 d'un entretien accordé sur la chaîne personnelle *YouTube* au journaliste de *Radio France Internationale*, Alain Foka, par Jules Alingete, chef des services de l'Inspection générale des finances de la République Démocratique du Congo, a été très éclairante. Cette discussion a provoqué une échauffourée en défaveur de la direction de ce média international. Au cours de cette interview, diffusée avec le logo de la chaîne *France 24* et un micro portant le logo de *RFI*, le haut fonctionnaire congolais a qualifié l'enquête menée par une journaliste, en la personne de Sonia Rolley, d'« insinuations » ayant visé à « brûler le Congo ». Pourtant, la veille, le même Jules Alingete saluait avec beaucoup de ferveur sur les ondes de la radio mondiale les conclusions de ladite investigation réalisée par un consortium planétaire de médias internationaux et d'organisations non gouvernementales. En plus, cette enquête a révélé des informations selon lesquelles l'ancien président de la République Joseph Kabila Kabange et ses

---

[316] In *Vital Kamerhe libre, joies et tristesses à Kinshasa*. Article mis en ligne le 7 décembre 2021, consulté le même jour. Voir le lien ci-dessous. https://www.matininfos.net/rdc-vital-kamerhe-libre-joies-et-tristesses-a-kinshasa/84087.
[317] *Ibidem.*

proches auraient « siphonné » au moins 138 millions de dollars de fonds publics avec la complicité de la *BGFI Bank*. Une motion de défiance à l'encontre de la direction de *RFI* dénonçant sa gestion d'un conflit interne serait adoptée le 1er février 2022, par 67,1 % des 287 journalistes, qui prendraient part au vote, sur un collège de 524.

Pendant ce temps, ayant été épinglé par le Trésor américain pour « corruption au sommet de l'État congolais », Dan Gertler négocierait directement avec le régime de Félix Antoine Tshisekedi Tshilombo après des officines de Washington pour mettre un terme au régime de sanctions qui l'a concerné depuis 2017. Pour le fisc américain,

> « Gertler s'était immensément enrichi grâce à des contrats "opaques et corrompus" dans les mines et les champs pétroliers congolais. Le milliardaire était accusé de s'être servi de sa grande proximité et "de son amitié étroite avec le président congolais Joseph Kabila [Kabange]" pour faire main basse sur des exploitations minières et pétrolières dans tout le pays ».

En fin de compte, le 18 février 2022, à l'issue du Conseil des ministres congolais, un communiqué annoncerait que :

> « après négociations, la Commission [...] mise en place a conclu, avec le groupe *Fleurette*, les termes de référence d'un protocole d'accord devant permettre [au] pays de récupérer les blocs pétroliers et les actifs miniers détenus par ledit groupe, blocs et actifs évalués à plus de 2 milliards de dollars américains, ainsi qu'une partie substantielle des royalties de *Kamoto Copper Company* (*KCC* – produit cuivre et cobalt dans la province du Lualaba) qui lui étaient cédés ».

Selon quelques sources, dont celle d'*Africa Intelligence*, Dan Gertler verserait le montant de 280 millions USD à la République Démocratique du Congo en plus de la rétrocession d'actifs miniers, officiellement au titre de royalties non perçues par le Trésor public. Les zones d'ombre ayant émaillé le communiqué du Conseil des ministres, seule la commission monétaire de *Kamoto Copper Company* (KCC), une filiale de *Glencore*, aurait été évoquée. Il était donc fait abstraction de quelques actifs miniers à propos du réseau de Dan Gertler comme les mines de *Mutanda Mining*, *Metalkol*, sans oublier les projets aurifères à *Moku-Beverendi*…

Effectivement, la somme de 280 millions USD serait insignifiante au regard des montants qui auraient dû véritablement être prévus. En plus, selon le porte-parole du collectif *Le Congo n'est pas à vendre*, Jean-Claude Mputu, tout aurait dû évidemment dépendre du contenu réel de ce protocole dès lors que le communiqué du Conseil des ministres avait laissé beaucoup de zones d'ombre. Y aurait-il eu des compensations non divulguées ? Dans l'affirmative, à qui auraient-elles bénéficié ? De toute évidence, au regard du droit de réserve concernant quelques clauses, la confidentialité s'est imposée. Par conséquent, le gouvernement Sama Lukonde a estimé judicieux de ne publier que plus tard le contenu de ce protocole. Tiendrait-il parole ? Seul l'avenir le dirait. Peut-être que ce rôle reviendrait à l'un de ses successeurs, ou alors à une commission parlementaire.

Une enquête préliminaire pour blanchiment serait ouverte en France en juin 2022 à la suite d'une plainte visant des activités, au profit du clan de Joseph Kabila Kabange, de la banque *BGFI* établie à Paris.

VII – La présidence de Tshisekedi Tshilombo

Tous les recours relatifs aux résultats publiés par la CENI[316] à l'issue de la saisine par le candidat malheureux Martin Fayulu Madidi ayant été épuisés, la Cour constitutionnelle a proclamé dans la nuit du 19 au 20 janvier 2019 Félix Antoine Tshisekedi Tshilombo vainqueur de l'élection présidentielle de décembre 2018. Après la prestation de serment le 24 janvier, le fils de l'éternel opposant est officiellement devenu le cinquième magistrat suprême de la République Démocratique du Congo, donc le troisième de la IIIe République. Le candidat recalé d'office, Martin Fayulu, a tout de suite affirmé ses intentions. Ainsi, s'est-il autoproclamé président élu. Il a ensuite appelé la communauté internationale à ne pas reconnaître la décision de la haute juridiction congolaise. Mais il ne serait pas suivi et tous les pays de la Communauté de développement d'Afrique australe (SADC), ainsi que l'Afrique du Sud, le Burundi, le Kenya, la Namibie et la Tanzanie adresseraient sans tarder leurs félicitations à l'adversaire du candidat floué de la plate-forme politique Lamuka.

De ce fait, message symboliquement subliminal,

« Joseph Kabila [Kabange] a rendu les clés du palais de la Nation, les

---

[316] 18 329 318 votants ont pris part aux scrutins, soit 47 % des 40 millions d'électeurs congolais susceptibles de voter. Avec 7 051 013 voix, soit 38,57 % de suffrages qui auraient valablement été exprimés en sa faveur, Félix Antoine Tshisekedi Tshilombo a officiellement devancé Martin Fayulu Madidi. Ce dernier aurait obtenu 6 366 732 voix. Emmanuel Ramazani Shadary, candidat ayant défendu le programme du parti du président sortant, est arrivé en troisième position avec 4 357 359 voix.

bureaux de la présidence mais pas celles de sa villa présidentielle, située en centre-ville. "Il ne s'[est pas agi] de la résidence officielle du chef de l'État congolais", a expliqué l'un de ses conseillers. Ladite résidence officielle – historiquement – [était], elle, située sur le Mont Ngaliema mais n'[était] plus habitable. Elle [avait] été pillée à la fin de l'ère Mobutu et [était restée] abandonnée depuis.

» À son arrivée Laurent-Désiré Kabila [avait] préféré s'installer dans une autre villa, le palais de marbre. C'[était] là qu'il fut assassiné. Conséquence : par "superstition" [disait-on], son fils Joseph Kabila [Kabange] a refusé de s'y installer et opté pour une villa baptisée GLM[317], du nom de [Jean Joseph] Litho Moboti [Nzoyombo] l'oncle du président Mobutu. Ce dernier l'avait attribuée à son neveu au moment de la *zaïrisation*. L'entourage du président sortant [a assuré] que, depuis, Joseph Kabila [Kabange] en [était] devenu propriétaire. [...] Quant à la résidence officielle historique, il [était] prévu qu'elle soit rénovée mais [ç'aurait été] long et coûteux.

» Résultat : après une première nuit à l'hôtel *Kempinksi* le soir de son investiture, le nouveau président Félix Tshisekedi [Tshilombo] s'est donc provisoirement installé à la cité de l'Union africaine dans la même enceinte que ce palais présidentiel. »[318]

Pendant que Martin Fayulu Madidi et ses partisans, dont l'ancien Premier ministre Adolphe Muzito, contestaient dans la rue la légitimité de Félix Antoine Tshisekedi Tshilombo, Joseph Kabila Kabange s'est autorisé certaines attributions officieuses et octroyé quelques passe-droits en tant que garant de la cohabitation politique. Il a fait implicitement comprendre à qui de droit, tout comme à ceux qui voulaient bien l'entendre, qu'il était toujours aux commandes de la République Démocratique du Congo. Rien ne pourrait être entrepris, s'est-il imaginé, sans son aval. Bref, il serait le marionnettiste dont les ficelles orienteraient l'existence des populations congolaises et le fonctionnement des institutions étatiques.

Derrière une transition en apparence pacifique entre le prédécesseur et le successeur très mal élu subsistait un leurre qui, toutefois, a consti-

---

[317] Groupe Litho Moboti.

[318] In *Où loger le nouveau président de la République congolaise F. Tshisekedi ?*, Florence Morice, *Radio France Internationale*. Article mis en ligne le 27 janvier 2019, consulté le 28 novembre 2021. Voir le lien ci-dessous. https://www.rfi.fr/fr/afrique/20190127-rdc-residence-felix-tshisekedi-palais-presidentiel-kabila.

tué une première au Congo-Kinshasa en matière d'alternance politique. De plus, en excellents professionnels de la démagogie, les nouveaux associés pensaient déjà aux coups d'après. L'avenir ne serait pas du tout un long fleuve tranquille, pouvait-on presque présager, mais à l'image du majestueux, tumultueux et capricieux fleuve Congo. Aucun changement n'était donc survenu dans l'absolu au sommet de l'État, à part l'existence d'un pantin comme faire-valoir. Le futur n'était guère promoteur. Aux dires de certains analystes, rien n'avait non plus évolué sur le plan national. Pis encore, outre les arrière-pensées et les calculs politiciens, Joseph Kabila Kabange et ses différents chefs de divers gouvernements n'ont pas pu pacifier l'ensemble du territoire congolais. Le président honoraire a laissé par conséquent à son successeur un pays complètement fragilisé, en proie à moult conflits civils et armés. Vidée de sa substance, la République Démocratique du Congo était quasiment livrée à une insuffisance sociale à la limite de la crise politique, voire de l'explosion. La justesse du diagnostic constitutif d'un tout devait inquiéter les populations tant nationales que régionales.

7.1 - Un gouvernement transitoire

Après avoir été nommé à la Primature le 7 avril 2017 par le président de l'époque Joseph Kabila Kabange, à la suite de l'accord de la Saint Sylvestre, l'opposant Bruno Tshibala avait formé le 9 mai un gouvernement que l'on pouvait qualifier de cohabitationniste. Mais l'élection de son adversaire au sein de l'UDPS, Félix Antoine Tshisekedi Tshilombo, à la présidence de la République l'a obligé d'assumer l'intérim gouvernemental pendant quelque temps. Ainsi devait-il seulement expédier les affaires courantes. En plus, les douze ministres qui ont été élus députés nationaux lors des élections législatives de 2018 devaient démissionner pour ne pas cumuler les mandats conformément à un décret du Conseil d'État. Cela a abouti à la fusion des onze ministères, certains ayant *de facto* assuré l'intérim des services de leurs titulaires capitulards.

Au final, Bruno Tshibala se démettrait en mai 2019. Compte tenu du rapport de force parlementaire à cet instant précis et des relations exécrables entre les deux personnalités de l'UDPS, Sylvestre Ilunga Ilunkamba lui succéderait à la Primature.

7.2 - Le gouvernement Ilunga Ilunkamba

Le président de la République nouvellement élu a en effet choisi le 20 mai 2019, comme Premier ministre en remplacement du dissident de l'UDPS Bruno Tshibala, Sylvestre Ilunga Ilunkamba. Ce dernier était l'un des piliers du PPRD, parti politique qui a été créé au cours de l'année 2002 par Joseph Kabila Kabange.

> « Le chef de l'État a nommé Sylvestre Ilunga Ilunkamba au poste de Premier ministre au mois de mai, sur proposition de l'ancien président Joseph Kabila [Kabange], dont les partisans ont obtenu la majorité des sièges au Parlement à l'issue des législatives. Sur la base d'un accord conclu entre les deux parties, le prochain gouvernement [serait] composé de 65 membres, dont 42 [seraient] issus des rangs du Front commun pour le Congo (FCC), la coalition des pro-Kabila [Kabange]. Cap pour le changement (CACH), du président Tshisekedi [Tshilombo], [compterait] 23 membres. »[319]

Après le rejet le 14 août 2019 de la première mouture du gouvernement par le magistrat suprême à cause du non-respect de la parité, le Premier ministre a enfin dévoilé dans la nuit du 26 août 2019 une équipe gouvernementale. Composée de 65 membres issus du FCC et de l'UDPS, elle prendrait ses fonctions le 6 septembre. Mais la mayonnaise n'allait pas prendre. Les dissensions persistantes entre les deux formations partenaires, le CACH et le FCC, ont fini par faire éclater l'alliance politique. Elles ont carrément suscité l'introduction d'une motion de censure déposée le 22 janvier 2021 au bureau de l'Assemblée nationale, à l'initiative des 301 députés nationaux, contre l'action du Premier ministre Sylvestre Ilunga Ilunkamba. Les honorables parlementaires reprochaient au chef du gouvernement, depuis un bon moment, l'échec dans la mise en œuvre du programme pour lequel son équipe a été investie. Pour Chérubin Okende Senga, député d'Ensemble pour la République, la plateforme politique de Moïse Katumbi, et, de surcroît, initiateur de la motion ayant visé l'action gouvernementale,

---

[319] In *Le camp Kabila assure présenter des « nouvelles figures » pour le gouvernement,* dépêche de l'*Agence France Presse* reprise par *Le Figaro*, mise en ligne le 20 août 2019 et consultée le 28 novembre 2021. Voir le lien ci-dessous.
https://www.lefigaro.fr/flash-actu/rdc-le-camp-kabila-assure-presenter-des-nouvelles-figures-pour-le-gouvernement-20190820.

> « le pays [allait] très mal. Il n'y [avait] que le chef du gouvernement
> qui [engageait] la politique de l'exécutif devant l'Assemblée nationale
> et qui [pouvait] en répondre. Le premier conseil [qu'ils ont] prodigué
> au Premier ministre, c'[était] de prendre de la hauteur et de démission-
> ner. Il a refusé. »[320]

Il ne restait plus que, comme seule voie possible face au refus de rendre le tablier, l'interpellation du Premier ministre en vue d'une explication devant les honorables députés. En effet, sur convocation du bureau d'âge de l'Assemblée nationale, les députés ont voté le 27 janvier 2021 à une majorité écrasante en faveur de la motion de censure. La messe ayant été dite d'avance, 367 voix ont été favorables à la destitution de Sylvestre Ilunga Ilunkamba et à la chute de son gouvernement contre 7 sur les 382 députés présents à l'ouverture de la séance. Un bulletin nul, toutefois, a constitué l'exception à la règle des probabilités conditionnelles à la stabilité et à la durée d'un régime politique. Le gouvernement est tombé, sans se défendre. C'était très pathétique !

> « La plénière s'est déroulée sans le Premier ministre. La veille, son
> absence avait entraîné le report du vote d'une journée. Mais cette
> [fois], les députés [étaient] allés au bout de la procédure.
> » En déplacement à Lubumbashi depuis le 24 janvier (voyage pour
> lequel il disposait d'un ordre de mission signé par le vice-Premier
> ministre, Gilbert Kankonde), Sylvestre Ilunga Ilunkamba [était]
> revenu à Kinshasa dans la soirée du 26. Dans le Haut-Katanga, le
> chef du gouvernement avait été reçu par l'ancien président, Joseph
> Kabila [Kabange], qui y [était] installé depuis plus d'un mois. Rien
> ou presque n'avait filtré de ce tête-à-tête mais l'entourage d'Ilunga
> Ilunkamba avait confirmé que ce dernier ne comptait pas se présen-
> ter devant les députés. »[321]

---

[320] In *Motion de censure contre le Premier ministre*, Jean Noël Ba-Mweze, *Deutsche Welle* (DW). Article mis en ligne le 25 janvier 2021, consulté le 28 novembre 2021. Voir le lien ci-contre : https://www.dw.com/fr/rdc-motion-de-censure-contre-le-premier-ministre/a-56332263.
[321] In *Comment les députés ont obtenu la destitution du Premier ministre, Sylvestre Ilunga Ilunkamba*, Romain Gras, *Jeune Afrique*. Article mis en ligne le 27 janvier 2021, consulté le 28 novembre 2021. Voir le lien ci-dessous.
https://www.jeuneafrique.com/1111832/politique/rdc-le-premier-ministre-sylvestre-ilunga-ilunkamba-destitue-par-lassemblee-nationale.

Même en ayant réussi à imposer à son successeur un Premier ministre acquis à la cause du FCC, Joseph Kabila Kabange a ignoré un fait déterminant. Il s'était servi sous sa très longue présidence de l'ancien ministre Olivier Kamitatu Etsu en l'ayant incité à jacasser, voire à aboyer, à travers les médias à l'avantage d'une institution présidentielle forte. Kabila Kabange en avait profité pour déposséder le gouvernement de ses prérogatives financières et budgétaires au profit de la magistrature suprême. À coup sûr, se poserait véritablement par la suite la problématique de la nature des instances politiques. Faudrait-il un régime complètement présidentiel, parlementaire, semi-présidentiel ou semi-parlementaire ? Le fait d'avoir attribué des pouvoirs considérables à la présidence de la République a ainsi permis à Félix Antoine Tshisekedi Tshilombo, en période de cohabitation imposée par l'apprenti illusionniste, de se défaire en toute facilité du garde-chiourme que représentait dans l'absolu Sylvestre Ilunga Ilunkamba. Tel un arroseur arrosé et ayant la mémoire courte, de surcroît impuissant, Joseph Kabila Kabange n'a pu pousser ses pions à contrer l'audacieuse et surprenante offensive d'un partenaire décidé à rompre, à juste titre, une alliance qui lui était défavorable. Le prédécesseur a peut-être oublié qu'il avait lui-même offert à son successeur les armes de dissuasion et de corruption. Cette amnésie passagère a desservi ses projets et contribué à sa neutralisation. Mais encore fallait-il que le président Félix Antoine Tshisekedi se soit transformé en un orfèvre dans l'art de la conservation du pouvoir. La tâche n'était pas du tout facile, et, *a priori*, le pari n'était pas gagné.

Après avoir été constamment sous pression depuis plusieurs semaines à cause de la rupture de l'impossible coalition politique que, malgré lui, Félix Antoine Tshisekedi Tshilombo formait avec Joseph Kabila Kabange à travers l'accord entre le CACH et le FCC, Sylvestre Ilunga Ilunkamba s'est retrouvé en très mauvaise posture. Il avait déjà refusé de démissionner le 7 décembre 2019, sans l'aval de l'ancien président de la République qui l'avait eu positionné pour la Primature. Mais le dernier rempart de Kabila Kabange a fini par céder, sans aucune résistance. Le bastion est tombé, comme un château de cartes assiégé de tous les côtés, du fait des secousses provoquées par les boulets de canon tirés à partir du champ de bataille. Les partisans de l'ex-président de la République n'ont pas osé conserver leurs différentes positions. Sans coup férir, un bon nombre d'entre eux ont carrément préféré faire allégeance à l'adversaire devenu allié sur la base d'aucune conviction, l'argent ayant eu entre-temps raison de la fidélité et de l'idéologie. Il ne restait plus qu'au Premier ministre, conformément à la Constitution, de jeter l'éponge. Il devait remettre dans les vingt-quatre heures, après avoir été désavoué par l'Assemblée nationale, sa démission et celle de son gouvernement au président Félix Antoine Tshisekedi Tshilombo. C'était la fin des relations particulières, le charme n'ayant plus aucun fait, ainsi que de la lune de miel entre l'ex-président de la République et son successeur. Le mariage de la carpe et du lapin relevait désormais d'un passé difficilement révolu pour les perdants et nostalgiques du bon temps, avec son cortège de haine et de désamour.

7.3 - Le gouvernement Sama Lukonde Kyenge

Député et ministre des Sports sous la présidence de Joseph Kabila Kabange, Jean-Michel Sama Lukonde Kyenge s'était désolidarisé quelques mois plus tôt, plus précisément avant les élections de 2018, de son ancien mentor Moïse Katumbi Chapwe pour pouvoir apporter le soutien de dernière minute à Félix Antoine Tshisekedi Tshilombo. Par conséquent, après avoir inversé les rapports de force politique au Parlement et eu enfin les coudées complètement franches,

> « le président de la République Démocratique du Congo (RDC), Félix Tshisekedi [Tshilombo], a nommé lundi 12 avril [2021] un gouvernement entièrement à sa main, qui [a tourné] la page de l'encombrante coalition avec son prédécesseur Joseph Kabila [Kabange].[...]
> » Ce nouveau gouvernement [a tourné] définitivement l'acte I du quinquennat Tshisekedi [Tshilombo] (janvier 2019-décembre 2020), marqué par l'échec de la coalition avec Joseph Kabila [Kabange]. Depuis le lancement d'une offensive politique le 6 décembre [2020] contre son ex-allié, M. Tshisekedi [Tshilombo] et ses partisans ont finalement réussi, à force de débauchages, à renverser la majorité de M. Kabila [Kabange] dans les deux chambres. »[322]

[322] In *En RDC, le président Tshisekedi nomme un gouvernement à sa main*, dépêche de l'*Agence Française de Presse* (AFP). Article mis en ligne le 13 avril 2021, consulté le 28 novembre 2021. Voir le lien ci-dessous.
https://www.lemonde.fr/afrique/article/2021/04/13/en-rdc-le-president-tshisekedi-nomme-un-gouvernement-a-sa-main_6076571_3212.html.

Délivré de la stérile tutelle de son prédécesseur et fort d'une majorité absolue au Parlement, le président de la République Démocratique du Congo a chargé le 15 février 2021 l'ancien ministre des Sports, Jean-Michel Sama Lukonde Kyenge, de former un nouveau gouvernement en tant que futur Premier ministre. La nouvelle équipe gouvernementale serait investie le 26 avril 2021 par l'Assemblée nationale. Mais la liberté retrouvée ne mettrait pas le nouveau gouvernement à l'abri des envies présidentielles.

La mi-mandature de Félix Antoine Tshisekedi Tshilombo s'est surtout caractérisée par une présidence extrêmement budgétivore, selon les analyses de l'*Observatoire de la dépense publique* (ODEP). La désastreuse situation financière a d'ailleurs incité cette institution à accuser sans fioriture, dans un communiqué de presse, le gouvernemental d'avoir couvert :

> « une gabegie financière, alors que les dépassements budgétaires à la Présidence [étaient] devenus une culture et un mauvais exemple venu d'en haut pour tous les gestionnaires des finances de l'État dans tout le pays.
>
> » Selon le communiqué, fin septembre [2021], plusieurs institutions avaient ainsi déjà dépassé leur budget annuel, tandis que la Présidence [était] arrivée à ce point dès le milieu de l'année : "Depuis le mois d'août 2021, la Présidence [a engagé] les dépenses sans disponibilité des crédits". Elle [avait] déjà dépensé 253,7 millions de dollars alors que 159,8 millions avaient été votés pour toute l'année, soit un dépassement de 111 % qui [allait] encore se creuser [jusqu'à] la fin décembre. Pour toute l'année 2020, la Présidence avait dépassé son budget de 18 millions de dollars, contre 93,9 millions [jusqu'en] 2021.
>
> » En cause, notamment, l'explosion de la taille du cabinet du président Tshisekedi [Tshilombo], passé de 445 personnes en 2019, à 1 018 [en 2021] et 1 096 prévues pour 2022. L'ODEP [a cité] également les "voyages du Président", au sujet desquels des plaisantins [ironisaient] sur les réseaux sociaux en [ayant assuré] que M. Tshisekedi [Tshilombo avait] récemment consenti à rendre visite… au Congo. »[323]

---

[323] In *RD Congo : l'Observatoire de la dépense publique étrille le président Félix Tshisekedi*. Article de *La Libre Afrique* mis en ligne le 26 octobre 2021, consulté le 29 novembre 2021. Voir le lien ci-contre : https://afrique.lalibre.be/64892/rdcongo-lobservatoire-de-la-depense-publique-etrille-le-president-felix-tshisekedi.

Les voyages aux frais de l'État ont-ils été bénéfiques au pays ? Une chose était évidente, le magistrat suprême n'a pas hésité un instant à instrumentaliser l'*Inspection générale des Finances* (IGF), par le truchement de l'un de ses partisans, en la personne de Jules Alingete, « à des fins politiciennes ».

Même avant son accession à la présidence de la République, ont rappelé les plus perspicaces des observateurs, Félix Antoine Tshisekedi Tshilombo a sans cesse été un voyageur de luxe. En tant que magistrat suprême, à tort ou à raison, il a passé plus de temps à sillonner le monde qu'à visiter son pays pourtant en proie aux conflits armés et aux crises sociales, ainsi qu'aux infrastructures routières très délabrées. Fuyait-il les problèmes terrestres en ayant systématiquement tenté de s'élever davantage dans les airs ? Était-ce une façon de prendre de la hauteur afin d'atteindre la dimension qui lui aurait sans arrêt fait défaut, au cours de son cheminement politique ? Avait-il besoin d'un baptême de l'air pour atterrir en douceur ? En tout cas, son véhicule s'embourberait dans une route très mal entretenue, voire pas du tout à l'époque, dans la région du Grand Kasaï quand il se déciderait enfin à parcourir par la voie terrestre le Congo profond. Ce serait une très dure réalité, les nuages s'étant transformés en un environnement boueux.

Au vu de l'indélicatesse des collaborateurs du Chef de l'État à l'image de MM. Marcellin Bilomba, Vidiye Tshimanga Tshipanda et Michel Eboma, ainsi que tant d'autres à l'instar d'André Wameso et Antoine Ababifuanina, on pouvait se poser sérieusement des questions sur le binôme qui matérialisait la collaboration entre la présidence de la République et le gouvernement national.

> « Sur le terrain, en effet, des conseillers du président de la République se [conduisaient] en ministres, dépouillant l'Exécutif de toutes ses prérogatives. "Comment [pouvait-on] justifier le pilotage de la construction des écoles et centres de santé par un conseiller de la présidence de la République alors qu'il [existait] des ministres sectoriels" »[324]

---

[324] In *La cour de Fatshi infestée des conseillers indélicats*, Tino Bamada, *Africanews*, le 8 décembre 2022. Article consulté le même jour. Voir le lien ci-dessous. https://www.africanewsrdc.net/featured/cour-fatshi-infestee-conseillers-indelicats.

Pour quelques connaisseurs de la chose politique congolaise en particulier, ainsi que celle de l'Afrique centrale et de la région des Grands Lacs africains en général, un problème sérieux se posait. Le gouvernement Sama Lukonde Kyenge, le second de la présidence de Tshisekedi Tshilombo, resterait dans l'histoire de la République Démocratique du Congo l'un des plus effacés qui n'aient jamais existé, non forcément à cause de la personnalité du Premier ministre ou de son action. Comme sous le régime mobutiste, le chef de l'État s'est transformé à la fois en Premier ministre, ministre des Affaires étrangères, ainsi que ministre de l'Économie et du budget. Le cinquième président de la République est devenu, lui aussi, l'homme-organe. On avait l'impression d'avoir affaire à un président globe-trotteur et multifonctionnel, de surcroît boulimique et non structuré. Il ne restait plus qu'il devienne officiellement le juge suprême. Le gouvernement ne servait que de façade, avait-on constaté, puisque tout se faisait et se défaisait à la présidence de la République. On se demandait même si l'on était passé du régime parlementaire au système présidentiel, sans l'aval du peuple souverain. Fallait-il posait d'office cette pratique ? En droit, après tout, les faits ne précèdent-ils pas la loi ?

Un bon nombre d'analystes avertis ont rappelé que, au cours des trois premières années de la mandature présidentielle de Félix Antoine Tshisekedi Tshilombo, les intérêts nationaux ont été défavorisés, voire complètement bradés, au profit de quelques projets conçus et imposés par des officines internationales et des entreprises étrangères. En guise d'illustration, parmi tant d'autres cas, sans l'intervention à travers les réseaux sociaux de quelques notables originaires du Kongo Central, de l'intérieur et de la diaspora, le projet de construction du port en eaux profondes de Banana dans la pointe occidentale du pays aurait pâti en faveur de l'édification du pont routier et ferroviaire en vue de la liaison entre les villes de Brazzaville et de Kinshasa. Par ailleurs, la desserte de Kinshasa par la société aérienne rwandaise, avec en prime la mise à disposition de l'aéroport de Goma comme terminal stratégique pour la flotte du Rwanda, a privé à l'entreprise *Congo Airways* du monopole national. D'ailleurs la naïveté des dirigeants congolais serait confirmée plus tard, le 27 mai 2022, à l'issue d'un conseil supérieur de la défense en rapport avec la résurgence et la énième agression par l'armée rwandaise sous l'étiquette du M23. L'instance congolaise décréterait l'exclusion de la compagnie d'aviation *Fly RwandAir* de l'espace aérien congolais et la convocation de l'ambassadeur du Rwanda accrédité en République Démocratique du Congo. Dans cette optique, Kinshasa suspendrait les accords et préaccords entre les deux pays. Pour combien de temps ?

Bref, dans la plupart des cas, les autorités congolaises ont préféré subordonner le développement économique du pays à l'épanouissement des investissements externes. Ainsi a-t-on continué à cautionner la dépendance de la Patrie aux puissances extra-nationales, parfois par l'intermédiaire des États régionaux. Le bradage, imposé par la présidence de la République Démocratique du Congo à un Parlement tout à fait godillot et à un gouvernement décoratif, s'est poursuivi au détriment du Trésor public national.

VIII – Bénédiction ou malédiction ?

De l'État indépendant du Congo en 1885 à la République du Congo en 1960 en passant par le Congo belge en 1908, la République Démocratique du Congo en 1964 après la République du Congo en 1960 et la République du Zaïre de 1971 à 1977, ainsi qu'à nouveau la République Démocratique du Congo, tout a été quasiment dramatique. L'existence des populations congolaises n'a jamais été facilitée, jusqu'à ce jour, par tous ceux qui ont dirigé ce pays. Seul le père de la Nation, Joseph Kasa Vubu, a vraisemblablement incarné l'exception à ce traitement irresponsable. Le roi Léopold II avait avant tout géré le Congo à travers l'*Association internationale du Congo*, ensuite par le biais des fonctionnaires ayant servi des gérants de l'État indépendant du Congo, pour des considérations d'ordre personnel. Le gouvernement belge avait ensuite ponctionné à outrance sa colonie africaine, ce territoire scandaleusement riche, dans l'unique optique du développement du Royaume de Belgique. Quant au président Joseph-Désiré Mobutu, le futur Sese Seko, il s'en était servi sans vergogne au seul profit de sa famille et de ses proches. Les successeurs du seul et unique maréchal zaïrois lui ont emboîté le pas, depuis le 17 mai 1997, ayant privilégié davantage les intérêts privés aux dépens de la chose publique.

8.1 - L'homme à neutraliser

Plus ou moins ouverte, une parenthèse tout bien considéré positive a fait naître un grand espoir le 30 juin 1960, jour mémorable de l'accession à la souveraineté nationale. Malheureusement, cette espérance, aussi infime fût-elle, a été sans cesse perturbée pendant les cinq premières années de la période postindépendance à cause d'énormes intérêts étrangers et de la complicité d'acteurs politiques opportunistes de la trempe de Moïse Antonin Kapenda Tshombe, Albert Kalonji, Joseph-Désiré Mobutu… À ces défaillances, il fallait ajouter l'impétuosité et les maladresses sur le plan diplomatique de Patrice Lumumba. Le fameux discours du 30 juin 1960 prononcé par le Premier ministre et l'impréparation dans la gestion de la révolte des soldats de la Force publique ont illustré les insuffisances a été une occasion fortuite pour les autorités belges. Celle-ci les a incitées à s'immiscer davantage dans les affaires intérieures du Congo souverain. Il était évident que la vision patriotique et responsable de Joseph Kasa Vubu gênait beaucoup les différents projets des dirigeants de l'ancienne puissance coloniale. Le point de vue du premier président de la République ne pouvait que difficilement triompher sur la traîtrise invétérée de quelques-uns de ses compatriotes. Dommage !

> « [...] "Vive le roi !", criait la foule des habitants de Léopoldville courant derrière le cortège de Baudouin [Ier] lors de sa dernière visite au Congo belge. "Vive le roi !", reprenait l'immense masse humaine groupée sur le passage des voitures officielles le long des artères de la capitale congolaise. Cependant, les observateurs locaux les plus sérieux [étaient] formels sur ce point : ce n'[était] pas le roi des Belges, souverain du Congo, que les Africains acclamaient, mais "le roi Kasa", M. Joseph Kasa Vubu.
> » [...] Premier de ses compatriotes à avoir réclamé l'indépendance de son pays, symbole du nationalisme congolais, c'[était] avec des atouts de poids qu'il [a abordé] la compétition qui s'[engagerait] le 1er juillet [1960] autour du siège de Premier ministre du Congo. »[325]

Appelé au Congo-Kinshasa le « père de l'Indépendance », ou le « père de la Nation », Joseph Kasa Vubu a été le premier Congolais à avoir publiquement revendiqué le 6 juillet 1957 l'Indépendance immédiate, et sans condition, de la colonie belge dans un texte intitulé *Étude du manifeste de « Conscience africaine » par les Bakongo*[326]. Il était

---

[325] In *M. Joseph Kasa Vubu, l'homme fort de l'Abako, op. cit.*

[326] Ce « contre-manifeste » a été publié notamment dans *Abako : 1950-1960*, Documents, Bruxelles, dans *Les Dossiers du CRISP*, Centre de recherche et d'information

en effet considéré comme l'un des hommes politiques congolais intègres et tout à fait conscients de la souveraineté étatique. Il était le plus modéré, le plus consciencieux, le plus diplomate et le plus en phase avec la culture traditionnelle à dominance bantoue.

> « Au cours d'une conférence prononcée le 6 juillet 1957, le leader de l'Abako [a critiqué] l'"idée d'assimilation" qui [sous-tendait] l'institution de la carte du mérite civique et de l'immatriculation. Cette politique [était], à ses yeux, illusoire, [éveillait] chez les colonisés aspirant à intégrer le monde des Blancs des espérances qui [seraient] nécessairement déçues, et elle [constituait] une fausse et mauvaise tentative de réponse au phénomène de la "détribalisation" de Congolais de plus en plus nombreux à être urbanisés. Pour Kasa Vubu, la réponse aux "bouleversements moraux et sociaux" [ayant été] produits par la colonisation [devait] être poursuivie non par une politique d'assimilation ou, comme pour le [Patrice] Lumumba de 1956, d'"intégration", mais à travers une réhabilitation de la "culture bantoue", [selon] l'exemple donné par ces "anciens" qui, "stupéfaits de voir leurs lois et foi profanées impunément, fidèles au droit coutumier et aux institutions traditionnelles [...] s'obstinèrent à demeurer, stoïques, dans leurs villages [...] en vue de surveiller les frontières du territoire clanique"[327]. »[328]

Le fameux discours sur la politique de l'authenticité, peut-on aisément remarquer, n'a pas du tout été introduit au Congo-Kinshasa dans le cadre de la zaïrianisation qu'a passionnément entrepris en 1971 le président Mobutu Sese Seko. Elle l'a été en réalité par le truchement de la vision *abakiste* de la société bantoue popularisée par Joseph Kasa Vubu, mais surtout par le kimbanguisme par l'enseignement de Simon Kimbangu bien avant l'accession du pays à la souveraineté nationale. Bien sûr, selon moult observations,

> « la présence dans le champ idéologico-politique de la thématique de l'africanité et de ses valeurs n'[était] évidemment pas le seul effet de l'influence exercée par la démarche et le discours de milieux catholi-

---

socio-politiques, 1962, pp. 37-44.

[327] In *La culture bantoue doit occuper sa place dans le monde de demain*, Joseph Kasa Vubu, conférence, Léopoldville, 6 juillet 1957, texte reproduit dans *Abako : 1950-1960, op. cit.*, p. 60-66.

[328] In *Formes de conscience et de pensée politiques dans le Congo de la décolonisation, op. cit.*

ques plus ou moins progressistes. C'[était] au sein de l'Abako, cette association culturelle devenue un parti politique qui [entendait] représenter le pays (la "nation") Kongo, que le discours de l'authenticité s'[est exprimé] avec le plus de radicalité et [a répondu] le mieux à une sensibilité populaire. Le pays Kongo [constituait] un vaste ensemble géographique et humain certes socialement très divers mais qu'[unissait], outre une langue, la référence à un héritage historique ancien, magnifié et idéalisé, celui du Royaume [du Kongo], ainsi qu'à des mythes fondateurs. Et c'[était] chez les Bakongo que s'[était] développé, autour surtout de la figure de Simon Kimbangu et de ce qui [deviendrait] l'Église kimbanguiste, un prophétisme congolais qui cherchait, plutôt qu'à accommoder le christianisme à la culture africaine selon l'esprit de la démarche de l'inculturation, à une réinvention africaine de la tradition biblique, à une africanisation du christianisme. La direction de l'Abako [avait] eu le souci d'affirmer son indépendance par rapport au kimbanguisme[329], mais l'existence de ce mouvement prophétique au caractère proto-nationaliste [a contribué] à expliquer qu'un parti kongo ait été le pionnier de la revendication d'une indépendance totale et immédiate et que ses adhérents et sympathisants aient plusieurs fois débordé politiquement leurs dirigeants en [ayant témoigné] d'un radicalisme anticolonial aux accents anti-Blancs. Le kimbanguisme a développé et fondé spirituellement dans le peuple kongo l'attente d'une libération qui serait marquée par le départ des Blancs et le retour des ancêtres. [...] »[330]

D'ailleurs, pour tout ce qui relevait de l'enseignement de Simon Kimbangu en tant que prophète, le Révérend Père Joseph Van Wing avait observé que :

« [...] "l'ordre était donné (par les kimbanguistes) de nettoyer les cimetières et les sentiers qui y donnaient accès ; le jour où les Blancs auraient quitté le pays, les ancêtres seraient venus de leurs villages souterrains pour reprendre possession de leur terre ; ils apporteraient [...] toutes les richesses désirables ; on vivrait avec eux dans l'abondance et la paix[331]. »[332]

---

[329] Voir, à cet égard, un compte rendu d'une assemblée générale de l'*Abako* au cours de laquelle le président Joseph Kasa Vubu avait déclaré que les membres de l'Association (l'Abako ne s'était pas encore constituée en parti politique) n'étaient « ni kimbanguistes, ni xénophobes », in *Le courrier d'Afrique*, 15 octobre 1956, article reproduit dans *Abako : 1950-1960, op. cit.*, pp. 45-48.
[330] In *Formes de conscience et de pensée politiques dans le Congo de la décolonisation, op. cit.*

Mais, outre les changements d'appellation et de patronymes, la politique de l'authenticité à la mode Mobutu Sese Seko se traduirait essentiellement dans le domaine économique par la « zaïrianisation », c'est-à-dire la reprise par les citoyens zaïrois, voire la confiscation, des sociétés appartenant aux étrangers. Dans l'ouvrage intitulé *Et alors, mon maréchal ?*, l'auteur de cet essai a d'ailleurs interpellé outre-tombe le président zaïrois en lui ayant signifié que :

> « par le système politique [...] mis en place, [il avait espéré] obtenir à l'aide de la coercition l'adhésion de la jeunesse zaïroise – non acculturée, vivant en milieu rural, tout à fait campagnarde et indigène – à sa personne et à la stratégie politique du MPR. [Il avait détourné], au profit de [ses] propres intérêts, le rite initiatique des classes d'âges bantoues charriant une signification "progressiste" : c'est-à-dire ouverte à l'histoire future des femmes et des hommes. À l'aide de l'idéologie de l'authenticité, [il s'était emparé] de ce rite ancestral. [Il l'avait interprété] par égoïsme et, surtout, [l'avait utilisé] comme arme d'une stratégie d'asservissement. Son sens [aurait été changé] fondamentalement. Ainsi [était-il devenu] aliénant, régressif. En fait de chantre et de promoteur des traditions africaines, [le président Mobutu n'avait été] que l'imposteur qui les [avait complètement spoliées] et [détournées] de leur sens premier. »[333]

Par conséquent, la tradition africaine par essence égalitaire – surtout dans la société traditionnelle Kongo – ne serait malheureusement pas du tout articulée comme un modèle type d'un véritable système démocratique. Pis encore, le mobutisme évoluerait complètement aux antipodes de la conception originelle qui avait prévalu dans la démarche en vue de l'accession à l'indépendance vis-à-vis de la Belgique.[334]

> « Le 27 janvier 1960, Grand Kallé & l'*African Jazz* [ont joué] pour la première fois, à l'hôtel *Plaza* de Bruxelles, *Indépendance Cha Cha*. Le morceau de rumba, qui [a honoré] les leaders congolais de l'époque en plusieurs langues – lingala, kikongo –, [a célébré] l'indé-

---

[331] In *L'administration et le sacré. Discours religieux et parcours politiques en Afrique centrale (1920-1957)*, Paul Raymaekers et Henri Desroche, Bruxelles, Arsom, 1983, p. 25.
[332] In *Formes de conscience et de pensée politiques dans le Congo de la décolonisation*, *op. cit.*
[333] In *Et alors, mon maréchal ?*, *op. cit.*, p. 249.
[334] *Ibidem*, p. 244.

pendance à venir de ce qui [était] encore le Congo belge. Quelques heures plus tôt, en effet, ce jour-là, les leaders politiques congolais et les délégués belges réunis au sein de la "Table ronde" [avaient] décidé de la date qui [libérerait] le pays de plus de soixante-quinze ans de colonisation belge. Ce [serait] le 30 juin [1960]. La réunion, qui, pour les autorités belges, ne devait être que consultative, [a dépassé] au final toutes les attentes des dirigeants politiques congolais qui [avaient] fait le déplacement. Pendant plusieurs semaines qu'[avait] durée la "Table ronde", Joseph Kasa Vubu, de l'Abako, Patrice Lumumba – leader du Mouvement national congolais tout juste libéré de prison – et le Katangais Moïse Tshombe [avaient] fait pression, via le Front commun. La Belgique, qui pensait conserver quelques piliers institutionnels de sa colonie, comme la Défense, les Affaires étrangères et le contrôle de la monnaie, [a lâché prise]. En ce début d'année 1960, les représentants congolais [ont exulté] : l'indépendance n'[avait] pas été octroyée par la Belgique mais bel et bien conquise par les Congolais eux-mêmes. »[335]

Le Royaume de Belgique aurait beaucoup de mal à se séparer de son ancienne possession, à cause de nombreux enjeux géopolitiques et économiques. De plus, sans l'ombre d'un doute, ceux-ci étaient très bénéfiques au développement de la Belgique et à son poids politique dans le concert des Nations. Les autorités belges sous le gouvernement Eyskens-Lilar n'ayant surtout pas souhaité accorder dès le départ à la colonie l'indépendance totale[336], la présidence de Joseph Kasa Vubu en supporterait les conséquences. Elle serait par malheur déstabilisée à dessein, dès le premier abord.

---

[335] In *RD Congo : 60 ans d'indépendance… et d'instabilité politique*, Marlène Panara, *Le Point*, 30 juin 2020. Article mis en ligne le 30 juin 2020, consulté le 29 novembre 2021. Voir le lien ci-contre : https://www.lepoint.fr/afrique/rd-congo-60-ans-d-independance-et-d-instabilite-politique-30-06-2020-2382377_3826.php.

[336] Selon les autorités belges, l'indépendance du Congo ne devait pas couvrir pendant au moins deux années l'ensemble des compétences. À cet effet la Défense, les Affaires étrangères et la monnaie devaient figurer parmi les compétences réservées. Mais, après la réaction virulente des membres du Front commun, le sénateur socialiste Henri-Albéric Rolin est parvenu à faire accepter la résolution en vertu de laquelle l'indépendance reconnue au Congo devait comporter le transfert de la totalité des compétences sans que la Belgique ne s'en réserve aucune. *De facto*, s'est effondrée l'hypothèse d'une période transitoire qui devait accorder quelques garanties essentielles à l'autorité belge.

Dans l'optique de continuer à peser le plus longtemps possible sur la destinée de la République du Congo, ce pays très vaste et récemment souverain, le gouvernement belge s'est mis à l'affût d'une quelconque dissension. Ainsi fallait-il savoir, coûte que coûte, exploiter la moindre faille, dans les relations bilatérales. Il fallait aussi s'immiscer dans les affaires intérieures de l'ex-colonie et tirer avec habileté les ficelles. L'exécutif de l'ancienne puissance colonisatrice a enfin profité de la désunion au sein de la coalition entre les dirigeants congolais. Cela était dû aux désaccords sur le mode d'administration ou de gouvernance. Effectivement, lors de la « Table ronde » de Bruxelles, la question du régime politique avait été réglée par un compromis sensible « à la belge » : un État central avec des provinces aux compétences élargies, lequel disposerait d'un Parlement national bicaméral et d'un gouverne-ment provincial. Contrairement à l'unionisme et à l'étatisme cen-tralisateur ayant été préconisé par Patrice Lumumba, Moïse Antonin Kapenda Tshombe et Joseph Kasa Vubu étaient favorables à un État fédéral qui doterait les régions d'un véritable pouvoir. La nomination de Patrice Lumumba à la Primature, à l'issue des élections législatives de mai 1960 remportées par le Mouvement national congolais (MNC), était déjà dans une telle configuration source d'inquiétude pour les part-isans du fédéralisme. Cela occasionnerait successivement, de manière officielle, les deux sécessions territoriales : celle de la riche province minière du Katanga le 11 juillet 1960 à l'initiative de Moïse Tshombe et celle de la région diamantifère du Sud-Kasaï officialisée en août de la même année sous la houlette d'Albert Kalonji. Pour le président Joseph Kasa Vubu, dans une allocution prononcée en 1963,

> « rien ne [pouvait] être construite sur la haine, l'amertume et la ven-geance. [Les Congolais avaient] souffert du tribalisme, qui n'[était] pas un phénomène exclusivement congolais. Mais qui [sévissait], malheureusement, sous divers aspects [dans] tout le continent et [menaçait] la stabilité [des] États [africains]. Certaines circonstan-ces [avaient] fait que le tribalisme au Congo [avait] pris une valeur de symbole. Dans ces conditions, [les] efforts [des Congolais] pour le juguler [prenaient] une valeur de test pour toute l'Afrique. »

Non seulement Joseph Kasa Vubu a joué un rôle de premier plan au regard de la souveraineté de son pays, mais l'homme avait surtout des principes inébranlables et des convictions profondes. Comme l'a souligné à juste titre le journaliste Alain Foka, dans l'émission *Archives d'Afrique* diffusée le 2 août 2010 sur les ondes de *Radio France Internationale*, il était un « tribun au verbe simple et diplomate ». Il a su incarner, dans une période moins évidente, le sérieux dans la gestion d'un État en devenir. D'ailleurs, son attitude lui avait valu le qualificatif de « sage » de la part des Belges. Et sa position fédéraliste sur la base de la non-violence, qu'adopterait plus tard Étienne Tshisekedi wa Mulumba, tablerait sur une sorte de décentralisation sur fond de l'indépendance totale du Congo sans allégeance au roi des Belges. Cela aurait pu être bénéfique. De plus, le fédéralisme aurait pu éviter les déboires du centralisme politique à outrance qui finiraient par privatiser l'État sous le régime mobutiste et hypothéquer l'avenir du Congo à partir du 17 mai 1997. D'aucuns se rappelleraient, au reste, et comprendraient le fondement de la diabolisation de Joseph Kasa Vubu, à travers une union sacrée, bien avant l'obtention de l'indépendance par les élus mongos et bangala. Celle-ci était manipulée et à la solde de l'administration coloniale dans le but de déstabiliser l'Abako, ainsi que son porte-drapeau, et de fragiliser la cohésion nationale.

Force est également de remarquer que, dans la stratégie du gouvernement Eyskens-Lilar, Joseph Kasa Vubu était déjà l'homme à abattre. Cette épidermique volonté s'est surtout manifestée, comme par hasard à deux reprises, par des putschs soutenus de l'extérieur. Certes, à l'initiative de leur allié Joseph-Désiré Mobutu originaire de la province de l'Équateur, ils ont été fomentés et financés par les oppresseurs enclins au capitalisme. Il fallait donc neutraliser le leader *abakiste*, d'une manière ou d'une autre, pour empêcher la dynamique interne propice au décollage économique et atténuer, voire dénaturer, la véritable indépendance de la République du Congo. Pour cette raison, les autorités belges n'ont toléré que temporairement le tout premier président de la République. De plus, quand bien même aucun parti politique ne pouvait diriger le pays seul à défaut de majorité absolue, il a fallu d'abord juguler la menace immédiate et inattendue que représentait contre toute attente Patrice Lumumba par le succès du MNC en mai 1960. En effet, la formation lumumbiste était arrivée en tête à l'issue des élections législatives sur l'ensemble du territoire national, sauf dans le Katanga de Moïse Antonin Kapenda Tshombe et dans le Kongo Central qui englobait Léopoldville. Dans cette province, en ayant survolé de très haut le scrutin, l'Abako avait raflé quasiment la totalité des sièges. La victoire du MNC n'a pas non plus réjoui l'administration américaine qui craignait le penchant trop révolutionnaire de Patrice Lumumba, ainsi que « son nationalisme [soi-disant] ombrageux ». Par conséquent, Joseph Kasa Vubu ayant été un homme très subtil et consciencieux, la Belgique et les États-Unis ont-ils jeté leur dévolu sur l'insouciant Joseph-Désiré Mobutu. Changement de programme, il fallait s'occuper en priorité de l'agitateur Patrice Lumumba, le formateur du tout premier gouvernement congolais à la demande du ministre résident Walter Ganshof van der Meersch[337]. Le sort du très silencieux et mystérieux Joseph Kasa Vubu, qui avait déjà dans l'âme « la tradition constitutionnaliste » selon le docteur Benjamin Longo Mbenza, serait scellé plus tard. Mais la célébration de l'élection de Joseph Kasa Vubu à la présidence de la République au détriment de Jean Bolikango, par 159 voix sur 213, dégénérerait dans la rue. Elle provoquerait le lendemain des agressions au couteau à l'encontre des Bakongo. Ces derniers, qui rendaient publiquement hommage de manière festive et pacifique à la victoire de leur champion, feraient l'objet d'attaques de la part de quelques énergumènes Bangala du Parti de l'unité nationale de Jean Bolikango. Il y aurait 44 arrestations et 13 morts. À cause de la consternation et de la mauvaise foi ayant été provoquées par l'accession à très courte échéance à l'indépendance de leur ancienne colonie, et non au bout des trente années comme cela a été préconisé par le plan de Joseph Van Bilsen, les autorités belges ne resteraient pas très longtemps inactives. La pilule avalée a été très amère.

[337] Le gouvernement Eyskens-Lilar (jusqu'au 20 juillet 1960) a nommé le 16 mai 1960 Walter Ganshof van der Meersch ministre résident chargé des Affaires générales en Afrique. Il fallait maintenir le pouvoir public au Congo belge pendant la période de transition entre le gouvernement colonial et les futurs dirigeants à partir de l'indépendance qui devait entrer en vigueur le 30 juin 1960. Ganshof van der Meersch avait également pour mission de veiller à la régularité des élections au Congo, lesquelles seraient remportées par le MNC de Patrice Lumumba. Grâce à la médiation du ministre résident, Joseph Kasa Vubu deviendrait président de la République et Lumumba chef du gouvernement.
Sous le gouvernement de Gaston Eyskens (1958-1960), Albert Lilar a été chargé de la vice-présidence du Conseil de Cabinet. Élu président de la « Table ronde » en 1960, ce grand humaniste et fervent défenseur des droits de l'Homme a participé, à ce titre, aux discussions ayant abouti à l'indépendance du Congo belge.

En effet, quelques jours après les exaltations de la souveraineté nationale, le général Émile Janssens déclarerait que rien n'avait changé – ayant ainsi emballé les esprits bien chauffés au sein de la Force publique. Pour l'officier belge, à ses yeux, la situation avant l'indépendance survenue le 30 juin 1960 était restée la même après cet historique événement. Ce serait l'éclatement le 5 juillet 1960 d'une violente révolte au sein de l'armée congolaise. Ce fait échapperait à la fois au président de la République du Congo et au chef du gouvernement. Ce dernier démettrait de ses fonctions le général Émile Janssens, en raison de sa déterminante opposition à l'africanisation des cadres.

« Le 5 juillet 1960, soit 5 jours après la proclamation de l'indépendance, des troupes de la Force publique stationnées près de Léopoldville se mutinèrent contre leurs officiers blancs et attaquèrent de nombreuses cibles européennes et congolaises. Des propos tenus aux soldats africains par le général belge [Émile] Janssens, commandant la [Force publique] au camp principal des environs de Léopoldville, auraient été à l'origine de cette rébellion. Il leur aurait déclaré que l'indépendance n'apporterait aucun changement dans leur rôle ou statut. L'intention du général [Émile] Janssens [aurait été] avant tout de rappeler que la discipline devait être maintenue au sein de la Force publique, mais le discours [aurait été] compris comme une négation de l'indépendance nouvellement acquise. L'impact fut désastreux. L'insurrection provoqua une panique parmi la population civile d'origine européenne, essentiellement belge, et son retour massif vers l'Europe [via Brazzaville]. Le nouveau gouvernement perdit sa crédibilité en [s'étant montré] incapable de contenir les mutins et d'empêcher leurs exactions.
» Ce qui restait de la Force publique fut rebaptisé Armée nationale congolaise (ANC), et son encadrement fut hâtivement africanisé au détriment de toute valeur opérationnelle. C'[était] ainsi que du jour au lendemain Victor Lundula, ancien adjudant de la Force publique, fut promu général et commandant en chef de l'ANC. Cette flambée de violence conduisit immédiatement à une intervention de l'armée belge pour assurer la sécurité de ses citoyens et plus généralement des Européens. Ce retour de l'ancienne puissance coloniale, sans l'accord du gouvernement congolais, [s'est fait] en violation de la souveraineté nationale. La crise, qui s'ensuivit, vit la montée en puissance de Joseph Mobutu, un ancien sergent-major de la Force publique, qui avait été mis à la tête de l'armée par Patrice Lumumba,

et [prendrait définitivement] le pouvoir en 1965. »[338]

Le 7 juillet 1960, le Premier ministre Patrice Lumumba a en effet procédé au remplacement du général Émile Janssens par le sergent-major Victor Richard Lundula – Lundula Okoko Ta Mongo, en période de politique d'authenticité – à la tête de l'Armée nationale congolaise (ANC) en tant que major-général commandant en chef. Dans la foulée, le chef du gouvernement a élevé le sergent Joseph-Désiré Mobutu au rang de colonel et commandant en second pour assurer les fonctions du colonel Louis Marlière. L'officier belge deviendrait le conseiller de son successeur et jouerait un rôle déterminant dans l'assassinat de Patrice Lumumba, ainsi que dans la disparition de son corps. Le colonel Marlière agirait au même titre que le capitaine Julien Gat, le lieutenant Gabriel Michels, le brigadier François Son, le ministre katangais des Affaires intérieures Godefroid Munongo, son chef de cabinet Victor Tignée, le commissaire en chef de la police d'Élisabethville en la personne de Pius Sapwe, l'inspecteur général de la police katangaise Raphaël Mumba et son conseiller le commissaire de police Frans Verscheure. Prendront aussi part à cette macabre opération, Jérôme Disase, le conseiller et beau-frère de Godefroid Munongo, sans oublier le détenteur de la dent de la principale victime, à savoir l'ancien commissaire de police Gérard Soete. Il ne faudrait pas non plus laisser de côté, bien entendu, l'un des acteurs majeurs que serait Moïse Tshombe.

« Lieutenant-colonel de l'armée belge et ancien chef d'état-major de la Force publique – l'armée coloniale belge –, [Louis Marlière était] l'homme-clé du gouvernement de Bruxelles auprès de Mobutu à Léopoldville. À partir de septembre 1960, les deux hommes se [parlaient] tous les jours. C'[était] par Marlière que [passaient] les fonds secrets belges à destination du "groupe de Binza" (Mobutu, [Justin-Marie] Bomboko, [Victor] Nendaka, etc.). Dès octobre 1960, l'officier belge [a milité] pour le transfert de Lumumba au Katanga. Il [a pensé] en effet que l'ONU [était] moins présente à Élisabethville qu'à Léopoldville. Lumumba [serait] donc plus vulnérable chez Tshombe que chez Mobutu. Le 14 janvier 1961, quand il [a appris] que Mobutu [allait] livrer Lumumba à Tshombe, Louis Marlière, comme son *alter*

---

[338] In *Force publique (FP)*. Article publié par *Mémoires de Guerre* le 13 janvier 2016, consulté le 1er décembre 2021. Voir le lien ci-dessous.
https://www.memoiresdeguerre.com/2016/02/force-publique-fp.html.

ego américain Larry Devlin, [n'a rien fait] pour l'en dissuader. Au contraire, il [a facilité] ce transfert. À un officier belge de la gendarmerie katangaise, il [a transmis] : "Demande accord du Juif [Moïse Tshombe] pour recevoir Satan [Patrice Lumumba]". Plus tard, il [écrirait] : "Il y avait un consensus [en faveur de ce transfert]. Aucun conseiller, qu'il soit belge ou américain, n'a songé à s'y opposer". »[339]

Quant à Larry Devlin,

« ancien combattant de la Seconde Guerre mondiale, en Afrique du Nord et en Europe, [...] qui [parlait] français, [il était] recruté par la *CIA* et [a débarqué] à Léopoldville en juillet 1960. Méfiant, il [circulait] en ville avec une arme en poche. Quelques mois plus tôt, lors de la "Table ronde" de Bruxelles, il avait repéré le jeune Mobutu et vu en lui un délégué qui n'était pas hostile aux Américains. À Léopoldville, les deux hommes [ont sympathisé]. À partir de la fin août, ils [ont pris] le petit-déjeuner ensemble plusieurs fois par semaine. C'[était] par Devlin que [passait] l'argent américain pour [Joseph-Désiré] Mobutu, qui [excellait] dans le chantage aux dollars : "Larry, je ne pourrai pas renverser Lumumba sans ton soutien". Le 14 janvier 1961, Devlin [a appris] que Mobutu [allait] livrer [Patrice] Lumumba à Tshombe. Comme il [savait] que le département d'État américain [risquait] de lui dire : "Faites surseoir le transfert jusqu'à l'arrivée au pouvoir de l'administration Kennedy, le 20 janvier prochain", il [a gardé] l'information secrète et ne [l'a transmise] à Washington que le 17 janvier, juste après le décollage de l'avion qui [a] conduit [Patrice] Lumumba vers une mort certaine. En juin 1967, quand il [a quitté] le Congo, le futur maréchal Mobutu lui [a remis] sa photo avec cette dédicace : "À mon excellent et vieil ami L. Devlin, pour tout ce que le Congo et son chef lui doivent". »[340]

Au début du mandat présidentiel de Joseph Kasa Vubu, à la suite de quelques manœuvres dissuasives, le Royaume de Belgique est toutefois parvenu à sauvegarder l'intégralité de ses intérêts économiques. L'ancienne puissance coloniale a détenu un fort portefeuille de participation de près de 40 milliards de francs belges. Cette somme, ayant représenté plus de trois fois le budget de la toute jeune République, serait sans délai transférée en Europe alors qu'elle aurait dû revenir, selon toute logique, à l'État congolais.

---

[339] In *Patrice Lumumba : treize hommes pour un crime d'État, op. cit.*
[340] *Ibidem.*

En tout cas, le bras de fer entre la République du Congo et la Belgique, dû à l'intervention des troupes de l'armée belge pour mater les éléments insurgés de la Force publique congolaise, a donc débouché, comme par enchantement, sur la proclamation à très court terme de la sécession du Katanga par Moïse Antonin Kapenda Tshombe et ses partisans. Les militaires belges ont poursuivi entre-temps leurs interventions dans plusieurs régions du Congo, notamment à Coquilhatville dans la province de l'Équateur, Stanleyville dans la province de Léopoldville, Bukavu et Kindu dans la province du Kivu, ainsi qu'à l'Ouest dans le Kongo Central[341]. Pourtant, arrivaient dans le territoire national les premiers contingents internationaux – ghanéen, tunisien, marocain et éthiopien – dans le cadre de l'Organisation des Nations Unies. Dans de pareilles circonstances, les propos menaçants du Premier ministre Patrice Lumumba relatifs à l'implication russe scelleraient définitivement son sort, alors qu'Albert Kalonji venait de confirmer le démembrement de la région minière du Sud-Kasaï. Ainsi le futur *mulopwe* (roi) a-t-il emboîté le pas à Moïse Antonin Kapenda Tshombe dans l'adversité envers l'impétueux chef du gouvernement de la République. Qui, durant cette période très agitée, gouvernait et présidait véritablement le Congo-Léopoldville ? Ce serait de toute manière le début de la première guerre civile, des déstabilisations et des conflits politiques qui permettraient l'accession au pouvoir, le 24 novembre 1965, de Joseph-Désiré Mobutu[342] au détriment du dialogue, de la négociation et de la grande moralité. Ces principes ont été privilégiés par le magistrat suprême, en la personne de Joseph Kasa Vubu, en vue de la consolidation de la cohésion nationale.

D'aucuns ont surtout retenu que le premier président de la République Démocratique du Congo, en l'occurrence Joseph Kasa Vubu, a sans conteste incarné le modèle de gestion étatique. Il était un dirigeant

---

[341] Selon le père Léon de Saint Moulin, en 1933, au prétexte de la crise mondiale, l'autonomie de gestion jusqu'alors assez large des provinces congolaises était sévèrement rognée, leur nombre étant passé à 6, et elles ont pris le nom de leur chef-lieu : provinces de Léopoldville et Lusambo (par scission du Congo-Kasaï), de Coquilhatville (l'ancien Équateur), de Stanleyville et Costermansville (par scission de la Province Orientale), d'Élisabethville (l'ex-Katanga). En 1947, on les a rebaptisées encore – provinces de Léopoldville, du Kasaï, de l'Équateur, Orientale, du Kivu et du Katanga – et le nombre de districts était porté à 25.
[342] Voir le chapitre III, *De 1960 à 1965*.

très respectueux de la chose publique et de l'intérêt général. C'était le Président ! L'Histoire devrait lui rendre justice. La Nation congolaise devrait l'honorer à sa juste valeur, au vu des présidences de ses différents successeurs. Les forces de l'esprit finiraient par conscientiser les populations congolaises dans l'optique du rétablissement de la vérité.

8.2 - L'incertitude étatique

Au cours de sa longue présidence, Joseph-Désiré Mobutu, le futur Sese Seko, s'est-il dans l'absolu positionné au-dessus de la mêlée ? Était-il en réalité le garant de la Nation ? N'intervenait-il que pour trancher en faveur du peuple ? Ne se mêlait-il même pas de la discussion, et encore moins de la dispute ? A-t-il agi en protecteur de tous ses concitoyens ? Était-il si invincible comme il a voulu le faire croire ?[343] Très souvent, sauf cas exceptionnel, on quitte le pouvoir de la même façon qu'on y a accédé. Cela s'avérerait le 17 mai 1997, avec l'avènement de l'imprévisible Laurent-Désiré Kabila. Le libérateur serait accompagné et installé à la magistrature suprême par des enfants soldats encadrés militairement par les pays voisins de l'Est africain, surtout le Rwanda, le Burundi et l'Ouganda. Ceux-ci étaient téléguidés par des puissances non continentales, d'obédience anglo-saxonne.

À la suite d'un premier putsch soldatesque non justifié qui a été diligenté en septembre 1960 par l'administration américaine et cautionné par la Belgique contre un président de la République très respectueux de la Constitution et en quête des voies idoines en vue d'une situation apaisée sur l'ensemble du territoire national, le lieutenant-général Joseph-Désiré Mobutu a récidivé. En effet, il a à nouveau confisqué le pouvoir, le 24 novembre 1965, après avoir démis de ses diverses fonctions le magistrat suprême démocratiquement élu, Joseph Kasa Vubu, et déchargé le sieur Évariste Kimba, député national, de ses attributions de formateur du gouvernement. Ainsi a-t-il assumé les prérogatives de chef de l'État, et la ville de Léopoldville deviendrait Kinshasa le 3 mai 1966. Le putschiste a systématiquement procédé à la neutralisation, ainsi qu'à l'élimination physique des potentiels adversaires politiques par pendaison, ou alors par empoisonnement, dans le but de consolider

---

[343] Certaines questions trouvent leurs réponses dans *Et alors, mon maréchal ?*, *op. cit.*

les assises d'un pouvoir illégitime.

Fort du soutien sans faille de l'administration américaine, Joseph-Désiré Mobutu a fini par priver les Belges du monopole de tous les secteurs économiques qu'ils détenaient au Congo-Kinshasa. Il a nationalisé l'Union minière du Haut-Katanga, ainsi que les secteurs des assurances ayant représenté le domaine réservé des anciens colons. Cela l'a mis *de facto* en porte-à-faux au regard du Royaume de Belgique. Mais le 24 juin 1967, la coopération financière avec les États-Unis a été à son apogée. Plus tard, la nouvelle monnaie baptisée zaïre vaudrait 2 USD sous la supervision du gouverneur de la Banque centrale Albert Ndele. Au début des années 1980, le zaïre perdrait environ 81 % de sa cote par rapport au dollar américain. En 1982, 1 USD équivaudrait à 5,75 zaïres, mais à la fin de l'année 1983, 1 USD vaudrait 30,12 zaïres. Et au 31 mars 1985, 1 USD s'échangerait à 47,2 zaïres. Puis, en 1986, le zaïre se déprécierait de plus de 1 000 % par rapport à sa valeur de 1978, passant à 1 zaïre pour 0,0077 USD. Mais sa valeur dégringolerait davantage en 1993, dépassant les milliers de zaïres par rapport à la devise américaine.

On a beaucoup glosé à tort sur l'insécurité ayant caractérisé la présidence de Joseph Kasa Vubu, alors que la paix ne serait pas forcément consolidée sous le long règne de son successeur. Au cours de l'année 1967, à cause de la mutinerie des soldats de l'armée nationale congolaise ou des militaires étrangers qu'elle comptait en son sein, une rébellion a éclaté dans l'Est du pays. Mobutu a fait *illico presto* appel au général Léopold Masiala Kinkela Kulu Kangala pour rétablir l'ordre dans cette partie du territoire national occupé par des hommes armés sous la direction des mercenaires européens Robert Denard (dit Bob) et Jean Schramme (alias Black Jack). D'ailleurs, à la suite de la prise de la ville de Bukavu avec le soutien d'environ 120 mercenaires et de 2 500 combattants katangais, le mercenaire belge a créé le 7 juillet 1967 ce qu'il considérerait comme l'État des volontaires étrangers (EVE). Il le dirigerait pendant quatre mois.

Finalement, converti selon toute vraisemblance au nationalisme sur le plan économique,

« Mobutu [a repris] à Lumumba le discours nationaliste et unitariste. Et il [a créé] le Mouvement populaire de la révolution, en [ayant fait]

aboutir avec ce parti unique, sous la forme d'un unanimisme despotique, le projet, le rêve qui animait les fondateurs du Mouvement national congolais, celui d'un mouvement [ayant regroupé], comme l'[a] écrit [Jean-Paul] Sartre en [ayant commenté] la position de Lumumba lui-même, "la population entière, hommes et femmes, chacun [étant devenu] en même temps citoyen et militant"[344]. D'autre part [...] Mobutu s'[est approprié] le discours de l'authenticité sous les espèces de la doctrine du "recours à l'authenticité". »[345]

Selon le président Mobutu Sese Seko, il s'est agi d'une doctrine qui a consisté à prendre conscience de la personnalité zaïroise, de sa valeur propre. Il y avait notamment urgence, pour ses compatriotes, à focaliser l'action patriotique sur des prémices résultant des réalités nationales pour qu'elle soit sans le moindre doute la leur, et, partant, efficace.[346]

> « La problématique [était] plus radicalement "endogène" que dans la démarche missionnaire de l'inculturation, plus proche donc de celle du kimbanguisme et de l'Abako. Mais l'idéologie mobutiste, à la différence de celle qu'[a exprimée] l'Abako, [s'est voulue] supra ethnique. L'authenticité dont [s'est réclamé] le mobutisme [invoquait] une identité congolaise ou plutôt "zaïroise", puisque le pays [avait] été rebaptisé afin de marquer sa renaissance, son arrachement à l'aliénation coloniale grâce à la politique du "recours à l'authenticité". Cette authenticité [s'est donc voulue] zaïroise plutôt qu'africaine. Et comme Lumumba dans *Congo terre d'avenir*… mais pour des raisons différentes (posture universaliste dans un cas, nationaliste dans l'autre), le mobutisme [a rejeté] l'idéologie de la négritude[347]. »[348]

La République Démocratique du Congo est en effet devenue la République du Zaïre le 27 octobre 1971 et, *de facto*, la politique de l'authenticité a eu désormais droit de cité jusqu'au 17 mai 1997. D'au-

---

[344] In *La pensée politique de Patrice Lumumba*, préface de Jean-Paul Sartre, textes et document recueillis et présentés par Jean Van Lierde, Présence Africaine, Paris, 1963, p. XVI.
[345] In *Formes de conscience et de pensée politiques dans le Congo de la décolonisation, op. cit.*
[346] In *Discours prononcé à l'occasion du premier congrès ordinaire du Mouvement populaire de la révolution*, Mobutu Sese Seko, 21 mai 1972.
[347] In *Essai sur la problématique du « Recours à l'authenticité »*, Kangafu-Kutumbagana, Presses africaines, Kinshasa, 1973.
[348] In *Formes de conscience et de pensée politiques dans le Congo de la décolonisation, op. cit.*

tres guerres ont fait tanguer le régime mobutiste en 1977 et en 1998 dans la région du Shaba à cause de l'occupation par des gendarmes katangais, ainsi qu'en 1984 et 1985 à Moba par l'action armée des maquisards à l'initiative de Laurent-Désiré Kabila. La crise économique s'est entre-temps solidement installée, et la politique de rigueur qu'avait préconisée à coups d'éclat le Premier Commissaire d'État, c'est-à-dire le Premier ministre, Léon Kengo wa Dondo n'a pas abouti aux résultats escomptés.

Et le vent de la démocratisation ayant sévi en Europe de l'Est a soufflé jusqu'en terre africaine. En République du Zaïre, la libéralisation idéologique a provoqué une multiplication impressionnante des partis politiques. Il y en a eu au moins 450.

> « Par ailleurs, le Front commun d'opposition a […] mis en cause un plan machiavélique qui avait été établi lors de la réunion secrète tenue par le président-maréchal Mobutu Sese Seko, Léon Kengo wa Dondo, Alphonse-Roger Kithima bin Ramazani, Jean Seti Yale et Jonas Mukamba Kadiata Nzemba afin d'autoriser le multipartisme avec des partis fantômes. Ceux-ci [ont été] contrôlés par des hommes de main. Manda Mobutu, le fils du chef de l'État, et le trafiquant Makola Seti Ngoy (dit Ado) se [sont rendus] à l'étranger pour l'impression de faux billets de 10 mille zaïres qui [ont servi] au financement de la campagne de ces partis fictifs. »[349]

De 1990 à 1997, pourtant dans le but de mettre en place les institutions de la IIIᵉ République, les travaux de la Conférence nationale souveraine (CNS) ont ressemblé à une très longue impasse. Des manifestations sociales ont été réprimées par le sang, les étudiants massacrés et beaucoup de militaires mutins neutralisés, sous la supervision de l'impitoyable citoyen André-Honoré Ngbanda Nzambo Ko Atumba[350], à la suite des rafles et opérations armées. Cette période a connu une succession de Premiers ministres : Vincent de Paul Lunda Bululu, Faustin Birindwa (dit la couleuvre de Centrafrique), Étienne Tshisekedi wa Mulumba, Jean-de-Dieu Ngunza Karl-I-Bond, Bernardin Mungul Diaka, Léon Kengo wa Dondo, né Léon Lubicz, ainsi que Norbert Likulia Bolongo. Le Haut conseil de la République (HCR) est même parvenu à imposer au « Guide éclairé » la cohabitation avec un Premier

[349] In *Et alors, mon maréchal ?*, *op. cit.*, p. 206.
[350] *Ibidem.*

ministre issu du rang de l'opposition. C'était un acte tout à fait incroyable, à l'époque. Le président-maréchal a toutefois résisté en ayant essayé de s'adapter, tant bien que mal, à la situation et d'en tirer profit. Mais un certain Laurent-Désiré Kabila était aux aguets. Les troupes mises à disposition du maquisard ont fini par provoquer la fuite de la jungle zaïroise d'un Grand Léopard malade et très fatigué, un beau jour du 16 mai 1997. Cela a confirmé à jamais la fin du mobutisme et de la IIe République, au profit de la IIIe République.

Le maréchal Mobutu Sese Seko aimait surtout rappeler que, après lui, ce serait le chaos. Pourquoi forcément l'anarchie ? Pis encore, cette affirmation s'est *in fine* appuyée sur une hypothèse sans aucun fondement solide. Savait-il en toute pertinence, mieux que quiconque, qu'il laisserait à son successeur un pays complètement à terre ? En toute évidence, son ombre a longtemps plané, certes négativement, sur l'ancien Zaïre que, sans partage, il a dirigé de main de fer. Il a fragilisé, pendant plus d'une trentaine d'années, la cohésion nationale et consolidé la fracture sociale. *Ordo ab chao*, auraient dit philosophiquement en langue latine les Écossais. Espérons, après avoir gémi car *Deum meumque jus*.

8.3 - L'affairisme au sommet de l'État

Déjà engagé dans les luttes politiciennes au début des années 1960, au cours des crises congolaises postindépendances, l'insaisissable Laurent-Désiré Kabila a combattu les gendarmes katangais[351], d'août

---

[351] L'armée katangaise a été créée sous le nom de Gendarmerie katangaise après la sécession du Katanga le 11 juillet 1960, et ce pour défendre l'indépendance de l'État du Katanga. Cette Gendarmerie, laquelle ne comptait que quelque 350 soldats en juillet 1960, était composée essentiellement d'hommes de la Force publique fidèles à leurs officiers belges. Cette force armée a connu la première promotion d'officiers katangais en août : 2 capitaines, 3 lieutenants et 25 sous-lieutenants ou adjudants. Passée au 1er janvier 1961 de 272 officiers (dont 194 blancs) et 1 702 soldats, auxquels se sont ajoutées 2 049 recrues en formation, son effectif d'encadrement blanc s'est élevé le 1er mai à 655 hommes dont 450 Belges. Parmi ses hommes en armes, 2 011 ont été mandatés par le gouvernement belge à titre d'aide technique, le reste à titre de mercenaires. Après que le gouvernement belge a appliqué sous la pression des Nations Unies à la fin août la résolution du 21 février 1961 du Conseil de sécurité et rappelé en métropole les 201 officiers et sous-officiers belges qui se trouvaient encore dans l'armée katangaise, les troupes onusiennes ont déclenché le 28 août l'opération

1960 à janvier 1961, dans les rangs de la Jeunesse du Parti Balubakat (Jeubakat) ayant principalement regroupé les membres de l'ethnie des Baluba. Jason Sendwe, chef du Parti Balubakat, le remarquerait et le nommerait « colonel » des jeunesses, plus précisément des milices balubakats au Katanga. En septembre 1963, il a accédé au poste de secrétaire général aux Affaires sociales, à la Jeunesse et aux Sports du Comité national de libération (CNL). Cette formation politique nationaliste lumumbiste et révolutionnaire s'opposait par les armes au gouvernement de Cyrille Adoula. Laurent-Désiré Kabila s'est retrouvé, en juillet 1964 à l'occasion de la prise d'Albertville (l'actuelle Kalemie dans le Nord-Katanga) par l'Armée populaire de libération (APL), vice-président d'un gouvernement provisoire pour un temps éphémère. Au début de l'année 1965, il a rejoint la région du Kivu comme chef des opérations militaires d'un pouvoir rebelle à la tête du tiers du territoire congolais. Mais, grand jouisseur et désinvolte comme il l'était, il a plus souvent traîné ses guêtres dans les quartiers chauds des capitales étrangères d'Afrique orientale que dans les maquis de Fizi-Baraka dans l'Est du Congo-Kinshasa.

Le révolutionnaire marxiste-léniniste et internationaliste argentin Ernesto Guevara a rencontré Laurent-Désiré Kabila cette même année, en Afrique de l'Est, dans la capitale tanzanienne.

> « [...] "Che" Guevara vit d'abord en Laurent-Désiré Kabila, lors de leur première rencontre à Dar es Salam en Tanzanie, quelqu'un ayant "parfaitement compris que l'ennemi principal [était] l'impérialisme américain" mais il ne lui échappa pas que l'homme roulait en Mercedes et préférait plutôt fréquenter les bars que la ligne de front.
> » Face au "nombre extraordinaire de tendances et d'opinions diverses", des rebelles congolais d'inspiration marxiste, Guevara discerna que [Laurent-Désiré] Kabila avait une vision "claire, concrète et ferme" de la situation dans ce qui était alors le Congo belge.
> » Il lui proposa "immédiatement au nom du gouvernement cubain instructeurs et armement", offre "acceptée avec plaisir" [...].
> » Mais Guevara [...] ne fut pas longtemps dupe de l'absence prolongée de [Laurent-Désiré] Kabila du théâtre des opérations ni de ses

---

Rumpunch et procédé à l'arrestation, ainsi qu'à l'expulsion, de quelques étrangers de l'armée katangaise. Seuls 105 mercenaires, qui ont évité l'arrestation par les Casques bleus, ont poursuivi l'encadrement des gendarmes katangais. La forte diminution du personnel européen d'encadrement a considérablement affaibli l'armée katangaise.

mensonges, lorsqu'il affirmait revenir du maquis alors qu'il venait de faire un séjour dans les quartiers chauds des ports du lac Tanganyika. "Il y [avait] de sérieuses indications que ma présence ne lui [faisait] pas du tout plaisir [...] J'[ignorais] si c'[était] la peur, la jalousie, où s'il [était] blessé de la méthode que j'[avais] utilisée" pour venir. [...] » [Laurent-Désiré] Kabila [...] n'avait pas été informé de l'infiltration de Guevara au Congo belge par crainte de fuites [qui auraient pu] compromettre la sécurité du "Che", bête noire de la *CIA*.

» Les quelque 120 guérilleros cubains du contingent de Guevara tentèrent en vain d'insuffler discipline et esprit révolutionnaire aux forces rebelles désorganisées et souvent rivales.

» Après plusieurs mois d'attente, [Laurent-Désiré] Kabila fit enfin son apparition et sa présence "galvanisa" les troupes. Les rebelles congolais creusèrent frénétiquement des tranchées, construisirent une clinique… pour déposer leurs pelles après le départ de [Laurent-Désiré] Kabila au bout de cinq jours.

» [...] les instructeurs cubains, blasés, avaient pris des paris sur la durée du séjour de [Laurent-Désiré] Kabila sur le front.

» Le "Che" [décrivit] également dans son journal les rebelles de [Laurent-Désiré] Kabila comme une "armée parasite" [ayant brutalisé] les paysans locaux et n'ayant [eu] "aucune idée de ce qu'[était] une arme à feu". "Ils se [blessaient] en jouant avec ou par négligence" [...]. "Gagner une guerre avec de tels soldats [était] hors de question" [a relevé] "Che" Guevara qui [devait] se résoudre au bout de quelques mois à faire retraite vers la Tanzanie, [ayant abandonné] son rêve de révolution panafricaine. "C'[était] l'histoire d'un échec", [a écrit] Guevara dans les premières pages d'un de ses récits [sur] sa mission congolaise. Elle dura à peine six mois. Le 25 novembre 1965, trois jours après le départ des Cubains du Congo, les forces de Mobutu prenaient le pouvoir dans le pays qu'ils [renommeraient six] ans après, Zaïre. »[352]

Le 10 mai 1997, à une semaine de la fin du règne ayant façonné la gloire du président-maréchal, la communauté internationale a pris acte de l'échec des négociations conduites par le chef de l'État sud-africain Nelson Mandela, assisté de son homologue congolais Pascal Lissouba. Faute d'entente entre les antagonistes, elle a appelé à un nouveau som-

---

[352] In *Kabila, un révolutionnaire peu sérieux, selon le Che*. Une dépêche de l'*Agence France Presse* mise en ligne le 24 mai 1997, consultée le 3 décembre 2021. Voir le lien ci-dessous.
https://www.lorientlejour.com/article/229870/Kabila%252C_un_revolutionnaire_pe u_serieux%252C_selon_le_Che.html.

met régional des ministres des Affaires étrangères des pays concernés par la situation en cours au Zaïre. Le sommet, lequel s'est tenu du 8 au 10 mai à Libreville au Gabon, a conclu à :
- un retrait, pour des raisons de santé, du président Mobutu Sese Seko, la sécurité de sa famille et de son patrimoine ne pouvant être garantie ;
- l'élection à la magistrature suprême du président du Haut Conseil de la République-Parlement de transition (HCR-PT), Mgr Laurent Monsengwo Pasinya, suggérée par le Quai d'Orsay et approuvée par des chefs d'État d'Afrique centrale ;
- la formation d'un gouvernement d'union nationale ouvert à tous les partis, y compris l'AFDL de Laurent-Désiré Kabila.

Mais les conclusions du sommet de Libreville en vue de la passation pacifique des pouvoirs étatiques, entérinées par voie de conséquence par le président-maréchal, ont été tout de suite contestées par les deux protagonistes essentiels de la crise. À partir de la ville de Lubumbashi, Laurent-Désiré Kabila les a franchement réfutées. À Kinshasa, l'éternel opposant Étienne Tshisekedi wa Mulumba les a à son tour rejetées. Ainsi Adrien Phango, secrétaire général de l'UDPS, a officialisé une proposition de pacte sans équivoque avec le maquisard Laurent-Désiré Kabila. Le maréchal Mobutu ne détenant plus aucun pouvoir, l'UDPS a appelé « les militaires zaïrois à déposer immédiatement les armes et à renoncer à des pillages suicidaires ».

La politique n'étant pas une science exacte, Laurent-Désiré Kabila reviendrait en force et de manière inattendue sur la scène politique congolaise. La surprenante prise du pouvoir le 17 mai 1997 lui a dans l'absolu permis d'emboîter le pas, toute honte bue, à l'homme à la toque en peau de léopard, qu'il venait pourtant de chasser après l'avoir humilié en présence des présidents sud-africain Nelson Mandela et congolais Pascal Lissouba sur l'*Outeniqua* mouillé au large de Pointe-Noire en Afrique centrale. Mais ce hold-up d'anthologie ne modifierait en rien, ni n'améliorerait les pratiques dans la gestion de la chose publique en République Démocratique du Congo, rebaptisée ainsi par le nouvel homme fort en provenance de l'Est du continent. En effet, même après avoir accédé à la magistrature suprême, l'ancien marxiste était resté trafiquant dans l'âme. Sa présidence a plus relevé de l'aventure personnelle que d'une gouvernance sérieuse d'un État du XXe

siècle que l'on devait à tout prix faire entrer dans les meilleures conditions dans le troisième millénaire.

> « [...] Laurent-Désiré Kabila a mis en place une sorte d'anti-modèle de gestion du pouvoir : mélange d'extravagances, d'initiatives désastreuses, de dérives criminogènes. (...) [Laurent-Désiré] Kabila, qui a passé le plus clair de sa vie dans un maquis, dans une improbable posture de chef révolutionnaire, tout occupé à assurer sa survie par divers expédients et à se projeter mentalement sur le trône à la place de Mobutu, a, somme toute, transféré à la tête d'un État aux apparences légales, le même système maquisard. Comme a dit l'un de ses compagnons de feue l'AFDL, il a pris le pouvoir à la manière d'un braquage. Et, finalement, la guerre à laquelle il fit face durant la quasi-totalité de son règne, s'inscrivait dans sa "normalité". Cet état d'exception lui épargnait les obligations ordinaires d'un pouvoir à l'égard du peuple. Dans cet état d'exception, point n'[était] besoin de programme de gouvernement, pas davantage de bilan de résultats. Et surtout, tant que [durait] la guerre, toute vie démocratique [ayant été] mise entre parenthèses, le pouvoir [était] à l'abri de la sanction des urnes (d'ailleurs inexistantes et hors de toutes prévisions). »[353]

Avec l'aventuriste avènement du révolutionnaire Laurent-Désiré Kabila, qui serait quand même élevé après son assassinat au rang de Héros National, les intérêts étatiques ont sans vergogne épousé les affaires privées. Le fait de n'avoir eu aucun objectif précis, quant à la stabilité et au devenir de la République Démocratique du Congo, a fini par désespérer ses alliés angolais, namibiens, zimbabwéens, tchadiens et autres. Le pays s'est retrouvé dans une impasse.

> « [Laurent-Désiré] Kabila était en fait accusé de toutes parts de bloquer la situation sur le plan intérieur : il n'avait rien fait pour démocratiser le pays comme pour faire la paix avec ses voisins. Reproche lui était fait de bloquer sans cesse les "accords de Lusaka", prémices de paix pour cette région des Grands Lacs. Le plus critique à l'encontre de Laurent-Désiré Kabila était [...] "le grand parrain", l'Angola, responsable plus que le Zimbabwe, de la sécurité de la capitale, Kinshasa, et du président [Laurent-Désiré] Kabila. [...] la rumeur enflait à Kinshasa sur le fait que "l'Angola en avait plus qu'assez de soutenir

---

[353] In *Mort d'un maquisard*, Francis Laloupo, *Le Nouvel Afrique-Asie*, février 2001, p. 7.

[Laurent-Désiré] Kabila. Cette guerre [coûtait] trop cher", se plaignaient des militaires angolais. Les mêmes constats étaient faits du côté des militaires du Zimbabwe. Ces discours trouvaient un écho semblable auprès des autorités rwandaises et ougandaises, qui disaient eux, vouloir aussi sortir de cette ornière. Sans doute [Laurent-Désiré] Kabila [avait-il] fini par payer la note de son pouvoir solitaire. »[354]

Avec celui que l'on avait surnommé « le braqueur », la démocratie était loin d'avoir cours en République Démocratique du Congo. En guise d'illustration, on pouvait citer le musellement de la presse comme réalité quotidienne. C'était l'état de siège permanent, une partie du territoire national ayant été occupée par des anciens alliés rwandais, ougandais et burundais.

En fait, Laurent-Désiré Kabila s'est retrouvé à la tête de la République Démocratique du Congo par la seule volonté des Anglo-Saxons parrains des présidents ougandais Yoweri Kaguta Museveni et rwandais Paul Kagamé. Ces derniers ont voulu surtout se débarrasser du président-maréchal Mobutu Sese Seko, au profit de n'importe quel quidam dès lors que la *Françafrique* et sa Francophonie n'avaient plus droit au chapitre au cœur du continent. Les Américains et les Britanniques tenaient en effet à chasser la France de cette contrée d'Afrique subsaharienne. Ils voulaient garantir leurs intérêts dans la région des Grands Lacs par le truchement d'un autre pantin, et non plus du vieillissant panthériné. Par conséquent, l'élimination physique du « Grand Léopard » ne pouvait que figurer, en priorité, dans le programme des soutiens des États rwandais, burundais et ougandais. Ceux-ci étaient manipulés par les concepteurs et les exécuteurs dudit projet. La longue et triomphante marche des troupes à la disposition de Laurent-Désiré Kabila à partir de l'Est vers Kinshasa a ainsi permis la fuite d'un dictateur, mais en aucun cas le fait d'éviter aux populations congolaises les affres de l'oppression et de l'occupation. En réalité, le bourreau avait seulement changé d'aspect physique, modifié les formes et les méthodes dans la façon d'agir et de gouverner le pays. L'herbivore au comportement serpentesque est parvenu, enfin, à déloger le carnivore du territoire tant convoité.

---

[354] In *Laurent-Désiré Kabila avait trop d'alliés et trop d'adversaires*, Julia Fication et Claude-Adrien de Mun, *La Croix*, 18 janvier 2001, p. 7.

Après l'assassinat prémédité le 16 janvier 2001 du « buffle »[355] non apprivoisé qu'incarnait l'énigmatique président promoteur du maoïsme pourtant longtemps révolu, à l'instar de ses deux prédécesseurs, comme le démontrerait sûrement l'enquête relative au *Congo Hold-up*, son successeur Joseph Kabila Kabange ne se montrerait pas non plus efficace. Il ne se démarquerait pas du tout de la manière de présider et de concevoir l'intérêt général. Les immenses richesses naturelles dont regorge le sol congolais constituent-elles une bénédiction de Dieu, ou une malédiction du diable ? La mauvaise gouvernance était-elle, dans ce pays, l'œuvre de la fatalité ? Au-delà de la faillite dans la pratique du pouvoir, quel avenir pour les populations congolaises et quel devenir pour la République Démocratique du Congo ?

Sous la présidence du taciturne Joseph Kabila Kabange, le Congo-Kinshasa est-il passé « du désespoir à la stabilité vers la renaissance » ? En tout cas, à la fin de son second mandat, la guerre et les conflits civils étaient toujours en cours dans la région du Kivu et dans l'Ituri, tandis que les responsabilités dans le crime non élucidé qui a occasionné le décès de Laurent-Désiré Kabila n'ont jamais été reconnues. Cela resterait sans doute l'un des grands mystères du Congo-Kinshasa, qu'il faudrait de toute façon clarifier un jour afin de définir le véritable rôle des acteurs internes et externes dans le triste sort ayant été réservé au pays et à ses populations. Cela permettrait de mieux cerner la situation et de comprendre davantage les enjeux géostratégiques concernant la région des Grands Lacs africains.

8.4 - L'apprenti sorcier

Les approches diplomatiques, ainsi que les initiatives armées, n'ont en rien permis la résolution de la dramatique crise dans l'Est de la République Démocratique du Congo. Le bilan a sans conteste été le plus désastreux, tant en pertes en vies humaines qu'en développement socio-économique du pays. En plus, d'après un bon nombre de politologues et d'éminents économistes, la gouvernance sous la présidence de Joseph Kabila Kabange n'était pas non plus exempte de tout reproche. Cela s'est matérialisé, à en croire le diplomate français Pierre

---

[355] Le code qui a été utilisé dans l'opération relative à l'assassinat du président Laurent-Désiré Kabila.

Jacquemot, sous différents aspects[356] :

- la petite corruption comme la grande, le népotisme, le trafic d'influence, les abus de biens sociaux, le délit d'ingérence, mais aussi le pillage dans ses formes violentes dans les zones de conflit… ;
- les modalités de cette mégestion publique, lesquelles ont évolué dans le temps pour s'adapter successivement à l'ajustement structurel, et de la démocratisation formelle ;
- la capacité d'adaptation, laquelle tenait au fait que les pratiques illicites étaient en réalité profondément enchâssées dans la société où elles trouvaient leur justification pour être en fait la forme dominante de gestion du social et du politique – les institutions formelles (administration, justice, police, armée…) ayant certes existé, mais étaient accommodées ou contournées sous une forme d'anomie ;
- l'agenda de la bonne gouvernance s'est donc révélé particulièrement ardu – l'établissement de l'État impartial ayant supposé un bouleversement de l'ordre des choses, significatif et inscrit dans la longue durée.

On a donc assisté avec le pouvoir *kabiliste kabanguiste* à l'affaiblissement des institutions étatiques, au ralentissement de l'économie, au renforcement des inégalités sociales, à l'amplification de l'insécurité dans la partie orientale, à la déstabilisation du territoire national. L'inexistence du pays dans le concert régional et au-delà laissait augurer un avenir très pathétique.

Pour la suite des événements, l'élection de Félix Antoine Tshisekedi Tshilombo était en vérité de la poudre aux yeux. Selon les spécialistes de la chose publique, il s'est agi d'une truanderie. À l'exception des partisans du candidat malheureux Martin Fayulu Madidi, ainsi que des populations enclines à la liberté d'expression sous toutes les formes, cette mascarade électorale a arrangé tous les microcosmes, aussi bien à l'intérieur qu'à l'extérieur du pays.

> « Tout le monde [savait] que les résultats [étaient] faux, mais l'objectif de "Kabila dégage" a été atteint pour les Congolais. Et, par conséquent, les diplomaties s'en [sont aussi accomodéés]. Le point

---

[356] In *La résistance à la « bonne gouvernance » dans un État africain : Réflexions autour du cas congolais (RDC)*, Pierre Jacquemot, *Revue Tiers-Monde* 2010/4 (n° 204), pp. 129 à 146.

important pour ces pays [partenaires de la République Démocra-tique du Congo] était que les élections se tiennent et que le candidat du pouvoir ne soit pas Joseph Kabila [Kabange]. Et en plus, cerise sur le gâteau, ce n'[était] pas le dauphin du président congolais qui a été désigné président. »[357]

Que demandait le peuple, après tout ? Tout le monde souhaitait forcément le départ de Kabila Kabange, et une transition pacifique. L'Union africaine et l'Union européenne ont fini par s'accorder sur la nouvelle donne. La *realpolitik* s'est imposée sur la vérité des urnes. Pour cette raison, on assisterait à une « cohabitation insolite », selon la formule du chercheur français Thierry Vircoulon, dans un « rapport asymétrique » entre le prédécesseur et le successeur. Ainsi Joseph Kabila Kabange a-t-il espéré transformer sa provisoire fin de règne, à la manière *poutinienne* par rapport à Dimitri Medevedev, en une conti-nuité par la personne de son successeur Félix Antoine Tshisekedi Tshi-lombo interposée. D'ailleurs, après seize années de pouvoir dont le dernier mandat était censé s'achever le 19 décembre 2016, le magistrat suprême qui avait beaucoup de mal à quitter le pouvoir ne s'est-il pas permis de prolonger son mandat, contrairement aux dispositifs de la Constitution, de vingt-quatre mois dans le seul objectif d'organiser à sa convenance sa succession ? Cette hasardeuse mise en scène à propos de la désignation, et non de l'élection, du président de la République n'était pas forcément une excellente initiative. Elle aurait inévitable-ment des conséquences sans précédent sur la stabilité territoriale, les conditions socio-économiques et le processus démocratique. Elle causerait beaucoup de dégâts collatéraux par effet boomerang.

8.5 - Une continuité imposée aux néfastes conséquences

Compte tenu du contexte dans lequel Félix Antoine Tshisekedi Tshi-lombo a accédé à la magistrature suprême, il y avait fort à parier que la cohabitation, voire la coexistence, avec son prédécesseur n'allait pas se dérouler comme l'écoulement sans remous d'un long fleuve domes-

---

[357] In *Élections en RDC : « une escroquerie satisfaisante »*, Thierry Vircoulon, inter-view accordée à Christophe Rigaud pour *Afrikarabia*. Article mis en ligne le 7 février 2019, consulté le 4 décembre 2021. Voir le lien ci-dessous.
http://afrikarabia.com/wordpress/elections-en-rdc-une-escroquerie-satisfaisante.

tiqué. Il ne fallait pas être sorcier, ni devin, pour pouvoir soutenir une telle éventualité.

Effectivement, dès le début de la coexistence forcée, les ordonnances du cinquième président de la République Démocratique du Congo relatives à l'installation de quelques dirigeants dans deux entreprises publiques n'ont jamais été prises en compte. Elles ont été ignorées par le gouvernement du Premier ministre Sylvestre Ilunga Ilunkamba, un membre de la coalition du Front commun pour le Congo. Des barons de la *kabilie kabanguiste* se sont permis certaines attitudes, en toute arrogance, au regard des initiatives présidentielles,

---

[358] In *République Démocratique du Congo : la cohabitation insolite*, Thierry Vircoulon, dans *Notes de l'Ifri*, juin 2019. Article consulté le 4 décembre 2021.
[359] In *Le bilan de Félix Tshisekedi, un an après l'alternance*, Herman Boko, *France 24*, le 12 novembre 2019. Article consulté le 4 décembre 2021. Voir le lien ci-dessous. https://www.france24.com/fr/20200124-rd-congo-le-bilan-de-f%C3%A9lix-tshisekedi-un-an-apr%C3%A8s-l-alternance.

Depuis la promulgation du budget voté à cette époque par le Parlement, les crises n'ont cessé de s'amplifier entre l'entourage du président honoraire, à plus forte raison sénateur à vie, et celui du magistrat suprême en cours d'exercice. Il fallait mettre, à un moment ou à un autre, un terme à une coexistence contreproductive. De plus, cette abracadabrantesque situation pénalisait davantage le fonctionnement normal de l'État. Tout compte fait, à force d'être humilié à cause de l'attitude condescendante de ses alliés, la marionnette a préféré s'émanciper de l'illusionniste non expert. Bien entendu, contre toute attente,

> « le 6 décembre [2020], Tshisekedi [Tshilombo] a annoncé la fin de sa coalition avec son prédécesseur, suite aux multiples désaccords. Plus récemment, la nomination des juges à la Cour Constitutionnelle, l'épisode qui a cristallisé la fracture, selon Octave Nasena, professeur de droit à l'université Cardinal Malula et analyste politique.
> » Le président a fait un bilan de son parcours à la tête de l'État et il a constaté lui-même le blocage. Il a imputé cela au fait que la coalition ne lui [avait] pas prêté main forte et dit avoir connu beaucoup d'obstacles ou qu'on [avait] mis des "peaux de bananes sur son chemin", [a expliqué] l'universitaire. »[360]

Par ailleurs, la radicalisation des membres de l'Union pour la démocratie et le progrès social (UDPS), en réaction au comportement des partisans du FCC, a encouragé pendant un moment la violence et enraciné en profondeur les germes de la division.

> « Si l'UDPS [était] derrière son Président, l'alliance conclue par celle-ci avec le camp Kabila [Kabange était] difficile à accepter pour les partisans. En novembre 2019, la destruction d'affiches pro-Kabila [Kabange] a suscité la colère des partisans de l'ancien Président qui ont incendié une effigie du nouveau chef d'État à Kolwezi (Province du Lualaba)[361]. Cet incident a poussé le président [de l'époque] de

---

[360] In *Kabila face à Tshisekedi : quel avenir politique pour l'ancien président de la RDC ?*, Mamadou Dian Barry et Pamela Bamanay, *BBC*, 27 janvier 2021. Article consulté le 4 décembre 2021. Voir le lien ci-dessous. https://www.bbc.com/afrique/sports-55499683.
[361] In *Nouvelle poussée de tensions au sein de la coalition au pouvoir*, par *Radio France Internationale*. Article consulté le 5 décembre 2021. Voir le lien ci-dessous. https://www.rfi.fr/fr/afrique/20191111-rdc-nouvelle-poussee-tensions-sein-coalition-pouvoir.

l'UDPS et [...] vice-président de l'Assemblée nationale, Jean-Marc Kabund, à rassembler ses militants pour les appeler à la vigilance vis-à-vis des "partenaires" de l'UDPS. Il a adressé une mise en garde menaçante à ses partenaires de coalition pro-Kabila [Kabange] en [ayant déclaré] : "Il ne faut pas que certaines bêtises et certaines blagues nous poussent à aller fouiner", en référence à la promesse de Tshisekedi [Tshilombo] de "ne pas fouiner dans le passé" pour ce qui [était] de la gestion du régime Kabila [Kabange][362].

» En outre, la survenue régulière d'affrontements entre militants des deux camps [ont démontré] la difficulté de l'UDPS (les militants de base mais également les cadres) à surmonter son opposition historique aux Kabilistes [*kabanguiste*][363] : en juillet 2019, le secrétaire général du parti, Augustin Kabuya, a appelé les "combattants" à observer une discipline digne des membres du parti présidentiel. Il a, par ailleurs, brandi des sanctions à l'endroit des combattants qui se permettraient de mener des actions politiques sans se référer aux orientations de la hiérarchie du parti.[364] »[365]

Bien évidemment, si aucune violation des droits fondamentaux n'a concerné les membres de l'UDPS, les adeptes du MLC de Jean-Pierre Bemba Gombo, de l'ECIDE de Martin Fayulu Madidi et de l'Ensemble pour la République de Moïse Katumbi Chapwe n'ont pas été logés à la même enseigne. Ils en ont au contraire subi les effets désastreux.

Deux années après cette expérience politique, l'entente n'a pas été cordiale. Par conséquent, Félix Antoine Tshisekedi Tshilombo s'est rebiffé. Il a pris en toute unilatéralité la résolution de mettre de manière

---

[362] In *En RDC, l'UDPS appelle à la vigilance après l'affaire des effigies brûlées*, par *Radio France Internationale*. Article consulté le 5 décembre 2021. Voir le lien ci-contre : https://www.rfi.fr/fr/afrique/20191113-rdc-kabund-udps-vigilance-effigies-brulees-tshisekedi.

[363] In *Rapport de mission en République Démocratique du Congo (RDC), 30 juin au 7 juillet 2013* ; Mission organisée par l'Office français de protection des réfugiés et apatrides (OFPRA), publication avril 2014, p. 57.

[364] In *Augustin Kabuya : « la base de l'UDPS n'est pas contre la coalition FCC-CACH »*, dans *Forum des As / MCP*, via *mediacongo.net*. Article consulté le 5 décembre 2021. Voir le lien ci-dessous.
https://www.mediacongo.net/article-actualite-54261_augustin_kabuya_la_base_de_l_udps_n_est_pas_contre_la_coalition_fcc_cach.html.

[365] In *Le bilan de début de mandat de Félix Tshisekedi*, document élaboré le 30 avril 2020 par la Division de l'Information, de la Documentation et des Recherches de l'OFPRA, p. 7.

définitive un terme à l'artificielle alliance entre le CACH et le FCC. Il a ensuite obtenu la démission du gouvernement, à l'issue du rocambolesque renversement du bureau de l'Assemblée nationale et du changement du rapport de force au Sénat. Cette audacieuse manœuvre a été justifiée par les actions de l'ancien chef de l'État et ses affidés contre les initiatives présidentielles en vue de l'amélioration de la gouvernance. Le divorce était sans le moindre doute consommé, avec son corollaire propre au désamour et à la haine.

Désormais privé de sa majorité parlementaire depuis les spectaculaires évictions de Jeannine Mabunda Lioko de la présidence de la chambre basse et d'Alexis Thambwe Mwamba de celle de la chambre haute, ainsi que la destitution de son Premier ministre Sylvestre Ilunga Ilunkamba, la situation devenait de plus en plus intenable. La marge de manœuvre de Joseph Kabila Kabange a été considérablement réduite. Acculé dos au mur à la suite de l'affaiblissement, voire de l'explosion de sa plateforme le FCC, il a désespérément cherché les options idoines dans l'optique du rebondissement sur le plan stratégique. De plus, au vu du positionnement des pièces sur l'échiquier national, l'avantage considérable de l'Union sacrée pour la nation (USN) au moment du changement de majorité politique au Parlement n'a pas pour autant mis le camp présidentiel à l'abri de quelques écueils. L'insouciance, l'esprit de lucre et l'absence de conviction idéologique caractérisant la classe politique congolaise n'excluraient aucune hypothèse, quant aux surprises sur les possibles coalitions et mésalliances.

Entre-temps, en février 2021, la société civile et l'Organisation des Nations Unies se sont inquiétées du recul des droits humains et des libertés publiques en République Démocratique du Congo. En dépit de quelques avancées constatées en 2019, alors que le chef de l'État a fait du respect des libertés l'une des priorités de son mandat, des intimidations, des arrestations et des détentions arbitraires ont concerné en 2020 plusieurs dizaines de militants politiques, de journalistes et de personnalités qui se sont montrées critiques à l'égard du pouvoir. Mais, dans le rapport publié le 15 juillet 2021 intitulé *L'an 2 de Tshisekedi : année de l'émancipation ?*, le *Groupe d'études sur le Congo* (GEC) et le *Bureau d'études de recherche et de consulting international* ont considéré que l'année 2021 a été celle de l'autonomie de Félix Antoine Tshisekedi Tshilombo par rapport à l'alliance avec le FCC, c'est-à-dire à la dépendance vis-à-vis de Joseph Kabila Kabange. Surviendraient dans la foulée des règlements de compte au sein de l'UDPS à travers les dissensions entre le chef de l'État et son bras droit Jean-Marc Kabund. Celles-ci seraient amplifiées, à la présidence de la République par l'arrestation du conseiller spécial à la sécurité François Beya. Le conseiller du président de la République était soupçonné d'avoir voulu fomenter un coup d'État. Il serait rejoint à la prison centrale de Makala par Jean-Marc Kabund. Les vieilles pratiques ont-elles repris le dessus sur les bonnes intentions et les promesses électorales ? La chasse aux sorciers se poursuivrait parmi ses alliés et proches collaborateurs. Ce serait le nettoyage des écuries d'Augias dans le but de l'assise à très long terme du pouvoir *tshisekediste*.

En toute évidence, pour Florimond Muteba de l'*Observatoire de la dépense publique* (ODEP), le bilan économique de deux premières années du successeur de Joseph Kabila Kabange a été marqué par les travaux de 100 jours. Ceux-ci ont en effet été lancés par le président Félix Antoine Tshisekedi Tshilombo. Les procédures en vue de leur articulation n'auraient pas respecté les dispositifs de la loi des finances et de celle sur la passation des marchés.

> « L'année 2019 a été caractérisée par le programme de 100 jours qui a violé toutes les lois. Plus de 500 000 000 USD ont été alloués à ce programme en dehors de la loi des finances de l'année. Ce programme a été aussi exécuté dans la négation de la loi sur la passation des marchés. C'était un scandale qui a débouché sur le procès de 100 jours avec des arrestations. Malheureusement, certains de ces condamnés [ont été] libérés sans avoir fait une année de prison.
>
> » 2019 était aussi l'année de déficit budgétaire [...] C'était l'année où le président de la République a dépensé pour ses voyages à l'extérieur plus de 50 millions de dollars américains.
>
> » Les recettes publiques pour 2019 et 2020 ont atteint 8 milliards USD. Donc on [pouvait] se permettre de dire que la mobilisation des recettes n'a pas été au rendez-vous alors qu'en face pour la seule gratuité de l'éducation, il [a fallu] au moins 2 800 000 000 USD. On ne [pouvait] pas développer l'économie avec ce peu de moyens et une capacité si faible de mobilisation des recettes.
>
> » Le dossier *Transco* jusque-là n'[avait] pas encore intéressé le chef de l'État. Cette société a été dépouillée par un groupe d'individus. De 500 bus, il y en [avait que] 20 ou plus qui [étaient]

encore en circulation. Donc, les nouveaux bus également achetés [étaient] en danger. [...] si cette même équipe [était] encore là, elle [allait] encore ruiner cette société. »[366]

Sous la présidence de Félix Antoine Tshisekedi Tshilombo, d'après les révélations d'un bon nombre de sources, rien n'a évolué de manière favorable. Il n'y a eu aucune action de grande envergure au profit du développement économique du pays. Le projet de construction de port en eaux profondes de Banana dans la province du Kongo Central a parfaitement illustré ce manque de dynamisme au plus haut niveau de l'État, au grand désespoir de quelques notables natifs ou originaires de ladite province qui se sont mobilisés en faveur de la réalisation d'une telle infrastructure. Effectivement, par le biais d'une pétition mise en ligne par Charlie Mingiedi Mbala et du lobbying, ainsi que de la pression exercée par un bon nombre de descendants des Bakongo, une opportunité s'est *in fine* offerte.

> « Conscients de l'intérêt national dont [a revêtu] ce projet, les notables Ne Kongo en [ont appelé] avec force et vigueur aux ressortissants du Kongo Central, en particulier, et à toutes les populations congolaises, en général, en vue d'une mobilisation massive pour que le projet de construction du port en eaux profondes de Banana puisse voir le jour avant le projet du pont route-rail Kinshasa et Brazzaville. »[367]

La priorité nationale a été par conséquent imposée au regard du projet de construction du pont route-rail qui, par-dessus le tumultueux fleuve Congo, devrait relier les villes de Kinshasa et Brazzaville. Le président Félix Antoine Tshisekedi Tshilombo procéderait finalement le 31 janvier 2022, au détriment des lobbyistes francophones à la solde

---

[366] In *L'an 2 de Félix Tshisekedi : l'ODEP dresse un bilan économique défavorable pour l'émergence de la RDC*, dans *Desk Eco*. Article consulté le 5 décembre 2021. Voir le lien ci-contre : https://deskeco.com/2021/01/26/lan-2-de-felix-tshisekedi-lodep-dresse-un-bilan-economique-defavorable-pour-lemergence-de-la-rdc.

[367] In *Appel au patriotisme congolais en vue de la réalisation du projet en eaux profondes de Banana dans le Kongo Central*, Gaspard-Hubert Lonsi Koko, dans le blog *Une dynamique nouvelle*. Article mis en ligne le 8 décembre 2021, consulté le même jour. Voir le lien ci-contre : https://www.alwihdainfo.com/lonsikoko/RDC-Appel-au-patriotisme-congolais-en-vue-de-la-realisation-du-projet-en-eaux-profondes-de-Banana-au-Kongo-central_a144.html.

du milliardaire français Vincent Bolloré, à la pose de la première pierre de la construction dudit port en eaux profondes à l'extrémité occidentale du pays. Cette infrastructure permettrait, à l'issue des travaux, à la République Démocratique du Congo de se connecter aux voies commerciales sur les plans continental et mondial. Elle réduirait considérablement, en matière de fret, la dépendance aux pays frontaliers comme l'Angola et le Congo-Brazzaville. Ainsi, par une concurrence intelligente, l'étau serait-il complètement desserré et la possibilité de l'asphyxie économique à jamais éloignée.

8.6 - L'affaire du RAM

Un dossier a fait couler beaucoup d'encre de 2021 à 2022. Sous le règne du successeur de Joseph Kabila Kabange, depuis plus d'une année, à la demande du gouvernement et sans l'accord du Parlement, les Congolais se sont vus ponctionner sur l'achat d'unité de téléphonie mobile entre un et sept dollars en dépit du caractère illégal de cette taxe relative au registre des appareils mobiles (RAM)[368]. Le RAM a ainsi marqué de manière indélébile le mandat du président Félix Antoine Tshisekedi Tshilombo. Ce dernier a d'ailleurs évité d'aborder cet épineux sujet s'étant apparenté à de l'escroquerie davantage institutionnalisée, lors de son adresse à la Nation le 13 décembre 2021. Pourtant, les députés nationaux n'étaient pas allés par le dos de la cuillère dans les différents débats à l'Assemblée nationale. Ils ont en réalité souhaité que l'on mette « définitivement fin au prélèvement opéré » depuis 2020 quant au paiement, d'au plus 7 USD annuellement, par tout détenteur d'un téléphone mobile connecté au réseau 3G ou 4G. Pis encore, ces frais injustes étaient automatiquement prélevés à partir de la recharge des unités.

Certainement, à l'issue d'un examen de la Commission économique et financière de l'Assemble nationale, aucune trace des fonds générés par cette taxe très controversée n'a été retrouvée ni dans le

---

[368] In *Les explications du ministre sur la taxe sur les téléphones mobiles ne convainquent pas*. Pascal Mulwega, *Radio France internationale*. Article consulté le 14 décembre 2021. Voir le lien ci-dessus.
https://www.rfi.fr/fr/afrique/20211014-rdc-les-explications-du-ministre-sur-la-taxe-sur-les-t%C3%A9l%C3%A9phones-mobiles-ne-convainquent-pas.

budget général, ni dans les comptes spéciaux et encore moins dans les budgets annexes.

> « Les membres de la commission [étaient] allés plus loin dans leur analyse. En [ayant examiné] la reddition des comptes de 2020, la loi de finances rectificative de 2021 ou encore les prévisions du budget de l'année 2022, aucune ligne comptable n'[est apparue].
> » [Les députés nationaux] n'ont pas non plus été satisfaits par les réponses apportées par le ministre des Postes, Télécommunications et Nouvelles technologies de l'information, ni par le président de l'Autorité de régulation de poste et de télécommunication (ARPTC) qu'ils ont entendus.
> » Pour la commission, ce prélèvement [était] tout simplement illégal. Certains députés [ont parlé] d'une escroquerie. Ils [ont insisté] pour que la population soit remboursée et que la justice se saisisse de cette affaire. »[369]

Selon les services du ministère en charge de ladite taxe, contrairement aux déclarations du ministre Augustin Kibassa Maliba Lubalala faites le 13 octobre 2021 lors de l'audition parlementaire[370], les recettes collectées dans le cadre du RAM ont été logées dans le compte de l'Autorité de régulation des professionnels des télécommunications au Congo (ARPTC) dont le président de la République représentait le seul ordonnateur des dépenses[371]. Cela était une vraie aberration. Il s'est donc agi, a estimé l'honorable Claude Misare, de l'opacité en matière des fonds, plus de 80 millions USD (69 millions d'euros), ayant été soutirés aux contributeurs non consentants[372]. Dans un régime respectueux de la transparence dans la gestion de la chose publique, l'ordonnancement des dépenses fiscales relève en principe d'un ministère de

---

[369] In *Des députés recommandent l'annulation et le remboursement de la taxe RAM*. Article consulté le 14 décembre 2021. Voir le lien ci-dessous. https://www.rfi.fr/fr/afrique/20211213-rdc-des-d%C3%A9put%C3%A9s-recommandent-l-annulation-et-le-remboursement-de-la-taxe-ram.

[370] Le ministre des Postes, Télécommunications et Nouvelles technologies (PT-NTIC) a assuré à cette occasion que les revenus collectés avec la taxe du registre des appareils mobiles (RAM) n'étaient pas gérés par son ministère, mais par l'ARPTC qui jouissait d'une autonomie administrative et financière.

[371] In *Des députés recommandent l'annulation et le remboursement de la taxe RAM*, *op. cit.*

[372] In *Les explications du ministre sur la taxe sur les téléphones mobiles ne convainquent pas, op. cit.*

tutelle, ou alors du gouvernement, et non d'un service de la présidence de la République. Le législateur devrait sérieusement réfléchir sur des compétences accordées à certaines administrations pour émettre des règles normatives. S'imposait nécessairement, dans un court délai, la révision de la copie.

Dans son rapport intérimaire sur l'évaluation des recommandations formulées par la Chambre haute du Parlement lors de l'examen des lois de finances pour les exercices 2020 et 2021, l'honorable sénateur Célestin Vunaband, vice-président de la commission Économie, Finances et Bonne gouvernance du Sénat (ECOFIN), a relevé le 14 décembre 2021 plusieurs propositions parmi lesquelles la suppression du prélèvement du RAM compte tenu de son caractère « arbitraire et inique ». Évidemment, pour le sénateur Célestin Vunaband,

> « à partir du moment où la taxe RAM [était] un prélèvement obligatoire dont la contrepartie n'[était] pas perceptible, il [a pris] le caractère d'une taxe parafiscale qui ne [pouvait] être perçue qu'en vertu de la loi et comptabilisée au compte du trésor public.
> » Par ailleurs, [...] une clé de recettes RAM [cachait] une certaine opacité dans la gestion de cette ressource. En effet, les recettes du RAM [étaient] réparties en raison de 65 % pour l'ARPTC, 5 % pour les opérateurs mobiles et 30 % pour un certain opérateur privé dénommé *500 énergie RDC* dont les prestations [sont restées] énigmatiques... ».

Était-ce un système ingénument pensé dans l'optique du détournement des fonds publics ? Néanmoins, la commission sénatoriale a proposé la suspension immédiate de la perception de la taxe RAM, ainsi que la restitution aux usagers des fonds « indûment » perçus et l'organisation des consultations techniques avec les professionnels des télécoms en République Démocratique du Congo. Il faudrait repenser complètement cette taxation.

Dans un arrêt rendu le 24 janvier 2021, suite à une requête ayant été introduite par un groupe de consommateurs déterminés qui ont estimé avoir été lésés par ces prélèvements, le tribunal de commerce de Gombe à Kinshasa n'est nullement resté indifférent. L'autorité judiciaire a demandé aux entreprises en charge des réseaux de télécommunication (*Airtel*, *Vodacom*, *Orange* et *Africell*) de cesser sans délai tout prélèvement des sommes au titre de registre des appareils mobiles, lors de la recharge de crédit ou par tout autre mécanisme d'accès au service contractuel entre les entreprises de télécoms et les requérants. Selon l'arrêt dudit tribunal,

> « l'évasion que, faute pour [les sociétés de télécommunications] de déférer à cette sommation dans 24 heures de sa notification, il leur [serait] réclamé une astreinte de l'équivalent en francs congolais de 1 000 dollars par acte ultérieur de prélèvement à payer à chaque requérant, sans préjudice de dommages-intérêts et autre sommes nécessitées par les procédures ultérieures à engager du fait de l'inexécution spontanée par [elles] de cette sommation, qui [seraient] réclamés devant la juridiction compétente ».

Mais, fallait-il croire, le répertoire des appareils mobiles bénéficiait d'indéfectibles soutiens à la présidence de la République. Le 26 janvier 2022, Jules Ngoy, le greffier du tribunal de commerce de Gombe s'est retrouvé pendant au moins quarante-huit heures derrière les barreaux pour avoir osé faire son travail. En effet, le 25 janvier, le bureau du président du tribunal de commerce de Kinshasa dans la commune de Gombe, Jean-Claude Muyoyo Diulu, a publié un communiqué dans lequel il a dénoncé le travail de ses propres fonctionnaires. Ladite sommation, a-t-il justifié, était un faux et « les présumés auteurs de cet acte ignoble [étaient] en fuite et recherchés par la police ». Olivier Kamitatu Etsu, pourtant membre d'Ensemble pour la République ayant adhéré à l'Union sacrée de la Nation et directeur de cabinet de Moïse Katumbi Chapwe, a d'ailleurs affirmé dans un *twit* publié le 29 janvier 2022 que :

> « le RAM [était] un prélèvement illégal. Le Parlement l'[a attesté]. Ces creuseurs [ont fait] choux gras de l'indigence de ceux dont l'épargne n'[était] constituée d'argent mais du minimum de survie. Ce qu'on [a mis] dans son téléphone, c'[était] de la nourriture ou des médicaments en moins à la maison »[373].

Était-ce, à travers cette déclaration quasiment belliqueuse pour les *tshisekedistes* mais pertinente pour le citoyen *lambda*, une façon de

---

[373] Voir le lien ci-dessous consulté le 29 janvier 2021, relatif au texte posté par l'ancien ministre et ex-président de l'Assemblée nationale.
https://twitter.com/OlivierKamitatu/status/1487352077324013569.

polémiquer en vue d'un désaccord propice à la justification de la candidature de Moïse Katumbi Chapwe à l'élection présidentielle de 2023 ? Dans la foulée, comme une sorte de réponse du berger à la bergère, une quarantaine de députés d'Ensemble pour le changement sur soixante-dix se sont désolidarisés de l'ancien gouverneur du Katanga au profit de la mouvance acquise à Félix Antoine Tshisekedi Tshilombo. En effet, le 31 janvier 2022, ces élus nationaux, qui se sont qualifiés de « progressistes », ont déclaré qu'ils souhaitaient renouveler leur « confiance au président de la République ainsi qu'aux différentes institutions du pays ». Ils ont en outre réaffirmé leur « appartenance à l'Union sacrée de la Nation ». La politique du ventre l'avait-elle, faut-il croire, emporté sur la protection des intérêts du souverain primaire constitutionnellement incarné par les électeurs.

Les organisations non gouvernementales composant la plateforme *Le Congo n'est pas à vendre* (CNPAV) ont estimé urgent le fait de rendre publics les contrats relatifs au dossier concernant le RAM pour que les citoyens puissent connaître toute la vérité. Le CNPAV s'est appuyé sur la correspondance de la gouverneure de la Banque centrale du Congo (BCC), Marie-France Malangu Kabedi Mbuyi, à la *Fédération des entreprises du Congo* (FEC) qui a qualifié la taxe RAM d'illégale. Plus précisément, il s'est agi de violation de la loi limitant les types d'instruments de paiement en République Démocratique du Congo.

> « De plus, [leur] position sur l'illégalité de cette taxe [a été] renforcée par la dernière prise de position de la gouverneure de la BCC, Malangu Kabedi Mbuyi. En effet, après avoir été saisie le 22 juillet 2021 par la *Fédération des Entreprises du Congo* (FEC), la Gouverneure a, dans une correspondance datant du 29 janvier 2022, précisé que "le recours aux unités téléphoniques [a équivalu] à l'introduction d'un nouveau moyen de paiement", ce qui [allait] à l'encontre de l'article 3, point 19, de la Loi n° 08/019 du 09 juillet 2018 limitant les types d'instruments de paiement en [République Démocratique du Congo]. Le paiement comme taxe du registre des appareils mobiles (RAM) avec les unités téléphoniques [était] donc simplement contraire à la loi. »

À titre de rappel, la redevance RAM avait été mise en place par le gouvernement congolais. Celui-ci avait ainsi voulu identifier les appareils mobiles contrefaits. C'était une manière pour le ministère des PT-

NTIC de décourager l'entrée desdits appareils en République Démocratique du Congo. L'argument était tout à fait recevable. Mais, pour quelle raison l'ordonnancement des dépenses liées à cette taxe a-t-il relevé d'un des services de la présidence de la République ? À l'avenir, il faudrait obtenir le remboursement des personnes ayant été lésées et sanctionner les auteurs de ce système illégal. Les mauvaises habitudes devraient être combattues avec d'énergie.

Pour rappel, selon l'indice de perception de la corruption pour l'année 2021 qui a été publié le 25 janvier 2022 par *Transperancy International*, sur 180 pays cotés, la République Démocratique du Congo s'est classée à la 169ème place. Le pays a ainsi obtenu 19 points sur 100, contre 18 points sur 100 l'année précédente, soit une progression d'une place et un léger recul de la corruption. Bien évidemment, pour Ernest Mpararo, en qualité de président de la *Ligue congolaise de lutte contre la corruption* (LICOCO),

> « cela [a signifié qu'elle était] parmi les 10 ou les 20 pays les plus corrompus et ce qui [donnait] une image négative au pays [...] ce classement [aurait] des conséquences sur la démocratie, sur le respect des droits de l'Homme, sur le climat des affaires ou les investissements étrangers en RDC ».[374]

En fin de compte, décrié par la rue et la société civile, ainsi par quelques parlementaires non-membres de la majorité présidentielle, le gouvernement a fini par se positionner. Il a adopté le 18 février 2022 le projet de décret ayant fixé les modalités des calculs et les taux de revenus de prestation de l'Autorité de régulation du secteur des télécommunications (ARPTC) à la suite d'une présentation par le ministre des PT-NTIC, Augustin Kibassa Maliba Lubalala, lors de la 41ème réunion du Conseil des ministres.

Selon le compte rendu de la réunion ministérielle,

> « s'étant inscrit dans la suite de la décision gouvernementale [ayant porté] suspension de la perception du taux de 1 USD pratiqué sur tous

---

[374] In *RDC : 169eme parmi les pays les plus corrompus (Transperancy)*. Article mis en ligne le 26 janvier 2022, consulté le même jour. Voir le lien ci-contre : https://www.radiookapi.net/2022/01/26/actualite/societe/rdc-169eme-parmi-les-pays-les-plus-corrompus-transparency.

les appareils mobiles de deuxième génération prise en octobre 2021, le ministre des PT-NTIC a rassuré le Conseil que toutes les dispositions étaient prises pour que cessent définitivement à partir du 1er mars 2022 toutes les ponctions directes sur les unités des abonnés au titre de rémunération au service dit registre des appareils mobiles (RAM) ».

En conséquence,

> « toutes les dispositions antérieures seraient abrogées par la modification du décret n° 20/005 du 09 mars 2020 [ayant fixé] les modalités des calculs et taux des revenus de prestation de l'autorité de régulation des postes, télécommunications du Congo (ARPTC) lesquels [devraient] lui permettre d'assurer les missions. [Celles-ci] lui [ont été] confiées par la nouvelle loi relative à la télécommunication et aux nouvelles technologies de l'information et de la communication. Un arrêté du ministre ayant dans ses attributions les postes, télécommunications et nouvelles technologies de l'information et de la communication [fixerait] par la suite les modalités d'exécution dudit décret ».

Et le remboursement des consommateurs injustement lésés ? Que nenni ! Comme rappelé plus haut, le lancement du RAM s'est en réalité effectué en septembre 2020, à la suite de la signature du décret n° 20/005 du 09 mars 2020 ayant modifié et complété le décret n° 012/15 du 20 février 2012 relatif aux modalités des calculs et aux taux de revenus des prestations de l'ARPTC. Cette norme émanant du pouvoir réglementaire a été signée par le Premier ministre de l'époque, en la personne de Sylvestre Ilunga Ilunkamba.

8.7 - Quelques causes l'échec

Sans conteste, au vu de quelques éléments évoqués *supra*, de nombreux défis devraient à coup sûr être relevés en priorité avant la fin du mandat présidentiel en 2023 sur plusieurs domaines : sécurité, défense nationale, santé, éducation, lutte contre la corruption et la pauvreté, emploi, processus démocratique, diplomatie… Il faudrait aussi initier des réformes électorales, ainsi qu'en matière de justice. Le système judiciaire mériterait notamment d'être modernisé. L'émergence d'une armée à la fois républicaine et performante, ainsi que le perfectionnement de la gendarmerie et de la police nationales, devraient aussi être concernées par ces innovations. Il faudrait également satisfaire moult attentes et d'importants projets de développement, sans oublier le volet relatif à la liberté d'expression. Selon toute vraisemblance, la tâche serait moins difficile à accomplir, la plus grande majorité des institutions provinciales n'étant plus depuis les dernières élections dans le giron du FCC de l'ex-chef de l'État Joseph Kabila Kabange. Toutefois, les enjeux étant énormes et complexes, cela ne suffirait pas pour surmonter en très peu de temps et sans conviction patriotique ces déterminants défis.

Depuis des lustres, plus précisément à partir de l'année 1885, les drames du territoire qu'est devenue en 1964 la République Démocratique du Congo ont été en grande partie générés par des causes externes. On n'a jamais cessé de reprocher aux colonisateurs belges d'avoir à dessein semé et cultivé le germe de la zizanie au Rwanda et au Burundi en ayant fabriqué de manière artificielle deux ethnies distinctes, composées de Hutus et de Tutsis. On a surtout mis sur le compte des Belges l'origine de la mortelle rivalité entre ces populations. Cela s'est fait au profit des intérêts du Royaume de Belgique et, avant tout, dans le but de diviser ces entités pour mieux régner.

On a reproché au président Mobutu le fait de ne pas avoir œuvré en vue du désenclavement de la République du Zaïre et d'avoir découragé les initiatives personnelles en matière d'entreprenariat. Ses successeurs n'ont jamais réussi à stabiliser le territoire national. Ils ont au contraire excellé dans le détournement des fonds publics et dans l'aggravation du tribalisme, surtout au profit des swahiliphones, des Kasaïens et, que savons-nous, d'autres individus forcément venus d'un ailleurs très hostiles envers les populations congolaises.

Les maux dont a toujours souffert le Congo-Kinshasa sont en grande partie, dans le cadre d'une guerre économique, d'origine non congolaise. Mais, par manque de patriotisme, ils sont entretenus et amplifiés par les complicités internes. Le pays est donc victime des enjeux à la fois nationaux, régionaux, continentaux et internationaux.

8.7.1 - Le foncier et les ressources naturelles

De nos jours, dans la partie orientale de la République Démocratique du Congo, la vieille technique basée sur la discorde, laquelle était expérimentée avec succès par les Belges pendant la période coloniale, a été transposée dans la région du Kivu et en Ituri. Dans l'Est du territoire congolais, on a recouru à la différenciation, au sein des Banyarwanda à travers l'introduction non fortuite d'une hypothétique population composée d'individus appelés Banyamulenge. Par conséquent, on a tout simplement exporté sur le sol congolais, à partir du Rwanda et du Burundi, le germe de la sempiternelle rivalité entre Hutus et Tutsis. Pour quelles finalités ? Cette opération a été entreprise intentionnellement dans le Kivu, du Nord et du Sud, pour des raisons évidentes : l'expropriation des terres en faveur de l'implantation des populations massivement venues de l'Est dans l'unique but de la balkanisation du géant de l'Afrique centrale, ainsi que de la déstabilisation de toute une région dans l'optique du pillage des ressources naturelles ou de leur appropriation à moindres frais[375]. Cela s'est fait sur la base des fameux accords de Lemera[376], signés en réalité le 23 octobre 1996 dans un hôtel de Gisenyi au Rwanda par les protagonistes Laurent-Désiré Kabila, Déogratias Bugera, André Kisase Ngandu et Anselme Masasu Nindaga. Ce document a été ensuite approuvé par un certain Bizima Kaharamuheto (dit Kahara), en vue de la création de l'AFDL. Dans l'article 2 desdits accords, le sol de la République du Zaïre devrait appartenir à l'AFDL et l'aide apportée devrait induire la rétribution spéciale aux pays alliés en cas de victoire. Dans l'article 7, il était question de l'attribution collectivement des terres aux camarades banyamulenge et aux populations d'origine rwandaise installées en République du Zaïre avant la date de l'indépendance, à savoir le 30 juin 1960. Enfin, dans l'article 8, les langues anglaise et swahilie devraient concurrencer le français. Cette tentative de privatisation d'une portion du territoire national au profit d'un « conglomérat d'aventuriers » était significative. Elle était tout à fait conforme à la thèse relative au caractère foncier des guerres armées et civiles, dans le but du pillage et de la balkanisation ou de l'autodéter-

---

[375] Lire *Mais quelle crédibilité pour les Nations Unies au Kivu ?*, *op. cit.*

[376] La bataille de Lemera, suivie par le massacre de Lemera, a eu lieu le 6 octobre 1996 en République du Zaïre. Soutenus principalement par le Rwanda, les rebelles appelés Banyamulenge ont attaqué la ville de Lemera. Cette agression a marqué le début de la première guerre du Congo, laquelle opposerait l'Alliance des forces démocratiques pour la libération du Congo sous la houlette de Laurent-Désiré Kabila au régime du président-maréchal Mobutu Sese Seko.

mination, que l'on a sans cesse essayé d'imposer, par tous les moyens possibles (corruption, embargo sur les armes, violences sexuelles, pillages, génocide ou alors *congocide,* voire *bantoucide…*), à la République Démocratique du Congo depuis 1996.

Les initiatives séparatistes n'ont pas seulement été l'œuvre des États régionaux au service des puissances financières ou économiques, continentales ou étrangères. Elles ont aussi tiré leur origine dans les ambitions individuelles et, entre autres, dans l'absence du patriotisme ou du panafricanisme des dirigeants congolais. Quand Moïse Katumbi Chapwe a commencé à tort à instrumentaliser l'antisémitisme pour justifier les manœuvres – certes inacceptables – contre l'éventualité de sa candidature à la présidence de la République Démocratique du Congo, il a contribué, en toute conscience ou non, aux divers stratagèmes qui ont consisté à mettre sans arrêt de l'huile sur le feu en vue de la division des populations congolaises. Cela risquerait d'introduire, si jamais les Congolais se laissaient faire ou berner, un facteur non continental qui pourrait internationaliser la souffrance de la majorité des personnes déjà en proie à la pauvreté et aux massacres à l'encontre des Congolais de souche et des Bantous. En réalité, il faudrait plutôt chercher les réponses aux déboires de Moïse Katumbi Chapwe dans la non-clarification et les implications de ses différentes sociétés offshore au regard de l'évasion des fonds publics, ainsi que dans l'application des dispositifs constitutionnels relatifs à l'égalité des droits et des devoirs entre les citoyens congolais. Les déconvenues et injustices à sa défaveur, lesquelles concernaient des contentieux nationaux ou personnels, n'avaient donc aucun lien avec une quelconque problématique extérieure. De plus, beaucoup de Congolais de père et de mère n'ont cessé de faire injustement l'objet de privation de leur nationalité d'origine, de la part des gens venus pour la plus d'ailleurs, du fait de la détention d'une citoyenneté étrangère. Mais, en aucun cas, ces compatriotes pourtant concernés à la fois par le *jus sanguinis* et le *jus soli* ont mêlé dans les affaires intérieures et dans l'appartenance biologique à la terre de leurs ancêtres des pays d'émigration comme les États-Unis, la Belgique, la France, l'Allemagne, le Canada, le Portugal, l'Espagne, le Pays-Bas, la Suisse, l'Afrique du Sud…

L'étroitesse territoriale et la pauvreté d'un pays comme le Rwanda, ainsi que le Burundi, voire l'obsessionnelle convoitise des richesses naturelles du grand Congo par des États régionaux et des puissances extra-continentales, ont depuis longtemps représenté les principales causes de la fragilisation de la partie orientale du territoire national. À ces facteurs, il faudrait ajouter la cupidité et l'insouciance d'un bon nombre de dirigeants congolais, ou soi-disant congolais, qui ont sans arrêt contribué au malheur de leurs concitoyens, ou supposés comme tels, et aux tentatives de déstabilisation de la Patrie. Le silence de l'élite nationale a également encouragé les abus et les crimes dont les populations autochtones n'ont cessé de faire l'objet. Le Congo-Kinshasa a été à maintes reprises victime de guerres armées, de conflits fonciers fabriqués de toutes pièces, de violences sexuelles, d'occupation que la communauté internationale a longtemps cautionnés de manière tacite, de pillage en toute impunité des ressources naturelles. Cela s'est notamment traduit par la présence du plus gros continent des forces onusiennes n'ayant jamais été déployé dans un pays en conflit… La guerre que l'on impose au Congo-Kinshasa est, redisons-le enfin avec patriotisme et sans crainte d'être emprisonné ou assassiné, tout simplement économique et financière.

8.7.2 - Les intérêts financiers

Pour quelques pays voisins de l'Est de la République Démocratique du Congo, les immenses terres agricoles et minières ont toujours constitué la motivation première dans l'optique d'une éventuelle annexion d'une portion du territoire congolais. Cela a toujours été le leitmotiv de quelques individus enclins à la création d'un nouvel État dans la région englobant le Kivu, le Maniema et l'Ituri. L'aspect économique est devenu sans conteste un facteur non négligeable pour des puissances extra-continentales attirées par les richesses de ce grand pays, tandis que l'approche pécuniaire a vivement incité des individus à œuvrer contre les intérêts étatiques. Ayons quand même l'audace et l'honnêteté de rappeler que le Royaume de Belgique aurait déjà connu la même crise économique que la Grèce, le Portugal et l'Espagne sans la manne financière en provenance, de manière tout à fait officieuse ou détournée, de la République Démocratique du Congo. D'aucuns ont estimé que la budgétivore opération et la statique présence de la Monusco sur le sol congolais auraient eu un lien non avoué avec le financement de l'Organisation des Nations Unies à travers le pillage des ressources naturelles. Certaines puissances étrangères n'ont jamais cessé de s'ingénier et de s'immiscer dans les affaires intérieures congolaises dans le but de transformer carrément la région du Kivu, le Maniema et l'Ituri en une zone franche, voire en une sorte de *no man's land* ou de *Far West*, où elles pourraient se servir à leur guise sans que l'État congolais n'ait le moindre droit de regard sur leur business.

Pour faire face à ces maux ayant été sans arrêt inoculés à partir de l'extérieur du territoire national, voire du continent, seuls le travail et l'amour de la Patrie pourront permettre d'éviter le pire. Ils consolideraient la cohésion sociale et contribueraient à l'uniformité nationale. L'avenir des populations autochtones, ainsi que le devenir de ce beau et riche pays résident, à n'en pas douter, dans le patriotisme. Les citoyens congolais devraient compter avant tout sur eux-mêmes, à propos de la défense territoriale, de la souveraineté étatique et de la sauvegarde du patrimoine ancestral.

8.8 - L'impunité

Le peu de lueur d'espoir ayant inspiré l'accession de Félix Antoine Tshisekedi Tshilombo à la magistrature suprême s'est estompé. Il s'est vite transformé en une très grande déception. Presque quatre années après son élection, pourtant libéré du boulet que représentait la contre-productive alliance entre le CACH et le FCC de Kabila Kabange, la politique déclinée par le président Tshisekedi Tshilombo en matière de lutte contre la corruption n'a eu aucun rapport avec le slogan préféré de son défunt père, à savoir « le peuple d'abord ». Si Étienne Tshisekedi wa Mulumba avait fait de la lutte contre l'impunité son cheval de bataille, d'aucuns n'ont pas hésité à se demander si son fils avait réellement adhéré à ce principe. La libération de l'ancien ministre Willy Bakonga Wilima et de l'ancien directeur du cabinet du président de la République en la personne de Vital Kamerhe a été, indéniablement, les exemples des cas très flagrants au regard de l'impunité récompensant la spoliation du bien public.

L'ancien ministre de l'Enseignement primaire, secondaire et technique Willy Bakonga a été condamné en avril 2021 à trois années de prison pour des faits de blanchiment et de transferts de capitaux vers l'étranger. Mais, au grand étonnement de la ministre de la Justice Rose Mutombo Kiese, il a tout simplement été mis en liberté sept mois après son incarcération.

> « Sauf que pour la ministre, Bakonga ne pouvait pas relever des conditions de la grâce collective prononcée par Félix Tshisekedi [Tshilombo] le 28 juillet [2021]. Il [devait] donc retourner au plus vite par la case prison. "Les personnes condamnées par la Cour de cassation [devaient] être ramenées dans l'état où elles étaient, avant sa lettre, à la prison centrale de Makala", [a-t-elle ordonné].
> » Tandis que certains [réclamaient] des sanctions à l'encontre du magistrat fautif, la missive de la ministre de la Justice [était] restée sans effet. »[377]

Les services de l'Inspection générale des finances auraient affirmé que Willy Bakonga aurait détourné 62 milliards de francs congolais et 25,5 millions d'euros des frais de fonctionnement du ministère qu'il dirigeait, en ayant signé des arrêtés pour créer des écoles fictives et nommé des enseignants sans école ni bureau. Chose étrange, il n'aurait d'ailleurs jamais été entendu sur ces dossiers. Pis encore, alors qu'il était en liberté mais toujours soupçonné d'avoir détourné la somme de 1,5 million USD initialement destinée à l'acquisition de matériels de lutte contre la Covid-19 dans les établissements scolaires, l'ancien ministre de l'Enseignement primaire, secondaire et technique a trouvé la solution idoine. Il a annoncé à cor et à cri son adhésion à titre personnelle à l'Union sacrée de la Nation sous l'autorité morale du président de la République Démocratique du Congo. Était-il devenu, à lui tout seul, un parti politique, critère obligatoire en vue de l'intégration à une plateforme idéologique ?

Pour le journaliste Éric Nsungu, quant à l'immunité qui a continué de prévaloir sous le régime *tshisekediste*,

> « à moins que quelqu'un soit en mesure de prouver le contraire, [...] certaines personnalités [étaient] intouchables, malgré le fait

---

[377] In *Affaire Willy Bakonga : un ancien ministre libéré, une ministre en colère*, dans *Jeune Afrique*, illustration de Kash. Article mis en ligne le 3 décembre 2021, consulté le même jour. Voir le lien ci-dessous.
https://www.jeuneafrique.com/1276434/politique/rdc-affaire-willy-bakonga-un-ancien-ministre-libere-une-ministre-en-colere.

qu'elles aient commis des fautes graves. »[378]

Sans compter les différents scandales causés dans les locaux de la présidence de la République Démocratique du Congo ayant directement impliqué plusieurs conseillers du magistrat suprême, a poursuivi Éric Nsungu,

> « la mégestion, les pots-de-vin et l'impunité [ont continué] de gangrener les sphères du pouvoir, même après le départ de Joseph Kabila [Kabange] »[379].

Si le président Félix Antoine Tshisekedi Tshilombo s'est solennellement engagé au mois de septembre de l'année 2019 à « ne pas aller fouiner dans le passé » de son prédécesseur et de ses proches, il n'était donc pas surprenant de voir les auteurs présumés d'atteintes aux droits humains, sous l'ancien régime, vaquer en toute tranquillité à leurs occupations. L'impunité leur était garantie. Ses propres collaborateurs, ainsi que certains ministres du gouvernement Sama Lukonde, se sentaient intouchables. D'ailleurs, dans un twit en date du 11 février 2022, l'inspecteur général des finances Jules Alingete a été catégorique. Il a confirmé tout haut que les complices des mandataires de la *Société congolaise des transports et des ports* (SCTP, ex-Onatra) dans l'affaire relative à la surfacturation de la somme de 5 millions USD concernant le dossier de la société *IMD* se trouvaient dans des cabinets ministériels. D'après les affirmations de Georges Kapiamba, propos repris par le journaliste Jordan Mayenikini dans un article ayant été mis en ligne le 11 février 2020 sur le site *Actualite.cd* intitulé *RDC : arrestation du DG et PCA de la SCTP pour tentative de détournement d'au moins 7 millions USD, l'ACAJ appelle la justice à traquer tous les complices dans cette affaire*,

---

[378] In *Qu'en est-il de la lutte contre l'impunité sous la présidence de Tshisekedi ?*, Éric Nsungu, *Habari RDC/MCP*, via *mediacongo.net*. Article mis en ligne le 27 décembre 2022, consulté le même jour. voir le lien ci-dessous. https://www.mediacongo.net/article-actualite-99421_qu_en_est_il_de_la_lutte_contre_1_impunite_sous_la_presidence_de_ts hisekedi.html.

[379] *Ibidem.*

« la société *IMD* avait signé il y [avait] quelques années un contrat avec la *SCTP* pour lui fournir certains matériels. Ce contrat portait sur un montant estimé à 2 millions USD. Par la suite, la société [reviendrait] pour dire qu'elle [avait] connu des dommages à cause de la non-exécution des obligations qui incombaient à l'ex-Onatra. Ils [s'arrangeraient] pour faire passer le montant d'abord de 2 millions à 5 millions USD, par la suite de 5 millions USD à 7 millions USD sans fondements justifiés et justifiables. Tout en sachant aussi que pareil montant ne [pouvait] être décidé que par l'Assemblée générale. Ce montant n'[était] pas de la compétence du comité de gestion, moins encore du conseil d'administration. »

Jules Alingete, le patron de l'IGF, a même évoqué « une prédation en bande organisée ». Mais quelles mesures d'accompagnement ont-elles été prises afin de mettre un terme à cette mafieuse situation ? Aurait-il fallu une véritable refonte du système judiciaire ? Quel sort pour les conseillers affairistes qui ont souvent évolué, toute honte bue, dans l'entourage proche du chef de l'État ? Même si ces vautours étaient appréhendés, seraient-ils dans la foulée libérés comme cela a été le cas de Vital Kamerhe, l'ancien président de l'Assemblée nationale et ex-directeur du cabinet du président de la République, ainsi que, parmi tant d'autres, celui de l'ancien ministre de l'Enseignement primaire, secondaire et technique en la personne de Willy Bakonga… ?

8.9 - Sur le plan continental

À propos de la présidence de l'Union africaine, dont la République Démocratique du Congo avait pris la direction le 8 février 2021, Félix Antoine Tshisekedi Tshilombo s'était fixé des objectifs ambitieux et honorables du point de vue de l'environnement, de la sécurité et de la gestion des crises politiques. Ayant présidé le 15 janvier 2022 la dernière réunion du bureau de la conférence des chefs d'État et de gouvernement de l'institution continentale en sa qualité de Président en exercice, par visioconférence depuis son cabinet de travail de la cité de l'Union africaine au Mont Ngaliema à Kinshasa, le magistrat suprême congolais s'est montré élogieux. À travers un plaidoyer *pro domo sua*, il a jugé son bilan tout à fait satisfaisant. Il a même expliqué avoir relevé plusieurs défis relatifs à la Covid-19, aux mesures de relance des économies africaines, aux dossiers concernés par la paix et la sécurité, ainsi qu'aux questions ayant trait aux Arts et à la culture, levier de l'édification d'une Afrique tant souhaitée.

Mais il y avait loin de la coupe aux lèvres, au moment où Félix Antoine Tshisekedi Tshilombo a transmis le flambeau à son successeur et homologue sénégalais Macky Sall. Pour un bon nombre de personnes, à part les affidés du président de la République concernés par des enjeux propres à la politique intérieure, le mandat qui devait *a priori* symboliser le retour en force du pays sur la scène continentale et diplomatique au sens large aurait failli – comparé aux positives mandatures du Nigérian Olusegun Obasanjo, de l'Algérien Abdelaziz Bouteflika ou du Sud-Africain Thabo Mvuyelwa Mbeki. Cela n'a pas été une réussite sur la vision véritablement panafricaine, au regard des rapports du continent avec le reste du monde et des enjeux en perspective dans le cadre de la mondialisation.

Dans une interview accordée au journaliste Christophe Châtelot pour le quotidien français *Le Monde*, le chercheur Benjamin Augé a rappelé non sans fondement que :

> « beaucoup de présidences [de l'Union africaine ont été] handicapées par la faiblesse institutionnelle de leurs administrations nationales. Par exemple, la présidence congolaise, en 2021, a eu beaucoup de mal à mener ses projets à leur terme, parce que structurellement la diplomatie de la République Démocratique du Congo [était] assez faible. »[380]

Force est de constater que, en sa qualité de président en exercice de l'Union africaine, Félix Antoine Tshisekedi Tshilombo n'est pas parvenu à impulser une diplomatie dynamique en vue de la résolution de la gravissime problématique de l'insécurité dans la partie orientale de son propre pays. Dans cet ordre d'idées, le député provincial Promesse Matofali Yonama, élu de la province du Nord-Kivu, s'est montré catégorique. Effectivement,

---

[380] In « *L'Union africaine manque de dirigeants à la vision réellement panafricaine* ». Article consulté le 31 janvier 2021 publié par le quotidien *Le Monde*. Voir le lien ci-dessous.
https://www.lemonde.fr/afrique/article/2022/01/04/l-union-africaine-manque-de-dirigeants-a-la-vision-reellement-panafricaine_6108185_3212.html.

« au niveau national, l'élu de Butembo [a dressé] un bilan sombre avec des avènements des groupes armés qui [ont pullulé] partout. La réorganisation du M23, l'entrée de l'armée rwandaise sur le sol congolais. Au niveau continental, le député Matofali s'[est] dit très étonné de voir que le président n'a résolu aucun problème comme la crise anglophone au Cameroun, les turbulences au Soudan, l'activisme des *Boko Haram* au Nigeria et surtout que son mandat a été caractérisé par deux coups d'État. »[381]

Évidemment, sous la présidence africaine par la République Démocratique du Congo, un bon nombre de pays francophones ont fait l'objet de coups d'État. Mais, fait étrange, aucune solution n'a été trouvée pour rétablir l'ordre constitutionnel au Tchad, au Mali, en Guinée et au Burkina Faso. Rien n'a été non plus entrepris en toute efficacité à propos de la lutte contre le terrorisme, fléau qui, en matière de paix, a continué de pervertir et d'hypothéquer l'avenir des pays du Sahel avec le risque que la contagion puisse s'étendre sur les pays orientaux du continent comme l'Éthiopie, les deux Soudan, l'Ouganda, le Kenya, la Tanzanie. Ce désastre pourrait aussi faciliter la fragilisation d'autres régions du continent africain, comme l'Est de la République Démocratique du Congo, et des pays comme l'Angola, la République centrafricaine… Ne seraient pas non plus à l'abri d'une éventuelle désintégration les États d'Afrique occidentale tels que le Nigeria, le Cameroun, la Côte d'Ivoire, le Ghana…

8.10 - L'enjeu électoral de 2023

En plein débat engagé entre le président de la CENI, Denis Kadima, et le ministre des Finances, Nicolas Kazadi, au sujet de l'urgente demande qui a été introduite auprès du gouvernement relative aux fonds décaissés au titre des opérations électorales, entre décembre 2021 et février 2022, l'ODEP a fait entendre sa position. Elle a qualifié d'« irrationnelle » la somme de 640 millions USD sollicitée par ladite

---

[381] In *Union Africaine : « Tshisekedi n'a résolu aucun problème »*, Magloire Tsongo, *Médiacongo Presse / La Prunelle*. Article consulté le 31 janvier 2021. Voir le lien ci-dessous.
https://www.mediacongo.net/article-actualite-98993_union_africaine_tshisekedi_n_a_resolu_aucun_probleme_promesse_matofali.html.

commission électorale pour entamer les activités électorales en 2022. Dans un communiqué de presse rendu public le 18 février 2022, selon l'ODEP, il y avait de quoi être surpris :

> « par cette demande, qui [semblait] irrationnelle, d'autant plus que la République Démocratique du Congo [était] à son quatrième cycle électoral. En 2018, 52 % du budget des opérations électorales couvraient l'acquisition des matériels et la quincaillerie électorale. Ce qui [existait] déjà, d'après le rapport du processus électoral 2012 à 2019 ».

Ainsi cette organisation non gouvernementale a-t-elle estimé que le budget de la CENI pour la couverture des élections, législatives nationales et provinciales, ainsi que le scrutin présidentiel, ne pouvait nullement dépasser la somme de 350 millions USD.

L'ODEP s'est également exprimée sur l'approvisionnement de la CENI en véhicules pour ses membres. Elle a constaté notamment que :

> « l'achat des véhicules des membres de la CENI [a violé] l'article 6 de la loi relative aux marchés publics. La surfacturation révélée par le Ministre des finances [était] une conséquence de l'absence de planification et de contrôle *a priori*. Comment a-t-il ordonné le paiement sans disponibilité des crédits budgétaires, sans appel d'offres… ? Pire encore, la décision du ministre des Finances [ayant voulu] placer la CENI sous tutelle du BCECO a violé le décret du 28 décembre 2010 portant création, organisation et fonctionnement de la cellule de gestion des projets et des marchés publics au sein de la CENI ».

En tout cas, entre le versement annoncé par le ministre des Finances et les dépenses retracées par le ministère du Budget, l'ODEP a observé un écart de 67,2 millions USD. À ce constat, s'est ajoutée l'absence à la fois d'un plan de décaissement fourni par la CENI et d'un débat public au Parlement. Ces facteurs « [sont restés] un handicap majeur pour une gestion orthodoxe des fonds affectés aux opérations électorales ». Pour plus de transparence, s'imposait la publication par la CENI d'un budget détaillé des opérations électorales assorties d'un plan de décaissement. Cela faciliterait le financement du processus électoral par le gouvernement et en assurerait un meilleur encadrement. Mais il faudrait, toutefois, prendre en compte l'indépendance de la CENI conformément aux articles 6 et 44 de sa loi organique. De plus, l'autonomie administrative et financière de ladite commission est bien spécifiée à l'article 84 de son règlement intérieur. Le véritable enjeu aurait dû concerner, dans l'absolu, l'harmonisation entre le calendrier de la CENI et l'accompagnement du ministère de l'Intérieur s'étant agi de l'articulation proprement dite sur le terrain de différents scrutins, avec l'implication du ministère des Finances quant au montant global à décaisser au regard de la cohérence des opérations.

En conséquence, ayant considéré que le financement du processus électoral était en danger à cause de la tentative de la mise sous tutelle du bureau central de coordination (BCECO), l'ODEP a formulé des recommandations à la fois au Premier ministre, au ministre des Finances, à la CENI et aux organes de contrôle.

Au Premier ministre Jean-Michel Sama Lukonde Kyenge, l'organisation non gouvernementale a suggéré de :
- prendre des mesures nécessaires pour garantir à la CENI la jouissance effective de l'autonomie financière, conformément aux dispositions de l'article 6 de la loi organique n° 10/013 du 28 juillet 2010 portant organisation et fonctionnement de la commission électorale nationale indépendante telle que modifiée à ce jour ;
- présenter au Parlement un collectif budgétaire à la session de mars 2022 pour examen et vote du budget détaillé de la CENI ;
- prendre une décision pour encadrer la procédure de mise à disposition effectuée par le gouvernement à la CENI.

Au ministre des Finances, en l'occurrence Nicolas Kazadi, l'ODEP a proposé d'exiger un plan de décaissement avec chronogramme d'activité avant toute mise à disposition de fonds.

Quant à la CENI, l'ONG a préconisé de publier un budget détaillé des opérations électorales assorties d'un plan de décaissement pour permettre au gouvernement de financer en toute facilité le processus électoral. Enfin, aux organes de contrôle (Inspection générale des finances et Cour des comptes), il a été conseillé d'initier un audit complet de la CENI au cours de l'année 2022.

De toute manière, il était difficile de duper les gens. Au regard de l'atmosphère politique peu réjouissante entre les anciens alliés et de l'approche imminente des scrutins, d'aucuns ont bien compris qu'il a été question d'une manœuvre en vue du glissement et du maintien dans les institutions de la République. Les populations congolaises, lesquelles étaient à maintes reprises flouées, se laisseraient-elles faire pour la énième fois ? Peut-être. L'avenir le dirait. S'imposait sans l'ombre d'un doute la réforme de la CENI. En tout cas, semble-t-il,

> « l'autonomie de la CENI permettra sans conteste son impartialité. Sa crédibilité dépendra, entre autres, de son efficacité. Il faudra lui assigner six missions essentielles en vue de la délimitation des circonscriptions électorales, de l'établissement des listes électorales, de la définition du calendrier électoral, de l'admission des candidatures aux élections, de l'organisation des scrutins et, enfin, de la publication des résultats des élections.
> » La CENI doit donc être réformée et consolidée par une loi qui, par rapport au processus électoral, définira son champ d'action et ses partenaires institutionnels. Ce partenariat ne devra surtout pas être une sorte de mise sous tutelle.
> » La CENI devra surtout fonctionner en toute impartialité. Elle ne doit recevoir aucune instruction, dans l'accomplissement de ses missions. Un contrat d'objectifs et de performance (COP) devra par conséquent être signé entre la CENI, d'une part, et les ministères du Budget et de l'Intérieur, d'autre part, pour une période de trois ans tacitement reconductible. »[382]

D'un point de vue théorique, avec l'encadrement en amont par le ministère de l'Intérieur et le soutien du ministère des Finances ou du Budget, les différents processus électoraux devraient être supervisés par les communes dans les villes et par les districts dans la plus grande majorité des provinces. Par conséquent, on devrait commencer par recenser les populations en vue d'un état civil fiable, ne souffrant d'aucune contestation. Cela éviterait une grande partie d'arrangements politiciens et baisserait le coût de diverses opérations, car les administrations territoriales supporteraient un volet du budget électoral.

Le gouvernement devrait réformer la CENI en vue d'un nouveau départ. Cela nécessiterait une innovation, laquelle garantirait la sincé-

---

[382] In *Faisons de la CENI un établissement public administratif.* Interview accordée à Roger Musandji, pour *Œil d'Afrique*, par Gaspard-Hubert Lonsi Koko. Voir le lien ci-contre : https://oeildafrique.com/ilsfontlactualite/interview-gaspard-hubert-lonsi-koko-faisons-de-la-ceni-un-etablissement-public-administratif.

rité des scrutins et contrôlerait les listes électorales. Plus explicitement, la CENI devrait être chargée de l'application des textes relatifs au processus électoral, à la collecte des résultats électoraux, à la redéfinition des circonscriptions électorales, ainsi qu'à leur publication et transmission au ministère de l'Intérieur.

La CENI devrait enfin devenir un établissement public administratif doté d'une indépendance fonctionnelle. Placée sous l'autorité administrative du ministère de l'Intérieur, elle devrait statuer en toute autonomie sur les résultats électoraux. Cet établissement public devrait alors compter deux entités : une entité administrative, la CENI proprement dite, et une entité juridictionnelle, à savoir une Cour nationale du processus électoral (CNPE).

8.11 - Une situation économiquement délicate

Pour la direction générale du Trésor du ministère français de l'Économie et des Finances, même si ses perspectives de croissance pour les années 2021 et 2022 ont toutefois été plus favorables, la République Démocratique du Congo est restée en situation de fragilité.

> « Courant 2019, la baisse des cours des matières premières avait fortement fragilisé son cadre économique au point de nécessiter l'intervention d'urgence du FMI. La remontée rapide des cours internationaux courant 2020 a permis à l'économie [congolaise] de contenir une partie des effets de la crise sanitaire et d'afficher une légère croissance (+1,7 %). Le FMI a, par ailleurs, approuvé en juillet 2021 un programme de trois ans avec la République Démocratique du Congo appuyée par une facilité élargie de crédit (FEC), pour un montant de 1,5 Md$, alors que le pays n'avait pas connu de programme FMI avec financement depuis près de 10 ans. »[383]

Effectivement, grâce au secteur minier à hauteur de 95 % d'exportations et en dépit de l'impact de la COVID-19, le pays a connu une croissance positive en 2020 et aurait pu profiter d'une variation non négative du PIB de 1,7 % contre une estimation de moins 1,7 % en juin 2021. Avec des perspectives économiques favorables en 2021

---

[383] In *La situation économique de la RD Congo en 2021 – Perspectives 2022*. Article mis en ligne le 13 octobre 2021, consulté le 2 février 2022. Voir le lien ci-contre : https://www.tresor.economie.gouv.fr/Pays/CD/l-economie-de-la-rd-congo

et au-delà, d'après le FMI, le Congo-Kinshasa aurait pu retrouver son niveau d'avant-crise autour de 6 % (5,6 % en 2022).

Épilogue

Dans une adresse faite le 19 mars 2022 devant les députés provinciaux, à l'occasion de l'ouverture solennelle du *Séminaire d'information, de sensibilisation et d'appropriation du Programme de développement local des 145 territoires (PDL 154 T)*, le président de la République Félix Antoine Tshisekedi Tshilombo a judicieusement mis l'accent sur le fait que plus de sept Congolais sur dix étaient sous le seuil de pauvreté. Ils n'ont cessé d'être exposés aux fortes inégalités socio-économiques, à la corruption, à l'instabilité institutionnelle et politique sur fond de mauvaise gouvernance, d'insécurité persistante… L'exemple ne devrait-il pas venir du sommet de l'État ? Le poisson ne commence-t-il pas à pourrir par la tête ?

Force est de constater que, excepté l'exercice de la magistrature suprême par le père de la Nation Joseph Kasa Vubu dans un contexte tout à fait singulier, la fonction présidentielle a failli sur un bon nombre de domaines. Elle n'a cessé d'être pratiquée en République Démocratique du Congo, tout comme dans l'ancienne République du Zaïre, au détriment du régime parlementaire. Cela a été possible soit pour des intérêts non étatiques ou alors égoïstes, soit par pure ignorance ou par incompétence. À moins que ce soit tout simplement par gangstérisme, à la suite d'un braquage par un révolutionnaire sorti de nulle part ailleurs, ou alors par la volonté manifeste d'une main invisible et défavorable aux affaires intérieures. Tous les successeurs du président Joseph Kasa Vubu ont contribué d'une manière ou d'une autre à l'instabilité sécuritaire, à la détérioration sociale, à la dégringolade économique du pays et à la faiblesse de la diplomatie ainsi que de la force de dissuasion. Ils ont constamment agi en intelligence avec les forces et puissances extérieures soit en vue de la déstabilisation régionale, soit contre les intérêts nationaux dans l'optique du démembrement du territoire national, ou bien par manque de courage politique. Bref, ils ont contribué à la fragilisation à outrance des institutions et, tout compte fait, à l'abandon de la souveraineté nationale ayant été très chèrement acquise à la date du 30 juin 1960. Ainsi ont-ils ignoré l'importance d'avoir non seulement un pays, mais, surtout, de le défendre par tous les moyens. Il y aurait de quoi douter sérieusement du patriotisme d'un grand nombre de dirigeants congolais.

Le constat n'est pas du tout le résultat d'une analyse savante. Chaque citoyen devrait savoir que :

> « l'État est, sur le plan politique, en face de toutes [les] tendances centrifuges, sur le plan économique en face de la puissance des intérêts, donc des égoïsmes, un instrument indispensable d'équilibre, de continuité et de justice dès lors qu'il ne se fait pas accaparateur et qu'il ne prétend pas tout régler à la place des individus [...] »[384]

Il est très difficile de développer du point de vue social et économique un État sans être animé d'une réelle volonté politique. La gestion d'un pays passe obligatoirement par un véritable projet de société, à savoir des perspectives constructives. Cela ne se fera nullement sur la base d'assises tribales, ni par l'arrangement avec le président sortant, ni par le tripatouillage des résultats électoraux ou la soumission vis-à-vis des dirigeants des pays voisins ou des partenaires internationaux. Seule la maîtrise de quelques paramètres sociaux et économiques, ainsi qu'institutionnels, permettra au gouvernement national de faire jouer pleinement au Congo-Kinshasa son rôle de géant, à la fois sur les plans régional et continental, dans l'optique d'une affirmation de l'Afrique à l'échelle internationale.

Selon le secrétariat de la Conférence des Nations Unies sur le commerce et le développement (CNUCED), à propos de la République Démocratique du Congo,

---

[384] In *Vœux aux corps diplomatiques*, François Mitterrand, le 5 janvier 1993.

« 9,95 millions d'euros sur la période 2000-2010 ont représenté la totalité des montants estimatifs de flux financiers illicites »[385].

Dans le continent africain, au cours de cette période, les clauses fiscales de contrats miniers ont beaucoup varié d'un pays à un autre. En République Démocratique du Congo, elles ont notamment oscillé entre 2 % à 2,5 % pour le cuivre.

> « Le *Groupe d'experts des Nations Unies sur l'exploitation illégale des ressources naturelles et autres richesses de la République Démocratique du Congo* (*United Nations, Security Council*, 2002) a constaté que les plus grandes sociétés de commerce d'or de Kampala, *Machanga Ltd* et *Uganda Commercial Impex*, achetaient de l'or à des groupes armés non étatiques basés en Ituri. Un comité établi en application de la résolution 1533 (2004) du Conseil de sécurité de l'ONU a mis en place un régime de sanctions sur le commerce de l'or avec cette région [résolution 1596 (2005) du Conseil de sécurité]. Il a été mis en évidence que de l'or extrait en République Démocratique du Congo [passait] en contrebande en Ouganda puis [était] exporté vers les Émirats arabes unis (*Reuters*, 2019 ; *United Nations, Security Council*, 2002). Une grande partie du commerce de l'or n'[était] pas comptabilisée dans les statistiques des exportations des pays africains et les pays dans lesquels l'or [était] extrait [ont subi] un manque à gagner fiscal considérable. Les exportations d'or de l'Ouganda [avaient] fortement augmenté ces dernières années, alors que ce pays n'[était] doté que de modestes ressources en or [...]. Les importations d'or en provenance d'Ouganda que [déclaraient] les Émirats arabes unis [étaient] de beaucoup supérieures aux exportations d'or vers les Émirats arabes unis que [déclarait] l'Ouganda, ce qui s'[expliquait] par la sous-facturation à l'exportation et la contrebande. »[386]

Or, après la condamnation de l'Ouganda par une cour internationale pour les crimes commis en territoire congolais, l'armée ougandaise a été officiellement invitée et autorisée par la présidence de la République à se déployer dans l'Est pour traquer les rebelles. Pourtant, nul n'ignore l'implication du pays de Yoweri Kaguta Museveni dans le trafic des ressources naturelles de grand voisin.

---

[385] In *Les flux financiers illicites et le développement durable en Afrique*, rapport 2020, Nations Unies, Genève, 2020, p. 56 du document d'origine, mais la page 78 de l'extension relative à la version numérique mise en ligne.
[386] *Ibidem*, pp. 78-79.

Nombreux sont donc les maux auxquels est confrontée la République Démocratique du Congo, ce pays pourtant immensément riche en ressources naturelles[387] et humaines. Ainsi faudrait-il combattre, en toute efficacité, la gabegie économique et la spoliation du bien public. Il faudrait en finir avec la pauvreté et le sous-développement, l'incertitude quotidienne, la naïveté, l'aventurisme politique et l'activisme des pays agresseurs. S'impose *de facto* une autre vision du développement adapté aux immenses défis à relever – la finalité étant de maîtriser la catastrophique situation économique et sociale, l'extrême pauvreté, la corruption endémique, l'insécurité généralisée et la dépendance aux directives concoctées à partir des officines basées à l'étranger. Quelle destinée pour le Congo-Kinshasa, après un si long déclin ?[388]

A - Le défi écologique

La République Démocratique du Congo figure parmi le peu de pays qui possèdent la plus grande biodiversité de la planète. Par conséquent, les deux tiers du bassin du Congo étant abrités par son territoire national, la croissance économique doit prendre en compte les différentes répercussions sur l'environnement et la qualité de vie des populations tant nationales que régionales, *a fortiori* mondiales. Les politiques en matière de développement doivent en effet évoluer dans le sens de la sauvegarde du deuxième poumon cosmique après l'Amazonie, en vue du bien-être de toute âme qui vive.

Pour le développement économique, le gouvernement congolais doit prendre les dispositions idoines quant à l'émission du dioxyde de carbone (CO_2). L'objectif doit consister à veiller à ne pas dépasser le pic des émissions de CO_2 par unité de PIB national. En conséquence, les accords de coopération avec les partenaires régionaux et internationaux doivent privilégier l'accompagnement en vue d'une telle transi-

---

[387] 1 100 minerais et métaux précieux différents d'une valeur estimée à au minimum 24 000 milliards USD ; 120 millions d'hectares de terres arables ; 135 millions d'hectares de forêts ; 100 000 mégawatts de potentiel d'énergie hydroélectrique, de sources diverses d'énergie renouvelable (solaire, biomasse, géothermie, charbon, nucléaire, et gaz méthane) et de ressources considérables de pêche et d'élevage. À cela, il faudrait ajouter une population estimée à plus de 79,4 millions.
[388] In *Le Congo-Kinshasa, le degré zéro de la politique*, Gaspard-Hubert Lonsi Koko, L'Harmattan Paris, 2012.

tion dans le financement de segments innovants d'énergies renouvelables et d'efficacité énergétique, ainsi que le développement du secteur financier vert. Ces accords doivent aussi concerner le secteur bancaire congolais à travers des lignes de crédit « vertes » dans le but de financer des investissements environnementaux relatifs aux projets d'énergies renouvelables et d'efficacité énergétique.

B - La dynamique intérieure et l'ouverture extérieure

Comment peut-on expliquer l'extrême pauvreté qui frappe les populations congolaises, avec un PIB par habitant de 622 USD en 2022, alors que le pays est assis sur plusieurs milliards de dollars américains en ressources naturelles ?[389] Plus d'un quart de la population congolaise, soit au moins 27 millions de personnes, est confronté à des conditions de crise ou d'insécurité alimentaire aiguë d'urgence, selon les services des Nations Unies. Ceux-ci estiment que la situation pourrait s'aggraver davantage, faute d'initiative politique adéquate[390]. Comment peut-on avoir un taux très élevé de chômage dans un pays où les opportunités sur le plan de la création d'emplois sont absolument immenses ?

Certes, la générosité des pays donateurs est louable. Mais il faudrait toujours avoir à l'esprit que, peu importe l'approche choisie, leur aide se paie très cher à court, moyen ou long terme. S'agissant de l'assistance, compte tenu d'énormes ressources qu'offre son sol et dont regorge son sous-sol, la République Démocratique du Congo n'a pas à quémander systématiquement auprès des États amis. Ce pays n'a pas du tout besoin d'un président à la fois globe-trotteur et mendiant planétaire. Plutôt que de continuer de vivre *ad vitam æternam* grâce aux

---

[389] Au-delà de certains indicateurs qui se sont légèrement améliorés entre 2018 et 2020, la République Démocratique du Congo s'est classée au 175ème rang sur 189 pays dans l'indice de développement humain 2020. L'indice de capital humain du pays s'est établi à 0,37, en dessous de la moyenne des pays d'Afrique subsaharienne qui s'est située à 0,40. Plus explicitement, ce pays est l'un des plus pauvre et l'un des moins développés du monde.

[390] Le chiffre du PIB est en progression par rapport à l'année 2021, lequel lui a valu la 9ème place au classement des pays les plus pauvres de la planète. D'après la Banque mondiale, la proportion de la population congolaise vivant en dessous du seuil de pauvreté atteignait 77,2 % en 2012.

apports extérieurs du point de vue financier, d'exister au crochet des bailleurs de fonds, le gouvernement congolais doit commencer par maîtriser la gabegie et mettre ses ressources à disposition moyennant le transfert de techniques et de technologie. Cela permettra le développement des infrastructures nationales en vue de la transformation sur place des matières premières, ainsi que de la libre circulation des biens et des personnes. L'autonomie économique, laquelle relève notamment de la volonté politique, s'obtiendra de toute façon par la non-dépendance à la sous-traitance étrangère. L'éducation et l'instruction faciliteront, sans doute, la maîtrise de la technologie de pointe et occasionneront, par ricochet, la libération des pays en voie de développement. Ainsi faudra-t-il miser davantage sur l'humain.

Bien évidemment, à l'instar de la politique chinoise en matière d'émancipation financière et d'épanouissement économique, la République Démocratique du Congo doit commencer par privilégier un processus graduel, expérimental et simultané d'industrialisation, de marchéisation et de mondialisation. Cela doit se faire sous l'impulsion gouvernementale ou étatique. Il faut développer, en parallèle régionalement, des activités impulsées par les entités provinciales dans le cadre de la politique de décentralisation. Les initiatives de l'État congolais doivent avoir pour finalité la libéralisation économique, sans aucune tendance accrue à la liberté dans les mesures politiques. Ainsi l'industrialisation doit-elle être propulsée à la fois par le capital, la main-d'œuvre locale et la technologie tandis que la marchéisation introduite par la création d'un marché extra-étatique. La dynamique interne doit enfin permettre, une fois l'autogestion efficacement maîtrisée, la politique d'orientation vers l'exportation dans le cadre de la globalisation.

Pour l'acteur politique Noël Tshiani Muadiamvita, en République Démocratique du Congo,

> « la monnaie nationale n'existe que de nom et est totalement supplantée par la dollarisation qui représente 95 % de l'économie nationale. La dollarisation coûte cher au pays en termes de revenus et empêche la conception et la mise en œuvre d'une politique monétaire crédible. La Banque centrale soumise a perdu sa raison d'être et laisse se développer un système financier extraverti sans impact sur l'économie nationale. »

La monnaie étant l'un des éléments capitaux de la souveraineté nationale, outre la rigueur budgétaire, le gouvernement congolais doit maîtriser la totalité du contrôle de cet instrument des échanges, ou étalon des valeurs ou alors réserve de valeur. En conséquence, par souci d'indépendance monétaire, la valeur du franc congolais doit être alignée sur les ressources naturelles dont dispose la République Démocratique du Congo et non sur une quelconque devise étrangère.

Le sort du pays ne doit en aucun cas dépendre des fluctuations du dollar ou de l'euro, ou de n'importe quelle autre monnaie. Il est évident que l'avenir des populations congolaises doit se décider à Kinshasa, et non hors du territoire national. Leur devenir doit être façonné par des acteurs politiques locaux, et non par une vision conçue ailleurs. Il faut fixer, à cet effet, des règles et les appliquer avec parcimonie pour ne pas subir le diktat imposé d'une institution non congolaise. De plus, aucun citoyen congolais n'a confié à un autre pays, ou à une organisation extra-nationale, aussi internationale soit-elle, le mandat de gouverner ce géant qu'est le Congo-Kinshasa, ni d'assurer sa sécurité intérieure, ne serait-ce que par procuration. Si les citoyens congolais continuent de ne plus s'occuper de leurs propres affaires, d'autres peuples – à commencer par leurs voisins – ne se gêneront pas du tout de le faire à leur place aux dépens des intérêts internes.

Il faut à tout prix commencer par dynamiser la demande locale pour pouvoir mieux aborder l'ouverture en vue de l'écoulement de produits vers l'extérieur des frontières étatiques. S'imposent forcément les engagements en matière de développement durable propice à la consolidation et à la maîtrise du multilatéralisme politique, ainsi que de l'import et de l'export.

C - Le défi sécuritaire

En principe, la sécurité intérieure, ou nationale, doit être envisagée sous un angle social dès lors que les victimes d'une politique non audacieuse se retrouvent, dans la plus grande majorité des cas, dans les couches moyennes et populaires. Cela nécessite et doit impliquer toute réflexion sur les aspects citoyens, républicains et patriotiques des forces sécuritaires comme la police, la gendarmerie et l'armée nationales. Aussi faudra-t-il obligatoirement améliorer les conditions économiques et professionnelles au regard des institutions étatiques à travers la formation, tout au long de la vie, des fonctionnaires et, *a fortiori*, des salariés du secteur privé mis à disposition du secteur sécuritaire. L'objectif, c'est de parvenir à la performance au quotidien, aux meilleures conditions dans l'exercice de différents métiers, ainsi qu'à la rémunération à la hauteur du temps de travail effectué et au dévouement dans la sécurisation des biens et des personnes, tout comme dans la défense et la pacification de l'antre nationale.

La problématique sécuritaire est la condition *sine qua non* en vue de la cohésion nationale, de la libre circulation des biens et des personnes, ainsi que de la consolidation des échanges commerciaux sur le plan national. Par conséquent, les infrastructures doivent avant tout permettre le désenclavement territorial. S'agissant de la sécurité intérieure, il est tout à fait nécessaire de privilégier une approche évaluative et réflexive en soutien à la politique de défense nationale et de sécurité régionale, de commerce intérieur et extérieur, de diplomatie et de bon voisinage, d'éducation civique et patriotique, de formation culturelle, sportive et professionnelle…

D - Le patriotisme congolais

Plutôt que d'aspirer chaque fois à un statut particulier, à une reconnaissance sur le plan du droit international public d'une manière ou d'une autre, les tribus congolaises, lesquelles n'ont malheureusement jamais été constituées telles une nation homogène dans la diversité, doivent à tout prix avantager l'unité sous la forme étatique. C'est pourquoi le fédéralisme ou la décentralisation constructive, ainsi que la solidarité entre les entités provinciales, devront contribuer à éviter le développement des antagonismes entre les populations minoritaires et les groupes majoritaires. Il doit en être de même par rapport aux inégalités entre les régions pauvres et riches. Cela évitera notamment des conflits graves et l'effusion de sang, phénomène qui pourrait faire voler en éclats l'intégrité du territoire national avec le risque éventuel d'un terrible et néfaste effet de contagion régionale, ou, pis encore, continentale au profit des puissances financières mondiales. Il faut à tout prix éviter la fracture entre les provinces, ainsi que la disproportion sociale.

Il est évident que l'on est Congolais par les origines ancestrales, à savoir « de père et de mère », de père ou de mère, par la voie légale et non par l'occupation ou l'agression, ni par le recours aux violences sexuelles ou physiques, ni par le fait de faire couler le sang congolais. Chaque fois que le sang congolais est versé, ne serait-ce qu'une goutte, le patriotisme doit se multiplier encore plus. Voilà le pacte national ! Il n'est nullement question de transiger sur cette problématique qui touche au fondement même de l'appartenance à la terre ancestrale, celle des ascendants, ou alors de la nationalité congolaise. Il est question de l'existence en tant que peuple congolais. De plus, sans la moindre hésitation, la ferveur patriotique doit être sentie dans les veines de tout citoyen d'un pays menacé de toutes parts. Surtout lorsque celui-ci est immensément riche et partage neuf frontières, dont certaines le sont avec des États aux appétits voraces et aux velléités exagérément expansionnistes. Dans toute leur pluralité, les citoyens congolais doivent incarner avec conviction l'expression inconditionnelle de la diversité dans l'unité.

De plus, la survie des populations autochtones passe par la fidélité à la devise nationale : Paix, Justice et Travail. Elles ne doivent jamais, et dans n'importe quelle circonstance, trahir la Patrie ! Il est tout à fait primordial de consolider les assises d'un Congo indéniablement pluriel et complètement indivisible. Tel est le grand devoir que tout citoyen congolais doit accomplir, car il y va de la pérennité et de l'intangibilité des frontières héritées, malgré tout, de la colonisation et, désormais, reconnues comme telles par toutes les institutions internationales. Il y a absolument sommation, *hic et nunc*, aux frontières nationales de ne surtout pas se déplacer vers l'intérieur.

E - L'enjeu social, démocratique et étatique

Certes, dans une démocratie l'État ne doit pas se permettre de se positionner comme une fin en soi. L'étatisme ne doit en aucun cas se caractériser par le dirigisme d'une administration irresponsable agissant systématiquement par clanisme, par exclusion ou se renouvelant par cooptation ou par favoritisme. Si le rôle de l'État ne consiste pas à agir de manière excessive, le gouvernement national doit pour autant garantir sans défaillance les droits fondamentaux surtout pour les populations défavorisées, voire les plus démunies.

En République Démocratique du Congo, l'État doit tout justement encourager l'entreprenariat en veillant en même temps aux mécanismes propres à la non-exploitation salariale. Il faudra des institutions non hostiles au patronat, des instances en mesure de se positionner en protectrices des salariés indépendamment du secteur professionnel. Le Congo-Kinshasa n'a pas besoin d'être un État obligatoirement fort mais épris d'équité, tel un arbitre pouvant garantir les intérêts de toutes les couches sociales et être capable, en même temps, de sanctionner tout abus. L'État doit œuvrer en vue à la fois de la dignité humaine, du dynamisme économique, de l'épanouissement social et culturel, de la sécurisation et de la pacification du territoire, de la cohésion nationale et de la conscience patriotique. Les Congolais doivent fortifier l'amour pour la Patrie, afin de vivre en toute synchronicité dans un très vaste espace, qui plus est souverain depuis le 30 juin 1960. Ils doivent surtout aimer à n'importe quel prix et sacrifice le travail, au même titre que la terre de leurs aïeux ou de leur choix.

La République Démocratique du Congo doit ainsi se transformer en un pays des libertés pour tous les citoyens, élites ou ouvriers, Congolais de souche ou naturalisés, et rester non un havre de bonheur seulement pour une infime minorité de personnes nanties, ni pour des bandits à col blanc. Un pays où l'État protégera toujours les faibles, et les populations majoritaires ne cesseront de veiller à la sauvegarde des droits des individus ethniquement minoritaires. On doit surtout privilégier les voies et moyens appropriés en vue de la satisfaction des aspirations quotidiennes de chaque compatriote, indépendamment de son sexe, de son rang social, de ses capacités physiques ou mentales, de son groupe ethnique, de sa provenance avant la naturalisation… Pour cela, le principe de la séparation des pouvoirs – exécutif, législatif et judiciaire – doit enfin devenir une réalité, de la même façon que l'exigence constitutionnelle de la laïcité. Il doit en être de même du respect de la déontologie professionnelle, les médias et les influenceurs devant se montrer exemplaires au regard de l'éveil patriotique et, surtout, de la formation consciente des populations, ainsi que, sur le plan politique, du respect de la parlementarité du régime.

La République Démocratique du Congo doit coûte que coûte devenir un pays où l'intergénérationnel et l'interaction, entre les concitoyens et les différentes entités provinciales, renforceront la volonté du vivre-ensemble conjuguant à merveille solidarité et développement, bonheur et mieux-être, liberté et égalité, patriotisme et souveraineté. Le soleil devra briller pour tous les Congolais, et chaque citoyen devra naturellement savourer, en fin de journée, le doux panorama de la mielleuse et couchante lumière. La pacification du territoire national ne sera acquise que grâce à un dévouement sans faille, consolidé par une diplomatie constructive, une police et gendarmerie citoyennes, ainsi qu'une armée infailliblement patriotique et aguerrie.

F - Le Congo d'avenir

Certes, en référence aux déclarations du docteur Denis Mukwege sur la paix et la sécurité, la valorisation de la femme, la bonne gouvernance, l'exploitation des potentialités naturelles ainsi que la coopération internationale sont les principaux facteurs qui, tout bien considéré, peuvent conduire au développement. Mais il semble nécessaire d'explorer et exploiter toutes les pistes pour faire de la République Démocratique du Congo, aux dires de l'inspecteur du travail Charles Maheke-Ngamaha, « la grande locomotive d'Afrique qu'elle est prédestinée à être ».

Comme l'a si bien rappelé le bienheureux docteur Tumba Tutu de Mukose, « dans les périodes difficiles, il y a ceux qui baissent les bras et se découragent sans espoir, et ceux qui persévèrent et décident de livrer bataille jusqu'à la victoire… » Effectivement, à force d'agir et de réagir avec opiniâtreté, ainsi qu'avec intelligence, l'ambition finit par devenir productive. Il est donc question, pour la réalisation collective de ce beau rêve qu'est l'intangibilité des frontières nationales, de tracer avec conviction les sillons dans l'optique d'une politique entreprenante dont la finalité sera la paix, la démocratie politique, la croissance économique, l'épanouissement social et l'évolution culturelle. L'objectif, c'est de mettre sur pied un projet de société avant-gardiste et solidaire, humaniste et fraternel, patriotique et performante, basé sur quatre principes fondamentaux : la Liberté, l'Égalité, la Sécurité et la Prospérité.[391] Raisons pour lesquelles le détournement de fonds publics

---

[391] Lire *Ma vision pour le Congo-Kinshasa et la région des Grands Lacs*, Gaspard-Hubert Lonsi Koko, L'Harmattan, Paris, 2013.

devra absolument faire l'objet de crime contre la nation congolaise, voire, *a fortiori*, être qualifié à l'échelle mondiale de crime contre l'Humanité. Il doit être imprescriptible en droit congolais.

Il faut donc préserver la stabilité territoriale, par des voies pacifiques, les problèmes de nationalité congolaise – d'origine comme d'acquisition – étant plus pressants encore que les enjeux socio-économiques et, nécessairement, politiques.

Le Congo d'avenir ne pourra pas se permettre de se passer d'une diplomatie intelligente bénéficiant du concours sans faille d'une armée républicaine et performante comme élément de dissuasion. C'est la condition absolument indispensable à l'intégrité du territoire national. Celle-ci dépendra surtout de la souveraineté, la nation congolaise en devenir devant être appréhendée comme une entité collective abstraite, unique et indivisible. Elle ne devra pas se limiter aux seuls citoyens vivants, mais inclure davantage les compatriotes défunts et à naître.[392] Le passé et le futur devront alimenter, au regard de l'imaginaire bantou, la solidité de l'appartenance à la nation congolaise. Par conséquent, pour que l'avenir devienne une avantageuse certitude, les titulaires d'un mandat représentatif doivent œuvrer dans l'intérêt national et représenter l'État dans toute son entièreté. Leurs décisions doivent être conformes à l'expression de la volonté populaire. De plus, à défaut de l'initiative présidentielle ou gouvernementale, la loi est le visage de la souveraineté générale détenue par le peuple qui l'exerce (cf. article 5 de la Constitution du 18 février 2006). Dans l'absolu, le Parlement doit proposer l'abrogation de l'article 217 du texte fondamental, selon lequel « la République Démocratique du Congo peut conclure des traités ou des accords d'association ou de communauté comportant un abandon partiel de souveraineté en vue de promouvoir l'unité africaine ». En effet, comme le stipule en même temps l'article 214 de ladite Constitution, « nulle cession, nul échange, nulle adjonction de territoire n'est valable sans l'accord du peuple congolais consulté par voie de référendum ». Dans cet ordre d'idées, au regard de la logique familiale et coutumière, ainsi que spirituelle et ancestrale, il faut également ment procéder à l'amendement de l'article 10 de la loi fondamentale

---

[392] Lire *Les 10 propositions pour la République Démocratique du Congo*, Alliance de base pour l'action commune (ABACO), sous la direction de Gaspard-Hubert Lonsi Koko, L'Atelier de l'Égrégore, Paris, 2018.

en vue de la clarification et de la confirmation, quant à l'inaliénabilité de la nationalité congolaise d'origine et à sa primauté sur toute citoyenneté étrangère.

Depuis 1885 à ce jour, a-t-on fait le constat, les populations congolaises ont beaucoup souffert. Des dirigeants ayant du souffle et une vision humaniste ne pourront qu'enfin leur offrir le rêve après lequel elles ont toujours couru et non l'inventaire du possible que n'a cessé de décliner avec démagogie, trop souvent avec cynisme, la plus grande majorité d'acteurs politiques. Les Congolais ont donc besoin, en fin de compte, d'une personne – une femme ou un homme – d'action aux commandes du pays. Il leur faut, comme magistrat suprême, quelqu'un qui aime la République Démocratique du Congo et veut à tout prix la servir, un président, ou une présidente, qui souhaite sincèrement se mettre à la disposition de ses compatriotes.[393]

Le Congo d'avenir ne pourra être viable que si le territoire congolais est complètement sécurisé et la réconciliation nationale consolidée, après un processus approprié comme celle qui a eu cours en Afrique du Sud. Le pardon ne pourra intervenir qu'à la suite de la reconnaissance des crimes par leurs auteurs, et la condamnation de ces derniers par les tribunaux idoines. Il est une certitude, semble-t-il. Dans cette optique, dans son discours de remise du Prix Nobel à Oslo le 10 décembre 2018, le docteur Denis Mukwege a rappelé que :

> « un rapport [était] en train de moisir dans le tiroir d'un bureau à New York. Il a été rédigé à l'issue d'une enquête professionnelle et rigoureuse sur les crimes de guerre et les violations des droits humains perpétrés au Congo. Cette enquête [a nommé] explicitement des victimes, des lieux, des dates mais [a éludé] les auteurs. Ce Rapport du Projet Mapping établi par le Haut-Commissariat des Nations Unies aux Droits Humains, [a décrit] pas moins de 617 crimes de guerre et crimes contre l'Humanité et peut-être même des crimes de génocide. Qu'attend le monde pour qu'il soit pris en compte ? Il n'y a pas de paix durable sans justice. »

D'aucuns savent que les conclusions du Projet Mapping ont été contestées et singulièrement combattues par le gouvernement rwandais.

---

[393] Lire *La République Démocratique du Congo, un combat pour la survie*, Gaspard-Hubert Lonsi Koko, L'Atelier de l'Égrégore, Paris, 2011.

Depuis, comme par hasard, elles ont été rangées dans les archives, comme annales macabres, d'un service des Nations Unies. La justice internationale, ou congolaise, ne pourra pas y donner suite tant qu'une action ne les remettra à l'ordre du jour. Ainsi revient-il au gouvernement de la République Démocratique du Congo, ou alors aux sociétés civiles congolaises ou planétaires, de s'y atteler avec force et vigueur pour que justice soit enfin rendue aux millions de personnes tuées du simple fait d'avoir été des Congolais de naissance, surtout de « père et mère ». À ces victimes, il faudra aussi ajouter les Hutus sauvagement massacrés sur le sol congolais par les vainqueurs tutsis à la solde du président Paul Kagamé.

D'ailleurs, dans une proposition de résolution ayant été soumise à l'Assemblée nationale française, dix-sept députés de diverses tendances politiques ont demandé la mise en place d'un tribunal pénal international dans le but de faire :

> « progresser les cas avérés de violations des droits humains remontant à avant 2002 ou la création d'une juridiction internationale *ad hoc* de composition mixte ».

Cette proposition de résolution concerne donc la mise en place des préconisations du rapport du « Projet Mapping » des Nations Unies concernant les violations les plus graves des droits de l'Homme et du droit international humanitaire commises entre mars 1993 et juin 2003 sur le territoire de la République Démocratique du Congo. Dans cette optique, la stratégie du recours à une justice transitionnelle, ainsi qu'à une enquête internationale indépendante concernant les violences commises depuis 2002, a été présentée le 2 mars 2022, au cours de la XVe législature de la Ve République Française par les députés Frédérique Dumas, Jean-Félix Acquaviva, Emmanuelle Anthoine, Clémentine Autain, Annie Chapelier, Jean-Michel Clément, Jennifer de Temmerman, Jeanine Dubié, François-Michel Lambert, Jean Lassalle, Karine Lebon, Jean-Paul Lecoq, Marion Lenne, Danièle Obono, Bernard Pancher, Dominique Potier et Michel Zumkeller.

L'instauration d'un véritable mécanisme de justice transitionnelle au Congo-Kinshasa, ou la saisine de la justice internationale, est plus que jamais urgente et indispensable dans l'optique de la sécurisation du territoire congolais et de la pacification de la région des Grands lacs africains.

N'oublions surtout jamais que l'œuvre du bourreau s'accomplit d'abord par la falsification des faits, ensuite le lavage de cerveau et, enfin, la pérennisation de la pensée unique. Trois fléaux que l'on doit à tout prix combattre en vue du triomphe de la démocratie et de l'épanouissement des valeurs humanistes. Bref, à l'instar de tous les pays qui se sont développés, la République Démocratique du Congo a besoin de mouvement et d'innovation, d'élan salvateur et de renouveau, de courage et de suite dans les idées. L'inertie, nul ne l'ignore, c'est la mort. Alors, plutôt que de se satisfaire du *statu quo ante* ou de se contenter de la régression, il faut obligatoirement une métamorphose pour un futur glorieux !

Gaspard-Hubert Lonsi Koko
Paris XVe, le 8 octobre 2022

Remerciements

Mes remerciements les plus sincères et particuliers concernent le bienheureux docteur Tumba Tutu de Mukose qui, lors d'un échange à mon domicile dans le quinzième arrondissement de Paris, m'a suggéré de m'atteler à l'écriture de cet ouvrage dans l'optique de léguer à la postérité un constat en guise de rétrospective historique et analytique. La connaissance du passé servirait, avons-nous espéré, à éveiller les consciences indispensables à l'épanouissante vision sur le devenir de la République Démocratique du Congo.

Dans une telle optique, un grand merci à Charles Maheke-Ngamaha pour son apport au volet relatif à l'avenir des populations congolaises, ainsi qu'à Emmanuel Ikabanga et à Ferdinand Lufete pour les informations qu'ils m'ont souvent fournies ; celles-ci ont alimenté une partie de la réflexion dans le cadre de quelques morceaux d'architecture que contient cet ouvrage.

Je remercie également tous mes compatriotes congolais qui, dans leur ingéniosité et lacune à travers les réseaux sociaux, ainsi que dans leur espoir et désespoir, pertinence et maladresse, colère et abnégation, patience et impatience, mécontentement et étonnement, m'ont permis de réaliser avec beaucoup de sérieux la teneur de nombreuses attentes en vue d'un Congo politiquement républicain, économiquement viable et patriotiquement viable.

Je n'oublie pas non plus toutes les forces vives de la Nation congolaise, notamment les acteurs de la société civile et les lanceurs d'alerte, sans compter les combattants, qui ont risqué et continuent d'exposer quotidiennement leur vie pour le triomphe des droits fondamentaux de la personne, ainsi que pour l'assise durable d'un véritable État de droit.

Par conséquent, mes remerciements à titre posthume s'adressent aux compatriotes Floribert Chebeya, Fidèle Bazana, Armand Tungulu, Roger Tshiamala (dit Tshimaro), Deshade Kapangala, Hussein Ngandu, Papy Tshiswaka, Tony Bongeli, Gustave Kambale Kithimha, Gaby Mamba, Mumbere Ushindi et tant d'autres compatriotes morts pour la démocratie, le respect des droits fondamentaux de la personne, l'intégrité territoriale et l'application positive de la Constitution.

Ma pensée s'attarde évidemment sur les *Galois* de France en la personne de Didier Mabanda Binzunga, Annie Lungu (épouse Mabanda Binzunga), Simon-Pierre Nganga (dit Pablo), ainsi que Zéphyrin Kwanza Kimpuma (alias Dercky). Ils incarnent des souvenirs incontestables de toute ma jeunesse kinoise à Bumbu et Selembao, autrement dit « *sangolo zaku* » pour les Bantandu et les Balemfu.

Des salutations patriotiques aux journalistes de la diaspora congolaise, à l'instar de Lilo Miango, Robert Kongo, Fabien Kusuanika, le doyen Nzunga Mbadi, Joseph Pululu, Don Kayembe et tant d'autres. Ils n'ont cessé de maintenir à travers leurs écrits l'espoir d'un Congo absolument meilleur.

Enfin, un grand merci à mes enfants et à ma femme, notamment pour leur sérénité et leur compréhension quant au temps que j'ai égoïstement consacré, à leurs dépens, à l'écriture et aux multiples relectures de cet ouvrage ! J'ose du fond du cœur espérer que mes enfants et leur descendance connaîtront le Congo que je souhaite tant, pour lequel je n'ai cessé de militer : c'est-à-dire un pays absolument performant sur les plans socio-économique, culturel et politique ; un pays où l'égalité républicaine récompensera le mérite et la compétence.

Que nos vénérés ancêtres soutiennent le combat pour un Congo à jamais pacifié !

Annexe

I – Les principaux événements

1.1 - De Léopold II à Baudouin Ier

1885 : Appâté par les perspectives commerciales « illimitées » décrites par l'aventurier et journaliste britannique Henri Morton Stanley, le roi Léopold II de Belgique s'est déclaré souverain dans le territoire qu'il s'est approprié sous le qualificatif de l'État indépendant du Congo à l'issue des travaux de la Conférence de Berlin.

1908 : Sous la pression de l'opinion internationale mise au fait de l'exploitation inhumaine qu'il a ignominieusement pratiquée dans ses possessions, Léopold II a lâché l'immense propriété au profit de son pays. L'État indépendant du Congo a ainsi été rebaptisé Congo belge.

1923 : La Société des Nations (SDN) a ratifié le mandat confié à la Belgique sur le Ruanda-Urundi, après la défaite allemande ayant mis un terme à la Première Guerre mondiale.

1925 : L'administration du Ruanda-Urundi est rattachée à celle du Congo belge.

6 août 1945 : L'uranium qui a servi à la fabrication de la bombe nucléaire larguée par les États-Unis d'Amérique sur les villes japonaises de Nagasaki et Hiroshima provenait du Congo belge.

4-7 janvier 1959 : À Léopoldville (aujourd'hui Kinshasa), la répression des premières émeutes anticoloniales à l'initiative de l'*Alliance des Bakongo* (Abako) a fait des centaines de morts.

13 janvier 1960 : La Belgique a enfin annoncé des réformes destinées à conduire à l'indépendance de sa colonie.

20 janvier-20 février 1960 : Bruxelles a enfin convoqué à une « Table ronde » les représentants des partis nationalistes actifs tout au long des années cinquante. Les discussions ont débouché sur un calendrier électoral ayant programmé l'indépendance.

11-25 mai 1960 : Les élections législatives ont été remportées par le parti dirigé par Patrice Lumumba, le Mouvement national congolais (MNC) fondé en 1956. Ce parti politique a *de facto* revendiqué le droit de former le premier gouvernement indépendant. Dans la province minière du Katanga, Moïse Antonin Kapenda Tshombe a fait carton plein avec son parti le Conakat dominé par sa communauté lunda tandis que le futur président de la République, Joseph Kasa Vubu, a très largement maîtrisé le scrutin dans le Congo central, lequel englobait la ville de Léopoldville.

1.2 - De 1960 à 1965

14 juin 1960 : Le Sud-Kasaï d'Albert Kalonji a proclamé son autonomie étatique avant l'indépendance officielle du reste du Congo.

30 juin 1960 : L'indépendance du Congo belge a été officialisée. Élu par les sénateurs, le premier président de la République du Congo a été Joseph Kasa Vubu. Patrice Lumumba a été nommé Premier ministre. La guerre civile commencerait quelques jours plus tard. Le Conakat de Moïse Antonin Kapenda Tshombe organiserait la chasse effrénée aux Kasaïens du Katanga.

5 juillet 1960 : Les troupes congolaises de la Force publique, encore encadrée par des officiers belges, se sont mutinées. Des dizaines de milliers de ressortissants du Royaume de Belgique ont préféré fuir le territoire congolais.

8 juillet 1960 : Nommé respectivement chef d'état-major et chef d'état-major adjoint, par le chef du gouvernement Patrice Lumumba, Victor Richard Lundula et Joseph-Désiré Mobutu ont été chargés d'africaniser l'encadrement militaire.

11 juillet 1960 : Moïse Antonin Kapenda Tshombe a proclamé la sécession du Katanga dans le Sud-Est, avec l'appui de la Belgique et de l'Afrique du Sud. Les nouvelles autorités du Katanga ont alors créé leur propre monnaie, le franc katangais, et mis en place une police locale. Les « gendarmes katangais » entreraient en scène. Les Nations Unies ont proposé leur médiation. Joseph Kasa Vubu et Patrice Lumumba ont sans tarder sollicité la venue des casques bleus.

13 juillet 1960 : Des troupes belges ont débarqué en force à Léopoldville (Kinshasa), sans aucune autorisation du tout nouveau gouvernement congolais.

14 juillet 1960 : Saisi par Joseph Kasa Vubu et Patrice Lumumba, le Conseil de sécurité des Nations Unies a appelé Bruxelles à se retirer et dépêché des casques bleus au Congo.

8-9 août 1960 : Fort des soutiens des Occidentaux et des Sud-africains, Albert Kalonji a réitéré la tentative de déconnexion du Sud-Kasaï diamantifère, frontalier du Katanga, du gouvernement central.

12-13 août 1960 : Le secrétaire général de l'Organisation des Nations Unies, le Suédois Dag Hammarskjöld, a négocié avec Moïse Antonin Kapenda Tshombe à Élisabethville (Lubumbashi) l'entrée de casques bleus au Katanga en échange du *statu quo* sécessionniste.

20 août 1960 : Sécession officielle du Sud-Kasaï.

26 août 1960 : Un télégramme de la *CIA*, rendu public, a recommandé la mise à l'écart de Patrice Lumumba. C'était une « priorité » dans la stratégie américaine au Congo-Léopoldville.

2 septembre 1960 : Le Premier ministre Patrice Lumumba a fait appel à l'Union soviétique à la rescousse.

5 septembre 1960 : Soutenu par les Nations Unies et les États-Unis d'Amérique, le président Joseph Kasa Vubu a pris l'option de destituer le Premier ministre Lumumba ainsi que six autres ministres. Antoine Gizenga, compagnon de route de Patrice Lumumba, a proclamé, à partir de la ville de Stanleyville (Kisangani), l'existence d'une République populaire du Congo.

11-12 septembre 1960 : Bruxelles a mis en place l'opération Barracuda pour l'élimination physique de Patrice Lumumba.

14 septembre 1960 : Joseph-Désiré Mobutu a instauré un collège de commissaires généraux, lequel a mis fin au gouvernement de Joseph Ileo installé par le président Joseph Kasa Vubu en replacement de celui ayant été formé par Patrice Lumumba.

6 octobre 1960 : Patrice Lumumba devait être neutralisé de manière définitive, a insisté le ministre belge des Affaires étrangères en charge des Affaires africaines, Harold d'Aspremont Lynden.

1er décembre 1960 : En fuite de son domicile où il a été mis aux arrêts le 10 octobre, Lumumba serait arrêté dans le Kasaï et transféré dans le Congo Central au camp militaire de Thysville (Mbanza Ngungu), sous la direction du colonel Louis de Gonzague Bobozo.

17 janvier 1961 : Patrice Lumumba a été torturé, puis assassiné au Katanga par des policiers belges, comme on l'apprendrait en 2000, à la demande des autorités locales.

18 septembre 1961 : Le secrétaire général des Nations Unies, Dag Hammarskjöld, a trouvé la mort dans le crash de son avion à Ndola dans le territoire de l'actuelle Zambie.

1962-1963 : Les troupes des Nations Unies ont mis fin à la rébellion d'Antoine Gizenga à Stanleyville (Kisangani), dans le Nord-Est du Congo-Léopoldville.

17 janvier 1963 : Sous la pression internationale, Moïse Antonin Kapenda Tshombe a accepté de renoncer à la sécession du Katanga en contrepartie de l'assise de son leadership politique dans la région où il avait remporté haut la main les élections législatives de mai 1960.

Janvier 1964 : Pierre Mulele a lancé un soulèvement populaire à partir de son maquis du Kwilu actif dans l'Ouest, en gestation depuis six mois. Hostiles à la politique de Kinshasa qu'elles estimaient inspirée par les « Blancs », des milices tribales Maï-Maï se sont organisées. Quelque mois plus tard, s'est ouvert dans l'Est du pays le maquis de Gaston Soumialot auquel participerait Laurent-Désiré Kabila dont les troupes étaient ancrées sur les rives du lac Tanganyika.

1er juillet 1964 : Le président Kasa Vubu a fait appel à Moïse Antonin Kapenda Tshombe pour tenter d'enrayer le soulèvement populaire, lequel gagnait davantage du terrain contre le gouvernement central.

1er août 1964 : Adoption de la Constitution dite de Luluabourg. Adoption également de l'appellation « République Démocratique du Congo », d'un nouveau drapeau et d'une nouvelle devise : « Justice, Paix, Travail ».

1.3 - De 1965 à 1971

24 novembre 1965 : Coup d'État militaire contre le président démocratiquement élu Joseph Kasa Vubu. Le lieutenant-général Joseph-Désiré

Mobutu a pris le pouvoir et, par conséquent, proclamé la IIe République. Dans la foulée, il a suspendu tous les partis politiques existant en
toute légalité à l'époque.

Novembre à décembre 1965 : Une intervention belgo-américaine sous
la direction des centaines de mercenaires a activement appuyé la reconquête par Joseph-Désiré Mobutu des territoires occupés par les rebelles
dans l'Est du Congo-Léopoldville. Elle s'est déroulée à Albertville
(Kalemie), Stanleyville (Kisangani), Kindu, où le révolutionnaire
marxiste-léniniste Argentin Ernesto Guevara (dit Che) et des combattants cubains s'étaient efforcés pendant quelques mois afin d'organiser
les maquis de Gaston Soumialot et de Laurent-Désiré Kabila. Les instructeurs cubains encadrés par le Che avaient bénéficié du soutien
notamment du président tanzanien, le *mwalimu* Julius Kambarage
Nyerere, mais aussi de combattants tutsis chassés du Rwanda par la
« Révolution sociale » de 1959.

17 avril 1967 : Joseph-Désiré Mobutu a créé son Parti-État, le Mouvement populaire de la Révolution (MPR), duquel chaque Congolais
deviendrait membre à part entière dès la naissance.

Octobre 1967 : Pisté dans la ville voisine de Brazzaville-la-Verte
dans le Congo anciennement français, Pierre Mulele a été interpellé
et livré à Kinshasa. Il serait torturé à mort[394].

Juin 1968 : En exil en Angola, les anciens partisans de la sécession du
Katanga, parmi lesquels les « gendarmes katangais », ont mis sur pied
un Front de libération national du Congo (FNLC).

Juin 1969 : Moïse Antonin Kapenda Tshombe est décédé en Algérie
où il avait été placé en résidence surveillée, depuis 1967, lorsque
l'avion au bord duquel il voyageait avait été intercepté.

1969 : Les évêques congolais ont dénoncé les penchants dictatoriaux
du régime. Joseph-Désiré Mobutu a lancé, entre-temps, un plan économique qui permettrait de doubler la production du cuivre.

1.4 - L'authenticité et les guerres du Shaba

Octobre 1971 : Le président Joseph-Désiré Mobutu a décrété la politique de l'« authenticité ». Il a pris le nom de Mobutu Sese Seko Kuku
Ngbendu Waza Banga et rebaptisé le pays la « République du Zaïre ».

---

[394] Lire *Et alors, mon maréchal !*, *op. cit.*

De même, le fleuve Congo a été désormais appelé Zaïre et une nouvelle monnaie, le zaïre, divisé en 100 makuta (singulier likuta), a remplacé le franc congolais. Les prénoms européens ou chrétiens ont été africanisés, et le président Mobutu a obligé l'usage d'un « post-nom » à tous ses concitoyens. L'abacost a été officialisé, le port de costumes occidentaux interdit, et de nombreuses villes ont été débaptisées[395].

1974 : Mobutu Sese Seko a imposé la zaïrianisation, ou nationalisation, de nombreux biens des étrangers.

8 mars 1977 : Le FNLC a attaqué la province minière du Katanga devenue la région du Shaba en 1971. Le président Mobutu en est venu à bout avec le concours d'un corps expéditionnaire marocain et d'une aide logistique française.

Mai 1978 : En provenance cette fois de Zambie, les ex-gendarmes katangais se sont rendus maîtres de la ville de Kolwezi, dans la province minière du Shaba. Ils ont pris des Européens en otages. L'intervention des parachutistes français et belges a permis aux troupes zaïroises de reprendre et de sécuriser ladite agglomération. Arrivée le mois suivant et composée en majorité de Togolais, une force panafricaine de maintien de la paix resterait pendant une année entière au Shaba.

1979 : Une répression de l'armée zaïroise a provoqué la mort au Kasaï de plus de 300 creuseurs indépendants de diamant, au mois de juillet. Cet acte a suscité, par voie de conséquence la protestation des parlementaires, dont le Kasaïen Étienne Tshisekedi wa Mulumba.

1982 : Assisté du belge Robert Crem, l'expert du FMI Erwin Blumenthal a rendu un rapport sévère sur la corruption du régime mobutiste.

15 février 1982 : Étienne Tshisekedi wa Mulumba s'est détaché du président Mobutu Sese Seko. Avec quelques parlementaires, il a contribué dans la clandestinité à la fondation d'une organisation d'opposition, l'Union pour la démocratie et le progrès social (UDPS), non officiellement reconnue comme parti politique par le pouvoir en place à Kinshasa. Les 13 parlementaires à l'origine de cette initiative seraient arrêtés et condamnés à quinze années de prison ferme.

Avril 1990 : L'ancien et futur Premier ministre Jean-de-Dieu Ngunza Karl-I-Bond a créé l'Union des fédéralistes et républicains indépendants (Uferi), dont le siège serait dans la région du Shaba.

24 avril 1990 : Sous la pression d'un vaste mouvement populaire et

---

[395] *Ibidem.*

dans l'accompagnement du tournant démocratique qui a semblé se profiler en Afrique subsaharienne après avoir secoué les pays d'Europe de l'Est, le président-maréchal Mobutu Sese Seko a autorisé le multipartisme. Confronté à des critiques à l'échelle internationale à propos de la faillite de l'économie et des infrastructures nationales, il a accepté l'ouverture d'une Conférence nationale. Celle-ci proclamerait très vite sa souveraineté[396].

10 au 11 mai 1990 : Le massacre de dizaines d'étudiants dans l'enceinte de l'université de Lubumbashi a entraîné la rupture de la coopération belgo-zaïroise. La Belgique, la France et les États-Unis ont restreint l'accès des dignitaires zaïrois à leurs territoires respectifs.

Août 1990 : Création du front de l'opposition, lequel a exigé l'autonomie de la Conférence nationale.

18 décembre 1990 : Autorisation du multipartisme intégral.

19 mai 1991 : La Conférence nationale s'est émancipée, en s'étant officiellement déclarée souveraine à l'issue d'un vote.

Août 1991 : Début des travaux de la Conférence nationale, sous la direction du Premier ministre Crispin Mulumba Lukoji.

23 septembre 1991 : Les militaires impayés se sont livrés à des pillages dans la ville de Kinshasa, ainsi que dans plusieurs autres agglomérations du pays. Grâce à une intervention militaire belgo-française articulée par 1 700 paracommandos, plus de 9 000 expatriés ont été évacués. Institutionnellement affaibli, le président-maréchal a accepté de négocier avec l'opposition politique pour aboutir aux accords du Palais de Marbre. Ces tractations ont conduit à la nomination de l'éternel opposant Étienne Tshisekedi wa Mulumba, le leader de l'UDPS, comme Premier ministre.

1.5 - Le bras de fer entre Mobutu Sese Seko et l'opposition radicale

1er octobre 1991 : Nommé le 22 juillet Premier ministre par la Conférence nationale, Étienne Tshisekedi wa Mulumba a été cette fois élu. Pourtant, le président de la République du Zaïre a refusé ce choix. C'était le début d'un bras de fer, sans aucune concession.

23 octobre 1991 : Mobutu Sese Seko a nommé Premier ministre Bernardin Mungul Diaka, à qui succéderait rapidement Jean-de-Dieu

---

[396] *Ibid.*

Ngunza Karl-I-Bond.

22 janvier 1992 : Le Premier ministre Jean-de-Dieu Ngunza Karl-I-Bond a évoqué une tentative de coup d'État pour justifier la fin des travaux de la Conférence nationale souveraine (CNS).

16 février 1992 : 500 000 personnes ont participé à Kinshasa à une Marche dite « des chrétiens ». Elles ont réclamé, avec l'appui des Églises, la poursuite des travaux de la CNS. La marche a été réprimée dans le sang par les militaires sous le gouvernement du Premier ministre Ngunza Karl-I-Bond, à l'initiative de son très puissant ministre de la Défense nationale André-Honoré Ngbanda Nzambo Ko Atumba, tristement connu sous le surnom de *Terminator*.

6 avril 1992 : Reprise des travaux de la Conférence nationale souveraine (CNS). Celle-ci a installé à sa tête Mgr Laurent Monsengwo Pasinya pour diriger les séances.

14 août 1992 : Alors que la CNS a réitéré la nomination d'Étienne Tshisekedi wa Mulumba comme Premier ministre du gouvernement de transition, Ngunza Karl-I-Bond a lancé ses redoutables milices de l'Uferi dans une chasse aux Baluba du Shaba, avec l'appui du bouillant gouverneur Gabriel Kyungu wa Kumwanza. Accusés d'avoir monopolisé les meilleurs postes dans la région du Katanga, ils se sont repliés par milliers au Kasaï.

15 août 1992 : Étienne Tshisekedi wa Mulumba est élu Premier ministre par la CNS.

Décembre 1992 : La CNS a clôturé ses travaux, après s'être attelée à la rédaction d'un programme de mise en place d'institutions de transition qui devrait organiser des élections « libres et transparentes ».

Janvier 1993 : À Kinshasa, Mobutu a destitué une fois de plus Étienne Tshisekedi wa Mulumba et nommé Faustin Birindwa Premier ministre. Une nouvelle grogne militaire a fait des centaines de morts dans la capitale et provoqué le départ de plus de 2 000 expatriés.

Dans la région du Shaba, près de 100 000 Kasaïens ont fui les milices de l'Uferi. Dans le Nord Kivu, des affrontements ethniques entre rwandophones (Hutus et Tutsi) ont fait près de 4 000 morts.

Janvier 1994 : 738 des 2 800 participants de la CNS ont formé un Haut conseil de la République/Parlement de transition (HCR/PT) présidé par l'archevêque de Kisangani, Mgr Laurent Monsengwo Pasinya. Ce Parlement de transition devait conduire, en définitive, à des élections le 9 juillet 1995. Les plus récents scrutins parlementaires avaient eu lieu, dans le passé, le 6 septembre 1987 et la dernière élection présidentielle remontait au 28 juillet 1984. Celle-ci avait évidemment vu la réélection du candidat unique, Mobutu Sese Seko avec 99,16 % des suffrages.

15 janvier 1993 : Le Parlement mis en place par la CNS a annoncé une procédure de destitution du président-maréchal Mobutu pour haute trahison.

24-29 janvier 1993 : Pillages à Kinshasa, orchestrés par les militaires. Plus de 1 000 morts ont été déplorés. Ces actes ont occasionné l'évacuation de 1 300 ressortissants occidentaux.

1er octobre 1993 : Création de la monnaie Nouveau zaïre, lequel a valu 3 millions des zaïres anciens.

22 juin 1994 : La France a installé au Kivu, plus précisément à Goma, le quartier général en vue de l'opération Turquoise.[397]

14-18 juillet 1994 : Plus d'un million de ressortissants rwandais se sont réfugiés au Zaïre avec armes et bagages, après la prise de Kigali par l'Armée patriotique rwandaise (APR) commandée par le général Paul Kagamé.

19-24 août 1995 : Le gouvernement a expulsé quelque 13 000 réfugiés rwandais et burundais de l'Est du Zaïre. L'opération de « rapatriement forcé » s'est interrompue au profit des négociations avec les Nations Unies, le maréchal Mobutu Sese Seko ayant néanmoins exigé le « rapatriement volontaire » de tous les réfugiés rwandais (au moins 1,2 million) avant le 31 décembre 1995.

Fin 1995 : La transition s'est lézardée, Étienne Tshisekedi wa Mulumba s'étant opposé à Mgr Laurent Monsengwo Pasinya. Ce dernier serait destitué, dans la confusion et l'illégalité, de la présidence du Parlement de transition après la nomination de Léon Kengo wa Dondo comme Premier ministre. Mobutu a fini par décréter la prolongation de la transition politique jusqu'en juillet 1997.

---

[397] Une opération militaire organisée par la France et autorisée par la résolution 929 du 22 juin 1994 du Conseil de sécurité des Nations Unies pendant le génocide des Tutsis au Rwanda. Elle avait pour mission de « mettre fin aux massacres partout où cela [serait] possible, éventuellement en utilisant la force ».

1.6 - De 1996 à 1997

1996 : Propagation en République du Zaïre des tensions relatives à la guerre civile et au génocide des Tutsis au Rwanda.

2 janvier 1997 : Kinshasa a annoncé une réplique « foudroyante » contre les rebelles de l'AFDL.

15 mars 1997 : Chute de la ville de Kisangani, troisième agglomération du pays. Le lendemain, Bruxelles a estimé que « l'époque Mobutu [était complètement] révolue ».

4 avril 1997 : La ville de Mbuji-Mayi a été prise par les forces armées à la solde de l'AFDL. Il en serait de même, par la suite, pour les villes de Kananga, Kolwezi, Kikwit, Lubumbashi et Lisala.

4 mai 1997 : Rencontre entre le président-maréchal Mobutu Sese Seko et Laurent-Désiré Kabila sur un navire de transport maritime et de ravitaillement exploité par la marine sud-africaine entre 1993 et 2004, le *SAS Outeniqua*, mouillé au large de Pointe-Noire en République du Congo, sous les auspices du président Nelson Mandela assisté de son homologue congolais Pascal Lissouba.

1.7 - La IIIe République (depuis 1997)

16 mai 1997 : Le président-maréchal Mobutu et sa famille ont précipitamment quitté Kinshasa pour se réfugier, dans un premier temps, à Gbadolite dans le Nord-Ouest de la République du Zaïre, ensuite au Maroc via le Togo.

17 mai 1997 : Les troupes de Laurent-Désiré Kabila sont triomphalement entrées dans la ville de Kinshasa sans rencontrer la moindre résistance. Depuis Lubumbashi, Laurent-Désiré Kabila s'est autoproclamé magistrat suprême du pays, qu'il a tout de suite rebaptisé République Démocratique du Congo. Fin du mobutisme et de la République du Zaïre. Fin de la IIe République, et avènement de la IIIe République.

7 septembre 1997 : Décès du maréchal Mobutu Sese Seko à Rabat au Maroc, où il s'était exilé.

Février 1998 : Relégation d'Étienne Tshisekedi wa Mulumba au Kasaï. Celle-ci prendrait fin en juillet.

1.8 - La deuxième guerre du Congo (1998-2002)

10 août 1998 : Retrait à Lubumbashi du président de la République Laurent-Désiré Kabila et quasiment de l'ensemble de son gouvernement afin d'organiser la résistance militaire.

Mai 1999 : Première scission de la rébellion, laquelle serait suivie de plusieurs autres.

10 juillet 1999 : Signature de l'accord de cessez-le-feu de Lusaka par les pays de la région – l'Angola, la République Démocratique du Congo, la Namibie, le Rwanda, l'Ouganda et le Zimbabwe – dans le but de mettre définitivement fin à la deuxième guerre du Congo. Cet accord serait ensuite signé par Jean-Pierre Bemba Gombo du Mouvement de libération du Congo (MLC), le 1er août 1999, et par 50 membres fondateurs du Rassemblement congolais pour la démocratie (RDC) d'Azarias Ruberwa Manywa, le 31 août 1999.

Juillet-août 1999 : Un premier combat entre le Rwanda et l'Ouganda a eu lieu dans le territoire congolais, plus précisément à Kisangani.

Novembre 1999 : Le président Laurent-Désiré Kabila a mis en place des unités d'autodéfense.

Mai-juin 2000 : De nouveaux combats entre les forces rwandaises et ougandaises se sont déroulés à Kisangani.

16 janvier 2001 : Agression par balle contre la personne de Laurent-Désiré Kabila par l'un de ses gardes du corps, nommé Rashidi Mizele. Désignation quelques jours plus tard de Joseph Kabila Kabange, par le gouvernement, pour assurer l'intérim dans l'attente, soi-disant, du « rétablissement du magistrat suprême très gravement blessé ».

18 janvier 2001 : Kinshasa a enfin reconnu le décès du président Laurent-Désiré Kabila.

1.9 - Gouvernement intérimaire (2001-2003)

26 janvier 2001 : Joseph Kabila Kabange, proclamé chef de l'État, a prêté serment et appelé à des négociations pour la paix.

Février 2001 : Un accord de paix a été signé entre la République Démocratique du Congo, le Rwanda et l'Ouganda, suivi de l'apparent retrait des armées étrangères. Les troupes de maintien de la paix des Nations Unies, la MONUC, arriveraient en avril en vue du cessez-le-feu, et de la protection des populations. Seraient aussi présentes sur le sol congolais, les organisations humanitaires en charge de nombreux réfugiés et déplacés. Bref, il faudrait assurer le maintien de la paix.

15 février 2002 : Ouverture en Afrique du Sud du Dialogue inter-congolais.

16 décembre 2002 : Signature à Pretoria de l'Accord global et inclusif.

Avril 2003 : Clôture du Dialogue intercongolais.

Décembre 2003 : Signature à Pretoria de l'Accord de paix par les différents acteurs régionaux.

1.10 - Gouvernement de transition (2003-2006)

4 avril 2003 : La Cour d'ordre militaire (COM) a condamné à mort 30 personnes sur qui pesaient des soupçons à propos de l'implication directe dans l'assassinat du président Laurent-Désiré Kabila.

Juin 2003 : À l'issue du départ des armées étrangères, l'armée rwandaise s'est obstinée à se retirer du territoire congolais en raison de la prise de contrôle des importantes ressources naturelles dans la région du Kivu.

30 juin 2003 : Constitution de transition politique et mise en place du gouvernement de transition ou gouvernement « 1 + 4 ».

Mai 2004 : Des éléments armés, autodésignés banyamulenge et qui avaient été enrôlés au sein des FAZ, ont déclenché une mutinerie dans la vielle de Bukavu, sous les ordres du général Laurent Nkundabatware (dit Nkunda).

2 juin 2004 : Prise de Bukavu par les soi-disant déserteurs dirigés par Laurent Nkundabatware.

18 juin 2006 : Promulgation de la nouvelle Constitution.

30 juin 2006 : Déroulement du premier tour des premières élections multipartites du Congo-Kinshasa depuis son indépendance en 1960. Joseph Kabila Kabange a obtenu 45 % des voix et son opposant, le mobutiste Jean-Pierre Bemba Gombo, 20 %.

29 octobre 2006 : À l'issue du second tour du scrutin présidentiel, Joseph Kabila Kabange a été élu président de la République avec 58 % des voix.

1.11 - Présidence de Joseph Kabila (2006-2019)

6 décembre 2006 : Joseph Kabila Kabange a prêté serment comme président de la République Démocratique du Congo. Le gouvernement de transition a pris fin.

9 novembre 2007 : Signature de l'Accord de Nairobi entre la République Démocratique du Congo et le Rwanda, sous la facilitation des Nations Unies en présence des représentants des États-Unis d'Amérique et de l'Union européenne.

12 décembre 2013 : Signature à Nairobi d'un accord de paix confirmant la dissolution du Mouvement du 23 Mars (M23).

2015 : Des tensions sont apparues dans la perspective de l'élection présidentielle de 2016 et de l'éventualité du prolongement du mandat de Joseph Kabila Kabange, en violation de l'article 70 de la Constitution du 18 février 2006 relatif au mandat présidentiel (cinq années, renouvelable une seule fois).

31 décembre 2016 : Accord de la Saint Sylvestre en vue du règlement de la crise politique de 2016.

11 octobre 2017 : Le président de la CENI, Corneille Nangaa, a annoncé l'impossibilité d'organiser le scrutin présidentiel avant 504 jours, en raison du recensement encore en cours dans les régions du Kasaï, de l'audit du fichier électoral par les experts, de l'élaboration de la loi portant répartition des sièges au Parlement, ainsi que de plusieurs autres opérations techniques et logistiques nécessaires en amont de la tenue des élections prévue au premier semestre 2019. Ce nouveau report des élections a suscité l'indignation de l'opposition, ainsi que d'un bon nombre d'ONG.

30 décembre 2018 : Déroulement des élections législatives et du scrutin présidentiel.

1.12 - Présidence de Félix Antoine Tshisekedi (depuis 2019)

10 janvier 2019 : Le président de la CENI, Corneille Nangaa, a confirmé l'élection de Félix Antoine Tshisekedi Tshilombo comme président de la République Démocratique du Congo.

24 janvier 2019 : Prestation de serment au Palais de la Nation par Félix Antoine Tshisekedi Tshilombo.

6 décembre 2020 : La principale mesure étant la fin de la coalition politique entre le CACH de Félix Antoine Tshisekedi Tshilombo et le FCC de Joseph Kabila Kabange.

10 décembre 2020 : Déchéance de la présidence de l'Assemblée nationale de Jeannine Mabunda Lioko, à la suite des tensions politiques entre les anciens partenaires de la coalition FCC-CACH.

5 février 2021 : Démission de la présidence du Sénat d'Alexis Thambwe Mwamba, pour éviter sa destitution à la suite de l'implication dans une affaire de détournement de fonds publics.

Mars 2022 : Intensification des combats dans l'Est de la République Démocratique du Congo entre les FAZ et le groupe rebelle Mouvement du 23 Mars soutenus indéfectiblement par le Rwanda.

20 juin 2022 : Remise au palais d'Egmont à Bruxelles de la dépouille (une dent) de Patrice Lumumba à sa famille par le chef du parquet fédéral belge Frédéric Van Leeuw. Le Premier ministre Alexander de Croo a renouvelé les « excuses » de la Belgique pour la responsabilité de certains dirigeants et fonctionnaires de l'ancienne puissance coloniale dans l'assassinat du Héros National congolais au Katanga en 1961.

II – Les différents gouvernements

2.1 - Gouvernement de salut national (11 avril 1997)

1 - Premier ministre : général Norbert Likulia Bolongo ;

2 - Vice-Premier ministre, ministre des Affaires étrangères et de la Coopération internationale : Me Gérard Kamanda wa Kamanda ;

3 - Vice-Premier ministre, ministre de la Défense nationale et des Anciens combattants : général Donatien Mahele Lieko Bokungu ;

4 - Ministre de l'Intérieur et de la Sécurité du territoire : général Célestin Ilunga Shamanga ;

5 - Ministre de la Justice et Garde des Sceaux : Albert Tshibwabwa Ashila Pashi ;

6 - Ministre de l'Information et de la Presse : Tryphon Kin-Kiey Mulumba ;

7 - Ministre du Plan et de la Reconstruction nationale : Joseph N'singa Udjuu ;

8 - Ministre de l'Énergie et des Mines : Baudouin Banza Mukalayi

Nsungu ;

9 - Ministre des Finances : Mashagiro Aba ;

10 - Ministre du Budget et du Portefeuille : Kot a Yomb ;

11 - Ministre du Commerce extérieur : Luzanga Shamandevu ;

12 - Ministre des Transports et des Communications : Jérôme Nyindu Kitenge ;

13 - Ministre des TP/AT : Mme Loteta Dimandja ;

14 - Ministre de l'Agriculture et du Développement rural : Ukelo Wokingi ;

15 - Ministre de l'ESURS : Daniel Bura Pulunyo ;

16 - Ministre de l'EPSP : Hippolyte Musema Mambakila ;

17 - Ministre de la Fonction publique : Armand Betu Kabamba Maweja ;

18 - Ministre de la Santé publique : Mwamba Yelumba ;

19 - Ministre des PTT : Philippe Ngelezi Tutuwa Kabandili ;

20 - Ministre de l'Environnement : Ngiyukulu Kalungu ;

21 - Ministre des Affaires foncières : Aubin Ngongo Luwowo ;

22 - Ministre de la Culture et des Arts : Phoba di Panzu ;

23 - Vice-ministre des Affaires étrangères : Henri-Thomas Lokondo Yoka ;

24 - Vice-ministre de la Défense nationale : Omer Ntumba Shabangi ;

25 - Vice-ministre de l'Intérieur : Lumuna Ndubu ;

26 - Vice-ministre des Finances : Eugène Diomi Ndongala Nzomambu ;

27 - Vice-ministre de l'ESURS : Lwabanji Lwasi ;

28 - Vice-ministre de l'EPSP : Banikina Bayang.

2.2 - Gouvernement de Laurent-Désiré Kabila (formé le 24 mai 1997)

1 - Président de la République et ministre de la Défense : Laurent-Désiré Kabila (AFDL) ;

2 - Ministre des Affaires intérieures : Dr Jeannot Mwenze Kongolo (AFDL) ;

3 - Ministre de l'Information : Raphaël Ghenda (AFDL) ;

4 - Ministre des Affaires étrangères : Bizima Kaharamuheto (AFDL) ;

5 - Ministre des Finances : Célestin Mawampanga Mwana Nanga

(AFDL);

6 - Ministre de la Fonction publique : Justine Mpoyo Kasa Vubu (UDPS);

7 - Ministre des Transports : Henri Mova Sakanyi (AFDL);

8 - Ministre de l'Agriculture : Paul Bandoma (UDPS);

9 - Ministre des Mines : Matukulo Kambale (AFDL);

10 - Ministre des Postes et Télécommunications : Me Modero Kinkela Vikansi (Front patriotique);

11 - Ministre du Plan et du Développement : Dr Babi Mbayi (AFDL);

12 - Ministre de la Santé : Dr Jean-Baptiste Sondji (Front patriotique);

13 - Ministre de l'Éducation nationale : Kamara wa Kahikara (AFDL);

14 - Ministre de la Justice : Célestin Luangi (AFDL).

Gouvernement complété les 6 et 12 juin 1997 :

15 - Ministre de la Coopération internationale : Thomas Kanza;

16 - Ministre de la Reconstruction et des Travaux d'urgence : Étienne Mbaya;

17 - Ministre de l'Économie, de l'Industrie et du Commerce : Pierre Victor Mpoyo;

18 - Ministre des Travaux Publics : Tshubaka Bishikwabo;

19 - Ministre de la Jeunesse et des Sports : Vincent Tshibal Mutombo;

20 - Ministre de l'Environnement, du Tourisme et de l'Énergie : Eddy Angulu;

21 - Ministre de l'Énergie : Pierre Lokombe Kitete;

22 - Vice-Ministre de l'Intérieur : Faustin Munene;

23 - Vice-Ministre de l'Information et de la Presse : Julienne Lumumba;

24 - Vice-Ministre des Affaires sociales : Mlle Milulu Mamboleo.

2.3 - Gouvernement de transition (30 juin 2003)

1 - Président de la République (PPRD) : Joseph Kabila Kabange;

2 - Vice-président (PPRD) : Abdoulaye Yerodia Ndombasi ;

3 - Vice-président (RCD) : Azarias Ruberwa Manywa ;

4 - Vice-président (MLC) : Jean-Pierre Bemba Gombo ;

5 - Vice-président (Forces du futur) : Arthur Z'ahidi Ngoma ;

6 - Ministre des Affaires étrangères et de la Coopération internationale : Antoine Ghonda Mangalibi (MLC), Raymond Ramazani Baya (MLC - 22 juillet 2004) :

7 - Ministre des Affaires Foncières : Venant Tshipasa (DCF / COFEDEC) ;

8 - Ministre des Affaires Sociales : Ingele Ifoto (Camp de la Patrie), Laurent-Charles Otete Omanga (3 janvier 2005) ;

9 - Ministre de l'Agriculture, Pêche et Élevage : Justin Kangundu (MLC), Constant Ndom Nda Ombel (MLC - 3 février 2004), Paul Musafiri (MLC - 18 novembre 2005)

10 - Ministre du Budget : François Muamba Tshishimbi (MLC) ;

11 - Ministre du Commerce extérieur : Roger Lumbala (RCD-N), Chantal Ngalula Mulumba (RCD-N - 3 janvier 2005) ;

12 - Ministre de la Condition féminine et de la Famille : Faida Mwangilwa (RCD) ;

13 - Ministre de la Coopération internationale : Baudouin Banza Mulukayi Nsungu (18 novembre 2005) ;

14 - Ministre de la Coopération régionale : Antipas Mbusa Nyamwisi (RCD/ML) ;

15 - Ministre de la Culture et Arts : Pierrette Gene Vungbo Yatalo (PPRD - 9 septembre 2003), Christophe Muzungu (PPRD - 11 juillet 2004), Philémon Mukendi (PPRD - 18 novembre 2005) ;

16 - Ministre de la Défense nationale, des Anciens Combattants et de la Démobilisation : Jean-Pierre Ondekane (RCD - 30 juin 2003 au 3 janvier 2005), Adolphe Onusumba Yemba (RCD - 3 janvier 2005) ;

17 - Ministre du Développement rural : Pardonne Kaliba Mulanga (Maï-Maï) ;

18 - Ministre des Droits humains : Marie-Madeleine Kalala ;

19 - Ministre de l'Économie : Célestin Mvunabali (RCD - 30 juin 2003 au 11 juillet 2004), Émile Ngoy Kasongo (RCD - 11 juillet 2004), Floribert Bokanga (RCD - 3 janvier 2005), Pierre Manoka (RCD - 18 novembre 2005), Moïse Nyarugabo Muhizi Mugeyo (RCD

Goma - octobre 2006) ;

20 - Ministre de l'Énergie : Kalema Lusona (PPRD), Pierre Muzumba Mwana Ombe (PPRD - 3 janvier 2005), Salomon Banamuhere (PPRD - 18 novembre 2005) ;

21 - Ministre de l'Enseignement primaire et secondaire : Élysée Munembwe (MLC), Constant Ndom Nda Ombel (MLC - 3 février 2004), Paul Musafiri (MLC - 17 février 2005) ;

22 - Ministre de l'Enseignement supérieur et universitaire : Émile Ngoy Kasongo (RCD - 30 juin 2003 au 11 juillet 2004), Joseph Mudumbi (RCD - 11 juillet 2004), Théo Baruti (RCD) (18 novembre 2005) ;

23 - Ministre de l'Environnement et Conservation de la nature : Anselme Enerunga (Maï-Maï) ;

24 - Ministre des Finances : Modeste Mutombo Kyamakosa (PPRD), André-Philippe Futa Mudiumbula (PANU - septembre 2003), Marco Banguli (PPRD) (18 novembre 2005) ;

25 - Ministre de la Fonction publique : Gustave Tabezi (30 juin 2003 au 11 juillet 2004), Athanase Matenda Kyelu (11 juillet 2004) ;

26 - Ministre de l'Industrie et des PME : André-Philippe Futa Mudiumbula (PANU - 30 juin 2003 au 18 novembre 2005), Jean Mbuyu Lunyongola (PPRD) ;

27 - Ministre de l'Information, de la Presse et de la Communication nationale : Vital Kamerhe (PPRD, 30 juin 2003 au 11 juillet 2004), Henri Mova Sakanyi (PPRD - 11 juillet 2004) ;

28 - Ministre de l'Intérieur, de la Décentralisation et de la Sécurité : Théophile Mbemba Fundu (PPRD), Général Denis Kalume Numbi (10 octobre 2006) ;

29 - Ministre de la Jeunesse et des Sports : Omer Egwake (MLC), Roger Nimy (MLC - 17 février 2005), Jacques Lungwana (MLC - 18 novembre 2005) ;

30 - Ministre de la Justice et Garde des Sceaux : Honorius Kisimba Ngoy ;

31 - Ministre des Mines : Eugène Diomi Ndongala Nzomambu (DC), Ingele Ifoto (Camp de la Patrie - 3 janvier 2005) ;

32 - Ministre du Plan : Alexis Thambwe Mwamba (MLC - 30 juin 2003 au 24 mars 2006), Delly Sesanga (MLC - 24 mars 2006) ;

33 - Ministre du Portefeuille : Joseph Mudumbi (RCD), Célestin

Mvunabali (RCD - 11 juillet 2004);

34 - Ministre des Postes et des Télécommunications: Gertrude Kitembo (RCD);

35 - Ministre de la Recherche scientifique: Gérard Kamanda wa Kamanda (FCN);

36 - Ministre de la Santé publique: Jean Yagi Sitolo (PPRD - 30 juin 2003 au 11 juillet 2004), Anasthasie Moleko Moliwa (PPRD - 11 juillet 2004), Émile Bongeli Yeikeo Ya Ato (PPRD - 3 janvier 2005), Zacharie Kashongwe (PPRD - 10 octobre 2006);

37 - Ministre de la Solidarité et des Affaires humanitaires: Catherine Nzuzi wa Mbombo (MPR/FP);

38 Ministre du Tourisme: Roger Nimy (MLC), José Engwanda (RCD-N - 3 février 2004);

39 - Ministre des Transports et des Communications: Joseph Olenghankoy (FONUS), Heva Muakasa (FPN - 3 janvier 2005);

40 - Ministre du Travail et de la Prévoyance sociale: Théo Baruti (RCD) (30 juin 2003 au 11 juillet 2004), Jean-Pierre Lola Kisanga (RCD - 11 juillet 2004), Balamage Nkolo (RCD - 3 janvier 2005);

41 - Ministre des Travaux publics et des Infrastructures: José Endundo Bononge (MLC), José Makila (MLC - 17 février 2005);

42 - Ministre de l'Urbanisme et de l'Habitat: John Tibassima Atenyi (RCD/ML).

2.4 - Le gouvernement Ilunga Ilunkamba (25 au 26 août 2019)

- Premier ministre: Sylvestre Ilunga Ilunkamba.
Ministres (31)
- Ministre de la Défense nationale: Aimé Ngoy Mukena;
- Ministre de la fonction publique: Yolande Ebongo;
- Ministres des finances: José Celé Yalabuli;
- Ministre de l'Économie: Acacia Bandubola Mbongo;
- Ministre du Portefeuille: Clément Kuete Nymi Bemuna;
- Ministre du Commerce Extérieur: Jean-Lucien Busa;
- Ministre des Mines: Willy Kitobo;
- Ministre des PTNTIC: Augustin Kibassa Maliba Lubalala;
- Ministre de la Santé: Eteni Longondo;
- Ministre des droits humains: André Lite Aseba;

- Ministre de relation avec le Parlement : Déogratias Nkusu ;
- Ministre de l'environnement : Claude Nyamugabo ;
- Ministre de transport : Didier Mazenga Mukanzu ;
- Ministre de l'Agriculture : Jean-Joseph Kasonga ;
- Ministre de la pêche : Jonathan Bilosuka ;
- Ministre du développement rural : Guy Mukulu ;
- Ministre des Affaires sociale : Rose Boyata ;
- Ministre des actions humanitaires : Steve Mbikayi ;
- Ministre de l'ESU : Thomas Luhaka ;
- Ministre de la Recherche Scientifique : José Panda ;
- Ministre des Affaires foncières : Aimé Sakombi Molendo ;
- Ministre de l'Industrie : Julien Paluku Kahongya ;
- Ministre de la formation professionnelle : John Ntumba ;
- Ministre de l'aménagement : Agée Matendo ;
- Ministre PME : Justin Kalumba ;
- Ministre de la Jeunesse : Billy Kambale ;
- Ministre des sports : Amos Mbayo ;
- Ministre du Tourisme : Yves Bunkulu Zola ;
- Ministre de la Culture : Jean-Marie Lukunji ;
- Ministre près le Président de la République : André Kabanda ;
- Ministre près le Premier ministre : Jacqueline Penge.

Ministres d'État (10)
- Ministre d'État, Ministre des Affaires Étrangères : Marie Tumba Nzeza ;
- Ministre d'État, Ministre de la Coopération Internationale, Intégration Régionale et Francophonie : Pépin Guillaume Manjolo Buakila ;
- Ministre d'État, Ministre des Hydrocarbures : Rubens Mikindo Muhima ;
- Ministre d'État, Ministre de Décentralisation et Réformes Institutionnelles : Azarias Ruberwa Manywa ;
- Ministre d'État, Ministre des Ressources Hydrauliques et de l'Électricité : Eustache Muhanzi Mubembe ;
- Ministre d'État, Ministre de l'Emploi, Travail et Prévoyance Sociale : Nene Nkulu Ilunga ;
- Ministre d'État, Ministre de l'Enseignement Primaire, Secondaire et Technique : Willy Bakonga Wilima ;

- Ministre d'État, Ministre du Genre, Famille et Enfant : Béatrice Lomeya Atilite ;
- Ministre d'État, Ministre de l'Urbanisme et Habitat : Pius Muabilu Mbayu Mukala ;
- Ministre d'État, Ministre de la Communication et Médias : David Jolino Diwanpovesa Makele ma Muzingi.

Vice-ministres (17)
- Vice-Ministre de la Justice : Bernard Takahishe Ngumbi ;
- Vice-Ministre de l'Intérieur : Innocent Bokele Walaka ;
- Vice-Ministre du Plan : Freddy Kita Bukusu ;
- Vice-Ministre du Budget : Félix Momat Kitenge ;
- Vice-Ministre des Affaires Étrangères et Congolais de l'Étranger : Raymond Tchedya Patay ;
- Vice-Ministre de la Coopération Internationale et Régionale : Valéry Mukasa Mwanabute ;
- Vice-Ministre des Hydrocarbures : Moussa Mondo ;
- Vice-Ministre des Ressources Hydrauliques et Électricité : Papy Pungu Lwamba ;
- Vice-Ministre de l'Enseignement Primaire, Secondaire et Technique : Didier Budimbu Ntubuanga ;
- Vice-Ministre, Ministre des Finances : Junior Mata M'Elanga ;
- Vice-Ministre de l'Économie Nationale : Didier Lutundula Okito ;
- Vice-Ministre des Mines : Alpha Denise Lupetu Tshilumbayi ;
- Vice-Ministre de la Santé : Albert Mpeti Buyombo ;
- Vice-Ministre de l'Environnement : Jeanne Ilunga Zaïna ;
- Vice-Ministre de l'Enseignement Supérieur et Universitaire : Liliane Banga Lwaboshi ;
- Vice-Ministre des Transports et Voies de Communication : Jacques Yuma Kipuya ;
- Vice-Ministre de la Formation Professionnelle, Arts et Métiers : Germain Kambinga Katomba.

Vice-Premiers ministres (5)
- Vice-premier ministre, ministre de l'intérieur, Sécurité et affaire coutumière : Gilbert Kankonde ;
- Vice-premier ministre, ministre de la Justice et Garde des Sceaux :

Célestin Tunda ya Kasende ;
- Vice-Premier ministre, ministre du Budget : Jean-Baudoin Mayo Mambeke ;
- Vice-Premier ministre, ministre du Plan : Élysée Munembwe ;
- Vice-Premier ministre, ministre des travaux publics et infrastructure : Willy Ngoposs.

2.5 - Le gouvernement Sama Lukonde Kyenge (investi le 26 avril 2021 par l'Assemblée nationale)

- Premier ministre : Jean-Michel Sama Lukonde Kyenge (ACO).

Vice-Premiers ministres (4)
- Vice-premier ministre, ministre de l'Intérieur, de la Sécurité, de la Décentralisation et des Affaires coutumières : Daniel Asselo Okito Wankoy (UDPS) ;
- Vice-première ministre, ministre de l'Environnement et du Développement durable : Ève Bazaïba (MLC) ;
- Vice-premier ministre, ministre des Affaires étrangères : Christophe Lutundula Apala (Ensemble pour la République) ;
- Vice-premier ministre, ministre de la Fonction publique, de la Modernisation de l'administration et de l'Innovation du service public : Jean-Pierre Lihau Ebua (ex-PPRD/Union sacrée).

Ministres d'État (9)
- Ministre d'État, ministre de la Justice, garde des Sceaux : Rose Mutombo Kiese (Indépendante) ;
- Ministre d'État, ministre des Infrastructures et Travaux publics : Alexis Gizaro Muvuni (UDPS) ;
- Ministre d'État, ministre du Portefeuille : Adèle Kahinda Mayina (AFDC) ;
- Ministre d'État, ministre du Plan : Christian Mwando Nsimba (Ensemble pour la République) ;
- Ministre d'État, ministre de l'Aménagement du territoire : Guy Loando Mboyo (Indépendant) ;
- Ministre d'État, ministre de l'Aménagement du territoire : Eustache Muhanzi Mubembe (UNC) ;

- Ministre d'État, ministre du Développement rural : François Rubota Masumbuko (ADRP)
- Ministre d'État, ministre du Budget : Aimé Boji (UNC) ;
- Ministre d'État, ministre de l'Urbanisme et de l'Habitat : Pius Muabilu Mbayu Mukala (AAA/a).

Ministres (32)
- Ministre de la Défense nationale et des Anciens Combattants : Gilbert Kabanda Rukemba (Indépendant) ;
- Ministre de l'Enseignement primaire, secondaire et technique (EPST) : Tony Mwamba Kazadi ;
- Ministre de la Santé publique, de l'Hygiène et de la Prévention : Jean-Jacques Mbungani Mbanda (MLC) ;
- Ministre des Finances : Nicolas Kazadi (UDPS) ;
- Ministre des Transports, des Voies de communication et du Désenclavement : Chérubin Okende Senga (Ensemble pour la République) ;
- Ministre de l'Agriculture : Désiré Nzinga Bilihanzi (UDPS) ;
- Ministre de la Pêche et de l'Élevage : Adrien Bokele Djema (MIP) ;
- Ministre de l'Économie nationale : Jean-Marie Kalumba Yuma (AFDC - destitué le 30 mars 2022) ;
- Ministre de l'Industrie : Julien Paluku Kahongya (AABC) ;
- Ministre de l'Intégration régionale : Didier Mazenga Mukanzu (PALU) ;
- Ministre de l'Enseignement supérieur et universitaire (ESU) : Muhindo Nzangi (Ensemble pour la République) ;
- Ministre de la Recherche scientifique et de l'Innovation technologique : José Mpanda Kabangu (ADRP) ;
- Ministre des Hydrocarbures : Didier Budimbu Ntubuanga (Autre vision du Congo) ;
- Ministre des Postes, Télécommunications et Nouvelles Technologies de l'information et de la communication (PTNTIC) : Augustin Kibassa Maliba Lubalala (UDPS) ;
- Ministre du Numérique : Désiré Cashmir Eberande Kolongele (Indépendant) ;
- Ministre de l'Emploi, du Travail et de la Prévoyance sociale : Claudine Ndusi M'Kembe ;

- Ministre des Affaires foncières : Aimé Sakombi Molendo (UNC) ;
- Ministre des Ressources hydraulique et de l'Électricité : Olivier Mwenze Mukaleng (Indépendant) ;
- Ministre des Droits humains : Albert Fabrice Puela ;
- Ministre du Genre, de la Famille et des Enfants : Gisèle Ndaya Luseba (MLC) ;
- Ministre du Commerce extérieur : Jean-Lucien Busa (MLC) ;
- Ministre des Mines : Patrick Muyaya Katembwe (PALU) ;
- Ministre des affaires sociales, des Actions humanitaires et de la Solidarité nationale : Antoinette Kipulu Kabenga (Indépendant, Ex-PPRD) ;
- Ministre de la Jeunesse, de l'Initiation à la nouvelle citoyenneté et de la Cohésion nationale : Yves Bunkulu Zola (UDPS) ;
- Ministre des Sports et des Loisirs : Serge Tshembo Nkonde (Ensemble pour la République) ;
- Ministre du Tourisme : Modero Nsimba Matondo (ATIC) ;
- Ministre de la Culture, des Arts et du Patrimoine : Catherine Katumbu Furaha (Indépendant) ;
- Ministre des Relations avec le parlement : Anne-Marie Karume Baka-neme (Alliance) ;
- Ministre déléguée près le ministre des Affaires sociales, des Actions humanitaires, et de la Solidarité nationale chargé des personnes vivant avec handicap et autres personnes vulnérables : Irène Esambo Diata (UDPS) ;
- Ministre déléguée près le président de la République : Nana Manuanina Kihimba.

Vice-ministres (11)
- Vice-ministre de l'Intérieur, de la Sécurité, de la Décentralisation et des Affaires coutumières : Jean-Claude Molipe Mandongo (MLC) ;
- Vice-ministre des Affaires étrangères : Samuel Adubango Awotho (CNC) ;
- Vice-ministre de la Justice : Amato Bahibazire Mirindi ;
- Vice-ministre du Plan : Crispin Mbadu Phanzu (AAB) ;
- Vice-ministre du Budget : Élysée Bokumuamua Maposo ;
- Vice-ministre de la Défense nationale : Séraphine Tulugu Kutuna ;
- Vice-ministre de l'EPST : Aminata Namasiya Bazego (PCD) ;

- Vice-ministre de la Santé publique et de la Prévention : Véronique Kilumba Nkulu ;
- Vice-ministre des Finances : Onyenge Nsele ;
- Vice-ministre des Transports et des Voies de communication : Marc Ekila Likombio ;
- Vice-ministre des Mines : Godard Motemona Gibolum.

Glossaire

- Action Alternative pour le Bien-être et le Changement (AAB);
- Agence nationale de renseignements (ANR);
- Alliance pour l'avenir (AA/a);
- Alliance;
- Alliance des Acteurs pour la Bonne gouvernance du Congo (AABC);
- Alliance des Bakongo (Abako);
- Alliance de base pour l'action commune (ABACO);
- Alliance démocratique des Peuples;
- Alliance des Démocrates pour le Renouveau et le Progrès (ADRP);
- Alliance des forces démocratiques du Congo (AFDC);
- Alliance des forces démocratiques pour la libération du Congo (AFDL);
- Alliance pour la Transformation Intégrale du Congo (ATIC);
- Armée nationale congolaise (ANC);
- Armée patriotique rwandaise (APR);
- Armée populaire de libération du Soudan (SPLA);
- Armée populaire de libération (APL);
- Association congolaise pour l'accès à la justice (ACAJ);
- Association internationale du Congo (AIC);
- Association internationale africaine (AIA);
- Autorité de régulation de poste et de télécommunication (ARPTC);
- Avenir du Congo (ACO).

- Banque centrale du Congo ;
- Banque mondiale ;
- *British Congo Reform Association* ;
- Bureau d'études de recherche et de consulting international.

- Camp de la Patrie ;
- Cap pour le changement (CACH) ;
- Cartel ABAKO ;
- *Carter Center* ;
- Centre européen des droits constitutionnels et des droits de l'Homme ;
- Centre scientifique et médical de l'université libre de Bruxelles en Afrique Centrale (CERMUBAC) ;
- Centre Universitaire congolais ;
- Centres agronomiques de Louvain au Congo (CADULAC) ;
- Comité d'études du Haut-Congo ;
- Comité de libération de l'Afrique, de l'exécutif africain de la solidarité afro-asiatique ;
- Comité du pouvoir populaire (CPP) ;
- Commission électorale indépendante (CEI) ;
- Commission électorale nationale indépendante (CENI) ;
- Comité d'Études du Haut-Congo (CEHC) ;
- Comité national de libération (CNL) ;
- Comité du pouvoir populaire (CPP) ;
- Communauté de développement d'Afrique australe (SADC) ;
- Compagnie du commerce pour le Congo et l'industrie (CCCI) ;
- Compagnie du Katanga ;
- Confédération des associations tribales du Katanga (CONAKAT) ;
- Confédération générale des syndicats indigènes ;
- Conférence de Berlin (1884-1885) ;
- Conférence épiscopale du Congo ;
- Conférence des Nations Unies sur le commerce et le développement (CNUCED) ;
- Conférence nationale souveraine (CNS) ;
- Conférence panafricaine des peuples (CPA) ;
- *Congo Reform Association* ;
- Congrès national congolais (CNC) ;
- Conseil mondial de la paix ;

- Conseil national de la résistance pour la démocratie (CNRD) ;
- Consortium international des journalistes d'investigation (ICIJ) ;
- Convention des fédéralistes démocrates chrétiens (COFEDEC) ;
- Cour internationale de justice (CIJ) ;
- Cour nationale du processus électoral (CNPE) ;
- Cour pénale internationale (CPI).
- Démocratie chrétienne (DC) ;
- Démocratie chrétienne fédérale (DCF) ;
- Division spéciale présidentielle (DSP).

- Ensemble pour la République ;
- État indépendant du Congo (EIC) ;
- *European Investigative Collaborations* (EIC).

- Fédération des entreprises du Congo ;
- Fondation Bill Clinton pour la paix ;
- Fondation Médicale de l'université de Louvain au Congo (FOMULAC) ;
- Fonds monétaire international (FMI) ;
- Forces armées rwandaises (FAR) ;
- Forces du futur ;
- Forces armées de la République Démocratique du Congo (FARDC) ;
- Forces armées zaïroises (FAZ) ;
- Forces novatrices pour l'union et la solidarité (FONUS) ;
- Forces politiques nouvelles (FPN) ;
- Force publique (FP) ;
- Front commun ;
- Front commun pour le Congo (FCC) ;
- Front commun des nationalistes (FCN) ;
- Front national de libération de l'Angola (FLNA) ;
- Front national de libération du Congo (FLNC) ;
- Front patriotique rwandais (FPR).

- Garde républicaine (GR) ;
- Génération Congo ;
- Groupe d'étude sur le Congo (GEC) ;

- Groupe d'experts des Nations Unies sur l'exploitation illégale des ressources naturelles et autres richesses de la République Démocratique du Congo ;
- Groupe des 7 (G7) ;
- Groupe du Vendredi.

- Haut-Commissariat aux droits de l'Homme (HCDH) ;
- Haut conseil de la République/Parlement de transition (HCR/PT) ;
- *Human Rights Watch* (HRW).

- *International Rescue Committee* (IRC).

- Jeunesse du parti Balubakat (Jeubakat).

- Lamuka ;
- Le Congo n'est pas à vendre (CNPAV) ;
- Le Rassemblement ;
- Légion nationale d'intervention (LENI) ;
- Ligue congolaise de lutte contre la corruption ;
- Lutte pour le changement (Lucha).

- Mission d'observation des élections de l'Union européenne ;
- Mission de l'Organisation des Nations Unies en République Démocratique du Congo (MONUC) ;
- Mouvement du 23 Mars (M23) ;
- Mouvement pour l'intégrité du Peuple (MIP) ;
- Mouvement de libération du Congo (MLC) ;
- Mouvement national congolais (MNC) ;
- Mouvement populaire de la révolution (MPR) ;
- Mouvement populaire de la révolution-Fait privé (MPR/FP) ;
- Mouvement révolutionnaire pour la libération du Zaïre (MRLZ).

- Observatoire de la dépense publique (ODEP) ;
- Office français de protection des réfugiés et apatrides (OFPRA) ;
- Opération Barracuda ;
- Opération Léopard ;
- Opération Mazurka ;

- Opération Turquoise ;
- Opération Verveine ;
- Organisations des Nations Unies (ONU).

- Parti de l'alliance nationale pour l'unité (PANU) ;
- Parti Balubakat ;
- Parti congolais pour le développement (PCD) ;
- Parti démocrate et social-chrétien (PDSC) ;
- Parti lumumbiste unifié (PALU) ;
- Parti du peuple ;
- Parti du peuple pour la reconstruction et la démocratie (PPRD) ;
- Parti de la révolution populaire (PRP) ;
- Perspectives Révolutionnaires Pro-Kabila (PRP) ;
- Parti solidaire africain (PSA) ;
- Parti de l'unité nationale ;
- Police d'intervention rapide (PIR) ;
- Police nationale congolaise (PNC) ;
- Plateforme de protection des lanceurs d'alerte en Afrique (PPLAAF) ;
- *Public Eye*.

- Rassemblement congolais pour la démocratie (RDC) ;
- Rassemblement congolais pour la démocratie-mouvement de Libé-
  ration (RCD-ML) ;
- Rassemblement congolais pour la démocratie-National (RCD-N) ;
- *Ressource Matters* ;
- *Royal Air Force* (RAF).

- Société anti-esclavagiste belge ;
- Société des Nations (SDN).

- *The Sentry* ;
- *Transparency International*.

- *Ugand People's Defence Force* (UPDF) ;
- Union chrétienne de jeunes gens (UCJG) ;
- Union démocratique africaine (UDA) ;
- Union du Congo (UDC) ;

- Union pour la démocratie et le progrès social (UDPS) ;
- Union européenne (UE) ;
- Union des fédéralistes et républicains indépendants (UFERI) ;
- Union pour la Nation congolaise (UNC) ;
- Union nationale pour l'indépendance totale de l'Angola (UNITA) ;
- Union sacrée pour la nation (USN) ;
- Union sacrée de l'opposition radicale (USOR).

- Voix des sans-voix (VSV).

- *Young Men's Christian Association* (YMCA).

Index des noms

- Van Leeuw, Frédéric : 270.
- Van Lierde, Jean : 200*n*.
- Van Reybrouck, David : 13*n*, 38*n*, 40-31.
- Van Wing, Joseph : 188.
- Vanbrabant, Audrey : 39*n*.
- Vandenpeereboom, Alphonse : 44, 44*n*.
- Vanderstraeten, Louis-François : 52*n*.
- Vandervelde, Émile : 42.
- Vankerckhoven, Guillaume : 52*n*.
- Vellut, Jean-Luc : 41, 41*n*.
- Verhaegen, Benoît : 55*n*, 72*n*.
- Vercauteren, Pierre : 18*n*.
- Verleyen, Émile : 59*n*.
- Verscheure, Frans : 95, 195.
- Vey, Antoine : 162.
- Victoria, Alexandrina (reine) : 34.
- Vidibio, Clément : 72-73, 73*n*.
- Viera, Antonio : 14.
- Villiers, George William Frederick (voir Lord George Clarendon) : 25.
- Vircoulon, Thierry : 210, 210*n*-211*n*.
- Virgile : 121.
- Vleurinck, André : 18*n*.
- Von Bismarck, Otto : 30.
- Von Languenn, Erich : 64.
- Von Lettow-Vorbeck, Paul Emil : 64.
- Von Trotha, Lothar : 41.
- Von Wissmann, Hermann : 40*n*.
- Vumilia, Antoine : 129*n*.

- Vunaband, Célestin : 219.

W

- Walter de Winton, Francis : 27*n*.
- Wameso, André : 167, 181.
- Wan, Alain : 157.
- Wangermée, Émile : 63.
- Wauters, Alphonse-Jules : 45, 46*n*, 52*n*.
- Wauthier, Claude : 96*n*.
- Westerhoff, Léa-Lisa : 156.
- Wild, Franz : 156, 156*n*.
- Willame, Jean-Claude : 124*n*.
- Willequet, Jacques : 25*n*.
- Williams, George : 72*n*.
- Williams, George Washington : 78.
- Wilson, Thomas : 156*n*.
- Wiltz, Marc : 42*n*.

Y

- Yagi Sitolo, Jean : 275.
- Yalabuli, José Celé : 2275.
- Yamba-Yamba : 52*n*.
- Yerodia Ndombasi, Abdoulaye : 129*n*, 131, 134, 273.
- Yuma Kipuya, Jacques : 277.
- Yumba : 52*n*.

Z

- Z'ahidi Ngoma, Arthur : 129, 134, 273.
- Zajtman, Arnaud : 129*n*.
- Zananga Mowa : 12*n*.

Bibliographie

- *Et alors, mon maréchal ?*, Gaspard-Hubert Lonsi Koko, L'Atelier de l'Égrégore, Paris, 2021 ;
- *Le Congo déstabilisé, pillé, martyrisé…*, Gaspard-Hubert Lonsi Koko, L'Atelier de l'Égrégore, Paris, 2021 ;
- *Les figures marquantes de l'Afrique subsaharienne*, Gaspard-Hubert Lonsi Koko, 4ème édition, L'Atelier de l'Égrégore, Paris, 2021 ;
- *Les Noirs lumineux du XVIe au début du XXe siècle*, Gaspard-Hubert Lonsi Koko, L'Atelier de l'Égrégore, Paris, 2020 ;
- *La conscience bantoue*, Gaspard-Hubert Lonsi Koko, L'Atelier de l'Égrégore, Paris, 2020 ;
- *Le regard africain sur l'Europe*, Gaspard-Hubert Lonsi Koko, L'Atelier de l'Égrégore, Paris, 2019 ;
- *Les 10 propositions pour la République Démocratique du Congo*, Alliance de base pour l'action commune (ABACO), sous la direction de Gaspard-Hubert Lonsi Koko, L'Atelier de l'Égrégore, Paris, 2018 ;
- *Mobutu*, Jean-Pierre Langellier, Perrin, Paris, 2017 ;
- *Mitterrand l'Africain ?*, Gaspard-Hubert Lonsi Koko, L'Atelier de l'Égrégore, 2ème édition, Paris, 2017 ;
- *Brève Histoire du Congo*, Isidore Ndaywel è Nziem, Médiaspaul, Kinshasa, 2015 ;
- *Il pleut des mains au Congo*, Marc Wiltz, Magellan et Cie, 2015 ;
- *Figures de la révolution africaine*, Saïd Bouamama, La Découverte, Paris, 2014 ;

- *Une histoire du panafricanisme*, Amzat Boukari-Yabara, La Découverte, coll. *Cahiers Livres*, Paris, 2014 ;
- *Ma vision pour le Congo-Kinshasa et la région des Grands Lacs*, Gaspard-Hubert Lonsi Koko, L'Harmattan, Paris, 2013 ;
- *Congo, une histoire, (Congo. Een geschiedenis)*, David Van Reybrouck, trad. D'Isabelle Rosselin, Actes Sud, Arles, 2012 ;
- *Le Congo au temps des Belges : L'histoire manipulée, les contre-vérités réfutées, 1885-1960*, André de Maere d'Aertrycke, André Schorochoff, Pierre Vercauteren et André Vleurinck, Éditions Masoin, Bruxelles, 2012 ;
- *Le Congo-Kinshasa, le degré zéro de la politique*, Gaspard-Hubert Lonsi Koko, L'Harmattan Paris, 2012 ;
- *La République Démocratique du Congo, un combat pour la survie*, Gaspard-Hubert Lonsi Koko, L'Harmattan, Paris, 2011 ;
- *Et Dieu créa le Congo : Avant, pendant et après l'indépendance*, Liliane Kissimba, collection *Réflexions*, Bernard Gilson éditeur, 2010 ;
- *Bilan économique du Congo 1908-1959*, André Huybrechts, L'Harmattan, Paris, 2010 ;
- *Léopold II : Une vie à pas de géant*, Matthieu Longue, coll. *Les racines de l'histoire*, Bruxelles, Éditions Racine, 2007 ;
- *Les Fantômes du roi Léopold : La terreur coloniale dans l'État du Congo*, 1884-1908, Adam Hochschild, Éditions Tallandier, 2007 ;
- *L'Afrique et les relations franco-américaines des années soixante : Aux origines de l'obsession américaine*, Pierre-Michel Durand, coll. *Études africaines*, L'Harmattan, 2007 ;
- *Aux sources du fleuve Congo : Carnets du Katanga 1890-1893*, Paul Briart et Dominique Ryelandt, coll. *Congo-Zaïre*, L'Harmattan, Paris, 2004 ;
- *Le livre noir du colonialisme, XVIe-XXIe siècle : de l'extermination à la repentance*, Marc Ferro (dir.), Éditions Robert Laffont, Paris, 2003 ;
- *Le Congo : Mythes et réalités*, Jean Stengers, Bruxelles, éditions Racine, 2008 (1ère éd. 1989) ;
- *Métier de Roi : Famille, Entourage, Pouvoir, de A à Z*, Pierre-Yves Monette, Alice Éditions, Bruxelles, 2002 ;
- *L'ancien Royaume du Congo : des origines à la fin du XIXe siècle,*

William Graham Lister Randles, collection *Les ré-impressions*, Éditions de l'École des hautes études en sciences sociales, Paris 2002 ;
- *L'Assassinat de Lumumba*, Ludo de Witte, Karthala, Paris, 2000 ;
- *Kabila clone de Mobutu ?*, Euloge Boissonnade, Moreux, 1998 ;
- *E. D. Morel contre Léopold II. L'Histoire du Congo, 1900-1910,* Jules Marchal, vol. 1, L'Harmattan, Paris, 1996 ;
- *Congo-Zaïre – 1874-1981 – La perception du lointain*, Bernard Pineau, L'Harmattan, Paris, 1992 ;
- *Léopold II : Le royaume et l'empire*, Barbara Emerson et Jacques Willequet (préface), (trad. de l'anglais par Hervé Douxchamps et Gérard Colson), Paris-Gembloux, Duculot, 1980 ;
- *Histoire de la Force publique*, Émile Janssens, Ghesquière, Bruxelles, 1979 ;
- *Msiri, bâtisseur de l'ancien royaume du Katanga*, Elikia M'Bokolo, ABC, 1976 ;
- *Essai sur la problématique du « Recours à l'authenticité »*, Kangafu-Kutumbagana, Presses africaines, Kinshasa, 1973 ;
- *Histoire du royaume du Congo (1624)*, traduit et édité par François Bontinck, Études d'Histoire africaine, vol. IV, 1972. ;
- *Combien le Congo a-t-il coûté à la Belgique ?*, Jean Stengers, Académie royale des sciences coloniales, Bruxelles, 1957 ;
- *Kasa Vubu au cœur du drame congolais*, Charles-André Gilis, Bruxelles, Europe-Afrique, 1964 ;
- *La pensée politique de Patrice Lumumba*, préface de Jean-Paul Sartre, textes et document recueillis et présentés par Jean Van Lierde, Présence Africaine, Paris, 1963 ;
- *J'étais le général Janssens*, Émile Janssens, Charles Dessart, Bruxelles, 1961.

Table des matières

Ouvrages déjà parus chez le même éditeur

MITTERRAND L'AFRICAIN?

La complexité des relations franco-africaines ne cesse de donner le tournis à bon nombre d'observateurs. À l'heure où l'actualité africaine est entre autres dominée par les conflits, l'exode de nombreux jeunes et la lente « colonisation » de ce continent par la Chine, d'aucuns ne cessent de s'interroger sur le devenir des relations franco-africaines après François Mitterrand, Jacques Chirac et Nicolas Sarkozy. Cet ouvrage donne quelques pistes très utiles à la compréhension des futures relations entre la France et l'Afrique. On y évoque surtout un lien de près de quarante-cinq ans entre un homme – que l'on qualifie de *mythe errant* – et tout un continent, des méandres et des écueils qui ont enseveli des tas de secrets dans des marigots africains…

ISBN : 979-10-91580-02-1 – EAN : 9791091580021 – *Collection Démocratie & Histoire*

SOCIALISME : UN COMBAT PERMANENT – tome I – NAISSANCE ET RÉALITÉS DU SOCIALISME

La trilogie des Grands Lacs est un ensemble de trois ouvrages relatifs aux investigations du détective privé Cicéron Boku Ngoi dans deux pays d'Afrique, plus précisément la République du Zaïre, de nos jours la République Démocratique du Congo, ainsi que le Rwanda. Ces enquêtes – à savoir *Dans l'œil du léopard*, *La chasse au léopard* et *Au pays des mille collines* – sont donc connectées et peuvent être considérées comme une œuvre unique ou bien comme trois œuvres distinctes. Sans conteste, au-delà de l'aspect imaginaire soutenant la trame de différentes investigations de Cicéron Boku Ngoi dans ces deux pays, le lecteur éveillé peut aisément percevoir la géopolitique en cours en Afrique centrale et dans la région des Grands Lacs africains. Ainsi la stratégie interplanétaire se développe-t-elle en Afrique, au détriment des autochtones, dans l'optique – surtout pour les Occidentaux, la Russie et la Chine – de s'imposer comme la puissance militaire et économique du vingt et unième siècle.

ISBN : 979-1091580205 – EAN : 9791091580205 – *Collection Crime & Suspense*

LE CONGO-KINSHASA EN QUELQUES LETTRES

Que représente stratégiquement et économiquement la République Démocratique du Congo à l'échelle à la fois locale, régionale, continentale et mondiale ? Pourquoi, depuis le 30 juin 1960, date de son accession à la souveraineté internationale, ce pays est toujours déstabilisé ? Pourquoi les étrangers, qu'ils soient Africains ou non, s'arrangent-ils sans cesse pour que cet État ne soit pas du tout dirigé par des Congolais d'origine ?
Militant contre des forces à la fois centripètes et centrifuges, quelques Congolais essaient d'impulser un nouvel élan en vue d'une République Démocratique du Congo politiquement éclairée et économiquement viable. L'auteur de cet ouvrage est sans conteste l'un d'eux.
Que pense-t-il, s'agissant surtout de l'avenir des populations congolais et du devenir de son pays ? Quelle vérité recèlent les mots qu'il égrène patriotiquement ? Cherche-t-il à tracer des sillons que suivront les Congolais éveillés et les forces vives de ce géant assailli, presque agressé, de toutes parts ? Veut-il façonner un moule dans lequel coulera en toute conscience le Congolais de demain ? A-t-on affaire à un acteur politique habile et avisé, *condottiere* pétri d'ambition constructive ? Forban de la politique ou fin stratège ? Quelle part jouera-t-il dans la IVe République, qui plus est en gestation, d'un pays qui a forcément besoin d'un véritable homme, ou femme, d'État en vue de l'ancrage de manière positive dans le troisième millénaire ?

ISBN : 979-10-91580-27-4 – EAN : 9791091580274 – *Collection Démocratie & Histoire*

LES FIGURES MARQUANTES DE L'AFRIQUE SUBSAHARIENNE

Il est une évidence : l'histoire de l'Afrique constitue le plus gros mensonge civilisationnel des plus criminogènes qui ait existé. Elle avait été sciemment falsifiée pour des raisons économiques et culturelles, philosophiques et religieuses, dès l'exploration européenne du continent africain commencée par les Grecs anciens et les Romains.
Certes, l'histoire de l'Afrique est faite de personnalités fortes mais sanguinaires et souvent au service des puissances extra-continentales dont les actes, meurtriers et inhumains, doivent inciter à refuser de sombrer dans l'obscurantisme et dans l'asservissement. Ils doivent plutôt pousser les futures générations à souhaiter davantage une Afrique meilleure et plus

éclairée sur les plans matériel, économique, social, spirituel, politique… Mais l'histoire de l'Afrique est avant tout l'œuvre des personnalités exceptionnelles dont les actions, les convictions et les principes, ainsi que les rêves, ont respectivement façonné les différentes époques dans le but de baliser le chemin qu'emprunteraient les futures générations. Gens d'armes, guerriers, conquérants et résistants à la colonisation, messianistes, prophètes et hommes d'Église, panafricanistes et acteurs politiques en vue des indépendances, intellectuels et militants révolutionnaires…, ils ont souvent connu une mort tragique. Mais, passés à la postérité, ils représentent des modèles auxquels doivent se référer les Africains – l'objectif consistant à renouer avec les gloires étatiques de jadis afin de faire triompher un autre modèle de société.

Du point de vue culturel, l'Afrique subsaharienne ne doit en principe avoir aucun complexe au regard d'autres continents de la planète. Encore faut-il que les Africains et leurs descendants s'imprègnent davantage de la diversité de leurs philosophies et cultures, les assument et les intègrent dans les politiques relatives au développement de leurs pays.

ISBN : 979-10-91580-23-6 – EAN : 9791091580236 – *Collection Démocratie & Histoire*

LE REGARD AFRICAIN SUR L'EUROPE

Aujourd'hui, l'Europe et l'Afrique peuvent-elles envisager une nouvelle relation sur des bases saines ? Peut-on changer leur rapport, en ayant à l'esprit l'immigration et le co-développement ? S'agissant de la France, oserait-on encourager la suppression de la cellule africaine de l'Élysée au profit de l'intervention parlementaire en amont dans certaines missions, notamment les actions militaires dans les pays du « pré carré » ? S'agissant de l'Union européenne, doit-elle systématiquement financer l'Union africaine dans le but de maintenir ses États membres dans la dépendance ? Multilatéralisme ou bilatéralisme dans les relations entre les pays africains et ceux d'Europe ? Aurait-on enfin l'intelligence, compte tenu du poids colonial, de dépasser le paternalisme et le bilatéralisme pour mettre l'être humain au cœur de la politique africaine de l'Europe ? Que faire pour que le destin commun profite réellement aux peuples ? Comment les jeunes Africains perçoivent-ils l'avenir de leur continent ? Le panafricanisme, est-ce une voie à développer à tout prix ? Transfert de techniques et de technologie, en échange des matières premières et d'autres marchés? Assistance matérielle ou aide financière? Exigence de la protection du bassin du Congo, en contrepartie d'une contribution à l'éducation et à la santé? Alignement des monnaies africaines, pourquoi pas de la monnaie unique africaine, sur la valeur des ressources naturelles, et non sur le dollar américain, ni sur l'euro? Indexation automatique du franc CFA sur les critères de la Banque de France, ou alors dépendance ou non à la Banque centrale européenne? Retrait des troupes militaires étrangères du territoire africain?

Voilà les questions dont les réponses permettront de sortir, en principe, des rapports dominants-dominés, d'envisager des relations responsables, respectueuses, justes, pérennes et davantage constructives entre les deux continents.

ISBN: 979-10-91580-36-6 – EAN: 9791091580366 – *Collection Démocratie & Histoire*

MAIS QUELLE CRÉDIBILITÉ POUR LES NATIONS UNIES AU KIVU!

Conseil d'insécurité pour les faibles, ou syndicat des nations les plus puissantes? En tout cas, beaucoup de rapports de l'Organisation des Nations Unies sont catégoriques. Les crimes commis dans la région du Kivu, en présence des militaires de la Monusco, pourraient officiellement constituer une assise solide en vue des poursuites devant la Cour pénale internationale (CPI). La déstabilisation de la partie orientale de la République Démocratique du Congo relèverait-elle d'une guerre économique, que l'on ne souhaiterait surtout pas assumer publiquement? S'agirait-il d'une sorte de recolonisation que l'on n'oserait pas reconnaître comme telle? Le colonialisme serait-il de retour, sous d'autres aspects et dans des habits tout neufs? Serait-il tout simplement question d'occupation?

Est-on en train d'assister, s'agissant de l'exploitation des enfants dans les mines du Kivu et des violences sexuelles, à une nouvelle forme d'esclavage? Dans l'affirmative, pourrait-on évoquer l'irresponsabilité des Congolais, en particulier, et la complicité des Africains, en général, au même titre que celles de quelques-uns de leurs aînés durant la traite négrière?

La tentative de balkanisation de la République Démocratique du Congo ne pourrait qu'inciter plus d'un observateur à s'interroger sérieusement sur le véritable rôle, voire l'efficacité, des troupes onusiennes dans la région des Grands Lacs africains. Pour éviter la transformation du Kivu et de l'Ituri en une zone de non-droit, où tout le monde pourrait se procurer les minerais de sang à moindres frais, l'autorité de l'État congolais devrait être rétablie dans le plus court délai sur l'ensemble du territoire national.

ISBN : 979-10-91580-40-3 – EAN : 9791091580403 – *Collection Démocratie & Histoire*

LE CONGO DÉSTABILISÉ, PILLÉ, MARTYRISÉ…

Sécurité et paix. Dignité et grandeur. Ardeur et vaillance. Travail et prospérité. Santé et bonheur. Voilà les vœux auxquels ont toujours aspiré les populations congolaises. Forts du soutien spirituel de leurs ancêtres, ainsi que par devoir moral envers les Martyrs de l'Indépendance, les Congolais doivent s'impliquer davantage dans un élan patriotique et dans une dynamique collective en vue du bien-être social. Les jours, les semaines, les mois et les années à venir doivent mettre fin à leurs lamentations et permettre le début d'une merveilleuse aventure humaine, en vue de l'émancipation dans la liberté. Qu'ils agissent donc ensemble pour l'amélioration matérielle et le progrès intellectuel, apports essentiels en vue d'un Congo compétitif et véritablement indépendant

Pourquoi ce désintérêt de la communauté internationale, pourtant très intéressée par les ressources congolaises comme le coltan indispensable à la fabrication des téléphones portables ? Ce mutisme est-il dû au simple manque de considération humaine ? À moins que ce soit à cause de l'implication avérée des pays occidentaux dans des conflits armés dans la partie orientale du Congo-Kinshasa où, sans aucune impunité, les corps, les organes génitaux et reproducteurs des femmes sont devenus des objets de satisfaction sadique de certains hommes. Les grandes puissances sont-elles cyniquement indifférentes, quand il s'agit du sort des femmes noires ? Doit-on rester insensible lorsque le corps féminin, qu'il soit africain ou non, est honteusement chosifié, utilisé comme armes de guerre, ou livré inhumainement en spectacle ?

ISBN : 979-10-91580-46-5 – EAN : 9791091580465 – *Collection Démocratie & Histoire*

ET ALORS, MON MARÉCHAL ?

Il est donc inconcevable, du moins pour l'observateur averti, de vouloir mieux préparer le futur et maîtriser le présent sans connaître le passé. Les trente-deux années, qui ont émaillé la présidence du maréchal Mobutu Sese Seko, ont fatalement été à l'origine d'immenses difficultés auxquelles est confrontée, à n'en pas douter, la République Démocratique du Congo. Ainsi l'auteur interpelle-t-il, à travers un dialogue d'outre-tombe, l'homme à la toque en peau de léopard dans le cadre du bilan du mobutisme. Ce mystérieux acte d'exorcisme politique est indispensable, dans la conception bantoue, à la meilleure compréhension de toute problématique. Il constitue la thérapeutique idoine dans l'optique d'un Congo sécuritairement pacifié, socialement vivable, économiquement prospère et politiquement démocratique.

Puisse le parcours du président-maréchal servir de contre-modèle aux futures générations de femmes et d'hommes d'État africains. Puisse cette longue expérience politique donner du grain à moudre aux laboratoires d'idées et institutions politiques, quant aux éventuelles erreurs à proscrire dans la gestion de la chose publique et en matière de développement d'une nation. Puisse, enfin, les acteurs politiques congolais prendre conscience du défi à relever dans l'orientation de leur pays vers un avenir humaniste et davantage meilleur.

ISBN : 979-10-91580-48-9 – EAN : 9791091580489 – *Collection Démocratie & Militantisme*